시신화장학의 이론과 실제

서분희 · 황규성 지음

머리말

21세기는 급변하는 사회 · 경제 · 정치 및 기술 등의 변화로 삶의 질 향상 못지않게 죽음의 질 향상에 대한 관심도 높아지고 있으며, 현대사회의 핵가족화, 산업화, 사회구조의 변화 등은 전통적인 장례관습의 변화를 가져 왔다. 서비스 산업이 발달함에 따라 국민들의 요구도 다양화되어 장례서비스도 이에 적합한 시설 및 인력, 체계적인 서비스의 필요성이 증대되고 있는 실정이다. 고객의 다양한 욕구충족을 위해서 장례 여러 분야에 전문인 양성을 요구받게 되며 필자는 2003년 석사논문에 우리나라 처음으로 그것에 부응하는 일환으로 시신메이크업을 연구 도입하게 되었다. 고인을 살아생전 모습으로 메이크업하여 유족들의 정신적 충격을 완화시켜 일상생활로의 빠른 복귀를 목적으로 두고 있다.

특히 시신을 '보지 않는 전통문화'에서 '보고 만지는 문화'로의 인식전환은 장례의 전문성을 보다 확고히 하는 계기가 되었다.

필자가 처음 서울보건대학 장례지도과로 부임하던 2001년만 하더라도 시신에 손을 대는 일은 '시신을 두 번 죽이는 일'이라고 엄격히 금하였었다. 그러던 것이 지속적으로 고인의 존엄성 회복을 위해 시신메이크업을 강조하고 심리학적으로 유가족의 슬픔이 완화될 수 있다는 인식을 지속적으로 교육하고 서적, 논문 등을 통해 강조했던바 현재 대부분의 대형 장례식장의 염습실내 유리벽 설치, 시신메이크업 전문인의 수요가 날로 증가되고 있는 실정이다. 향후 시신메이크업에서 회복기술학, 시신위생처리학, 슬픔상담학 등의 전문적이고 체계적인 학문체계와 서비스의 정립이 예상된다.

시신메이크업은 고인의 존엄성을 확보하고, 유가족에게 고인의 아름답게 편히 잠자는 듯한 모습을 보게 하여 심리적 안정감을 얻게 하는 방법으로 시신메이크업의 본질은 인간의 삶 속에서 죽음과 같은 깊은 상처를 겪을 때, 주위 사람들의 따뜻하고 친절하고 애정어린 보살핌이 무엇보다 필요함을 전제로 하고 있는 것이다. 즉 유가족의 슬픔 극복이 중요 전제라고 할 수 있다. 즉 일반적 메이크업이 본인의 아름다움을 꾸미려는 목적이라면 시신메이크업은 시신의 존엄성 회복과 유가족 심리의 치료개념을 필요로 하는 전문적 분야라 할 수 있는 것이다.

머리말

현재 메이크업과 복구학은 미국과 캐나다에서 높은 수준으로 발전해왔다. 시간이 흐르면서 국내에서도 메이크업에 대한 중요성이 점점 강조되고 있는 실정이다.

이러한 의미에서 국내에서 처음으로 출간되는 본 교재의 의미는 매우 중요하다 할 수 있을 것이다.

끝으로 이 책이 나오기까지 애정어린 사랑과 도움을 주신 미국에 계신 김교수님께 감사를 드립니다.

2011년 서분희 · 황규성

CONTENT

머리말 _ 3

제1장 색의 개요 및 색소의 원리 … 11

Ⅰ. 색의 개요 _ 11
1. 색채 역사(History) … 12
2. 색의 정의 … 13
3. 색의 종류 … 16

Ⅱ. 색소의 원리(Principles of pigments) _ 17
1. 색소의 결합 … 18
2. 색의 3가지 면 … 19

제2장 시각적 측면에서의 색채 원리 … 31

Ⅰ. 색의 심리학적 특성 및 효과(Psychological characteristics of pure hues) _ 32
1. 색의 심리학적 측면 … 32
2. 색의 감정 효과 … 32
3. 개별 색들의 효과 … 34

Ⅱ. 색의 대비 _ 35
1. 명도 대비(Value contrast) … 36
2. 색상 대비(Hue contrast) … 37
3. 채도 대비(Saturation contrast) … 38
4. 보색 대비(Complementary contrast) … 39
5. 면적 대비(Area contrast) … 39

Ⅲ. 색채 조화(Color Harmony) _ 40
1. 비슷한 색상과의 조화 … 40
2. 대비되는 색과의 조화 … 42

CONTENT

제3장 조명 측면에서의 색채 … 45

Ⅰ. 조명색(Color in illumination) _ 45

1. 색조에 자연스런 조명을 했을 때 효과(Influence of natural illumination on hues) … 46
2. 색조에 백열등을 가했을 때의 효과
   (Influence of incandescent illumination on hues) … 46
3. 색조에 형광등 빛을 가했을 때의 효과
   (Influence of fluorescent illumination on hues) … 47
4. 색광의 원리(Principles of colored illumination) … 49
5. 색채와 조명 … 54

Ⅱ. 조명의 형태와 조명 기구 _ 57

1. 조명의 형태(Types of illumination) … 58
2. 조명기구(Lighting fixtures) … 59

제4장 시신화장학 개요 … 65

Ⅰ. 시신화장의 정의와 목적 _ 65

1. 시신화장의 정의 … 65
2. 사후 화장의 목적 … 67

Ⅱ. 시신화장의 분류 _ 67

1. 화장학에서의 자연주의(Naturalism) … 67
2. 장식적 화장(Ornamental cosmetology) … 68

Ⅲ. 이상적인 얼굴의 균형도 _ 68

1. 기본분할분석 … 69
2. 집합 분석 … 72
3. 방향 분석 … 72
4. 얼굴의 윤곽 분석 … 73

제5장 시신화장품의 분류 및 적용방법과 도구관리 방안 … 75

Ⅰ. 시신화장품의 분류 _ 75

1. 액체 및 크림화장 매체의 분류 … 76
2. 기본적인 안색 화장품 분류 … 76

Ⅱ. 화장품 적용 방법 _ 82

1. 브러시 적용 … 82
2. 점화법 … 82
3. 손가락으로 발라주기 … 83
4. 스프레이 적용 … 83
5. 화장품의 제거 … 84

Ⅲ. 화장도구 및 관리방법 _ 86

1. 브러시 … 86
2. 파우더 퍼프(Powder puff) … 89
3. 스펀지(Sponge) … 89
4. 눈썹 수정가위(Brow scissors) … 90
5. 스파츄라(Spaturas) … 90
6. 솜(Cotton) … 90
7. 면봉 … 90
8. 샤프너(Sharpner) … 91
9. 면도기 … 91
10. 인조 속눈썹 … 91
11. 속눈썹 풀 … 91
12. 메이크업 가방(Make up Kit) … 92

제6장 시신 화장의 준비과정 … 93

Ⅰ. 피부구조 _ 93

1. 표피 … 93
2. 진피 … 93
3. 피하조직 … 94

CONTENT

Ⅱ. 피부색소와 사후피부의 종류 _ 94

1. 피부색소 … 94
2. 사후피부의 종류 … 96

Ⅲ. 사전손질 _ 99

1. 씻기(Cleansing) … 100
2. 크림 바르기(Creaming) … 100
3. 여드름(blackheads) … 102
4. 시신의 머리카락을 컬러린스로 물들이기 … 102
5. 면도하기 … 102
6. 얼굴의 털 손질하기 … 103
7. 구레나룻과 관자놀이 다듬기 … 103
8. 콧수염 다듬기 … 103
9. 외모잡기 … 104

제7장 파트별 시신화장 … 107

Ⅰ. 피부색(안면색조) _ 107

1. 피부색을 연출해내는 화장 색소(물감) … 107

Ⅱ. 하이라이트와 섀도 _ 118

1. 얼굴형에 따른 수정법 … 120
2. 코 형태에 따른 수정법 … 122
3. 움푹 꺼진 곳 수정(Nasolabial Folds) … 124
4. 뺨 함몰 수정 화장법 … 124

Ⅲ. 난색 부위의 브러시 혹은 루징(warm color areas blush or rouging) _ 125

1. 난색 부위 … 125
2. 브러시(blush) 혹은 루징(rouging) … 127

Ⅳ. 입술화장 _ 134

1. 입술의 기본 세 가지 라인 … 135
2. 입술 표면선의 분장 … 135

3. 입술 수정 화장법 … 136

V. 눈 화장 _ 139
1. 아이섀도 … 139
2. 눈썹 그리기 … 141

VI. 파우더 적용 _ 145
1. 시신 파우더 … 145
2. 파우더 적용 … 145
3. 파우더 제거 … 147

VII. 손 화장 _ 148
1. 손 화장 순서 … 148
2. 손톱 매니큐어 … 149
3. 손톱 복원 … 149

VIII. 헤어스타일 복구(hairstyling) _ 150
1. 머리 스타일 결정하기 … 150
2. 머리 손질하기 … 152
3. 염색 … 153
4. 가발 … 156

제8장 왁스와 화장 … 157

I. 복원용 왁스 _ 158
1. 왁스의 종류 … 158
2. 왁스에 대한 온도 변화 … 160
3. 왁스 점토의 변환 … 160

II. 왁스와 안면화장 _ 161
1. 색깔 왁스색 선정과 색 만들기 … 162
2. 왁스 전에 적용되어진 화장 밑칠 … 165
3. 왁스 위 화장 적용 … 166
4. 왁스와 함께 혼합된 화장 … 167

C O N T E N T

Ⅲ. 왁스와 입술화장 _ 168
1. 입술 왁스의 적용 … 168
2. 왁스칠한 입술에 크림 화장품 적용 … 170

제9장 시신화장의 전반적인 절차 … 173

Ⅰ. 정상시신을 화장하는 전반적인 절차 _ 173
1. 안색 적용 … 173
2. 하이라이트와 섀도 … 174
3. 생김새 교정 … 174
4. 난색적용 … 175
5. 파우더 바르기 … 175

Ⅱ. 변색을 커버하는 일반적인 절차 _ 183
1. 변색들을 처치함에 있어 기술적인 절차 … 183
2. 작은 변색을 커버하는 일반적인 절차 … 185
3. 완전히 변색된 얼굴과 손을 감추는 방법 … 186

Ⅲ. 변색부위에 왁스적용 _ 187

Ⅳ. 마지막 손질(Final grooming) _ 188
1. 화장에 의해 더럽혀진 부위를 액체 없이 지우기 … 189
2. 화장에 의해 더럽혀진 부위를 용제로 지우기 … 189
3. 화장품으로 더럽혀진 털에 다시 색깔 입히기 … 190
4. 옷을 입히고, 관에 안치하고, 화장을 할 때 선택적인 사항들 … 191
5. 화장학에서 반드시 체크해야 할 사항 … 194

참고문헌 _ 203
색인 _ 205

제 1 장

색의 개요 및 색소의 원리

I 색의 개요

세상은 온통 색으로 둘러싸여 있다. 아무리 색에 대해 무관심하더라도 모든 사람은 색에 대해 영향을 받고 있는 것이다. 색은 사물의 형태뿐만 아니라 사물의 고유한 본질적 특징을 만들어 준다.

색에 대한 이해는 장례지도사 뿐만 아니라 산업, 상업, 광고업 심지어 요식업에까지 광범위한 영향을 미친다. 색은 사람의 생활방식, 개인적 취향, 자동차, 그리고 공적 이미지 형성까지 영향을 미친다. 장례식장에서 색을 혼합, 선택 및 배열하고, 장례식장을 세팅하고 경영을 하는데 훌륭한 색감은 매우 중요한 요소이다. 따라서 장례지도사가 회복기술과 메이크업을 성공적으로 이끌기 위해서는 색에 대한 바른 이해가 무엇보다 필요하다. 이 책을 통해 고인에게 적용되는 최고의 화장법 사용 시 필요한 바른 결정을 내리도록 도움을 줄 것이다. 또한 관에 남은 조명에 사용하는 적당한 조명을 만드는데 도움을 줄 것이다.

장례지도사에 의한 색의 이용

- 적절한 분위기 연출과 장례식장의 각 시설(빈소, 접객실, 상담실 등)의 사용목적에 맞는 바닥과 벽지를 고를 때

- 각 시설의 조화를 고려할 때
- 장례식장 세팅 시 유가족에게 바람직한 추억의 장소가 될 수 있게
- 관(casket) 인테리어와 의상을 조화롭게 하기 위해
- 고인접견실 선택 시 참조하도록
- 효과적으로 화환을 정리(배열)할 때
- 절망적인 유가족의 심리를 심리학적으로 완화시켜 주기 위해
- 리모델링 시 페인트 색을 결정하고 섞을 때
- 조명에 의해 잘못 표현될 수 있는 위험을 피할 수 있게
- 변색된 얼굴에 화장을 할 때
- 화장을 통해 자연스러운 외모를 만들어줄 때
- 장례식장 외부 및 정원을 아름답게 꾸밀 때

1. 색채 역사(History)

색채에 대한 언급은 성경(Holy Bible)에서부터 찾아볼 수 있다. 구약성서 '출애굽기'에서는 빨강, 파랑, 자주, 하양에 대한 성구가 많이 언급되며, 이 4색을 신성한 4원소의 색으로 여겨왔다.

이집트와 아시리아인들은 색을 이용해 지구상의 인종을 빨강(아시리아인), 노랑(아시아인), 하양(유럽인), 검정(흑인)의 4색으로 구분하기도 하였고, 인도의 카스트 제도에서는 하양(브라만: 성직자 계급), 빨강(크샤트리아: 군인, 무사), 노랑(바이샤: 상인), 검정(수드라: 노예)의 4색으로 신분을 구분하기도 하였다.

서양에서는 아리스토텔레스(Aristoteles, 384~322 B.C.)가 불, 공기, 물, 흙의 고유색인 빨강, 초록, 파랑, 노랑을 기본색으로 정하고, 기본색은 어둠과 빛의 혼합에 의해서 만들어진다고 하였다. 레오나르도 다빈치(Leonardo da Vinci, 1452~1519)는 '회화론(Trattato dalla pittura, 1651)'에서 하양을 가장 근본적인 색으로 규정하고, 하양, 노랑, 초록, 파랑, 빨강, 검정 등의 색이 빛, 흙, 공기, 물, 불, 어둠을 상징하는 대표색이라 하였다. 그 후, 뉴턴(Sir Isaac Newton, 1642~1727)에 의해 색에 대한 개념이 체계화되기 시작했다.

다음으로 동양을 살펴보면, 예로부터 고대 중국에서는 색채와 섬유가 발달하여, 빨강, 노랑, 파랑, 하양, 검정의 5색에 의해 우주공간과 시간이 형성되었다고 생각하는 음양오행설에서 색체에 대한 시각을 견지할 수 있다.

색의 복잡성을 설명하고자 수많은 이론이 수십 년 동안 정의되어져 왔다. 예술가(일반인들보다 더 많은 색을 다루고 있는)들은 색에 대한 독자적인 표준을 만들고 그들의 수하생에게 가르쳐왔다. 하지만 이들은 오로지 색 자체에만 국한시켜 왔으며, 빛이나 시각에 대해서는 언급하지 않았다. 색이 모든 사람에게 동일하게 보이지 않기 때문에 예술가조차도 서로 의사소통을 하는데 어려움이 있었고 색에 대해 서로 일치하지 않았다.

과학의 발전에 따라 과학자들은 색에 대한 일정한 일관성이 있어야 한다고 생각했다. 그래서 누구나 인정할 수 있게 측정한 색을 규칙적인 방법으로 배열해 놓기 시작하였다. 우선 표준화 대상으로 태양계를 선택하였고, 오선지의 음표에서 사용되는 기호와 표식과 같은 방법으로 색을 막대에 그려 나갔다. 예술가들은 이 연구의 중요성을 인지하고 과학자들과 동참하였다. 이후 처음으로 그들은 동시대를 살아가고 있는 사람들과 색에 대해 의논할 수 있었으며, 색의 배열이 좋은지 또는 나쁜지에 대한 이유에 대해 조사할 수 있었다.

2. 색의 정의

색은 물질 고유의 성질과 광선의 파장에 의해 개성화되고 생명화된 빛이 시각을 통해 감지되는 것으로 '빛의 예술'이라고도 표현된다. 색은 빛과 함께 있어야 생명화 되고 개성화된다. 따라서 색과 물질과 광선의 파장은 밀접한 관계를 갖는다.

색은 빛이 있어야 나타나는 것이다. 즉 빛이 없다면 색을 볼 수 없다. 색은 어떤 물체에서

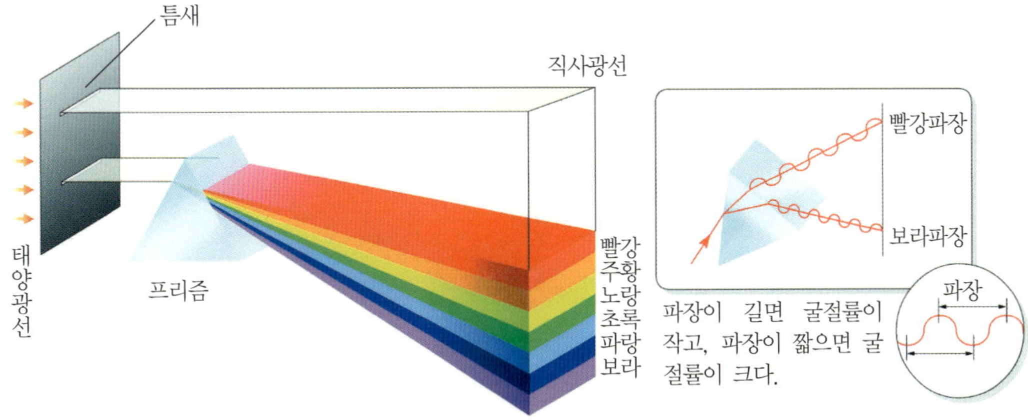

[그림 1-1] 프리즘을 이용한 스펙트럼

반사한 빛의 성상(性狀)이라고 정의할 수 있다. 색은 빛의 속성 중 하나이며 스펙트럼 중 특정한 빛의 파장을 우리의 시각으로 감지하는 것이다. 빛이 어떤 물체에 닿으면 그 빛 중의 일부가 흡수된다. 흡수되지 않는 빛만 반사되어 고유의 물체색을 나타낸다. 따라서 물체상에 나타나는 색채는 물체에서 반사되는 빛의 파장에 의해 달라진다. 빨간 물체가 빨갛게 보이는 것은 가시광선 중 긴 파장만을 물체가 반사하기 때문이다. 이러한 관점에서 색채학은 물리학을 출발로 하여 심리학, 생리학에까지 광범위한 영역을 포함하고 있으며, 색과 인간, 색과 환경, 색과 사회 등과도 관련되어 여러 관점에서 연구되어지고 있다.

1) 빛과 색의 관계

해가 저물어 빛이 없어지면 아무것도 볼 수 없게 된다. 색은 빛에 의해서 감지될 수 있기 때문이다. 그렇다면 '그 빛(태양광)은 무엇인가?'라는 의문이 생긴다. 이 점에 대해서 현대과학의 시조라 일컬어지는 17C 영국의 물리학자 뉴턴(Isaac Newton: 1642~1727)은 1666년에 프리즘을 이용한 광학적인 실험을 통하여, 빛이란 파장이 다른 빛(전자파)의 집합체라는 것을 발견하였다. 맑은 날에 암실의 벽에 작은 구멍을 내고 거기로부터 유도된 빛(백색광)을 프리즘에 닿게 하면, 뒤쪽에 놓인 하얀 스크린에 프리즘을 투과했던 빛이 분광하여 생기는 스펙트럼(무지개색)을 볼 수 있다. 이것은 가시광선에 Red, Orange, Yellow Green, Blue, Indigo, Violet의 색이 포함되어져 있다는 것을 의미한다. 또한 스펙트럼의 색광 전부를 집광렌즈로 모으는 실험을 하면 원래의 빛(백색광)으로 되는 것도 밝혀졌다.

뉴턴은 스펙트럼이 항상 일정한 순서로 나온다는 것을 발견하였다. Red, Orange, Yellow, Green, Blue, Indigo, Violet. 그래서 첫 자만 따서 가상의 이름인 Roy G. Biv라는 사람을 만들어 내기도 하였다. 무지개가 생기는 이유도 이와 같다. 같은 방법으로 빗방울을 유리 프리즘에 놓고 햇빛을 쬐이면 빛이 일곱 색깔로 분광된다.

뉴턴의 발견이 있고 수년 후, 물리학자들은 이러한 각각의 스펙트럼 색에 고유한 에너지를 가진 파장이 있음을 알게 되었다. 그들은 뉴턴의 색중 Indigo를 제외시켰는데, 이는 파랑과 보라의 파장이 거의 같기 때문이다.

눈으로 볼 수 있는 파장의 범위는 사람에 따라 다소 차이가 있으나, 대체로 380~770 nm[1)] 이다. 가시광선 내에서는 파장에 따른 성질의 변화가 각각의 색깔로 나타나며 빨강색으로부터 보라색으로 갈수록 파장이 짧아진다. 단색광인 경우 700~610 nm는 빨강, 610~590 nm

1) 10^{-9}에 해당하는 SI 접두어. 기호는 n. nm(나노미터: 1 nm=10^{-9}m), 두산세계대백과사전.

[그림 1-2] 스펙트럼 색상

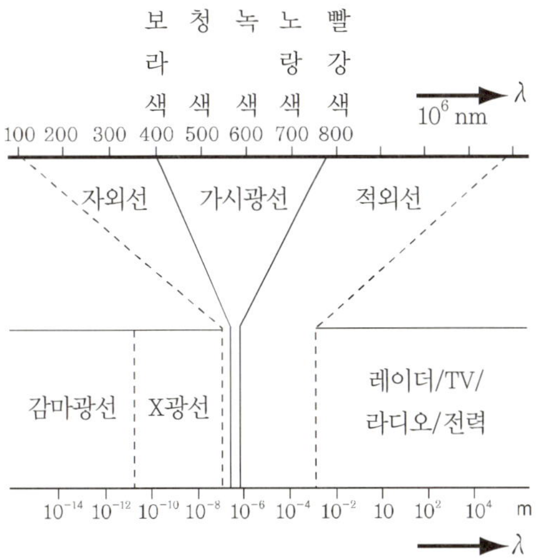

[그림 1-3] 전자기파 스펙트럼

는 주황, 590~570 nm는 노랑, 570~500 nm는 초록, 500~450 nm는 파랑, 450~400 nm는 보라로 보인다. 이중에서 파장이 긴 쪽에 속하는 색(빨강, 오렌지, 노랑)을 따뜻한 색 또는 온색이라 하고, 짧은 쪽에 속하는 색들(녹색, 파랑, 자주)을 차가운 색 또는 한색이라 한다. 가시광선보다 파장이 긴 것을 적외선(780~400,000 nm)이라 하고, 가시광선보다 파장이 짧은 것을 자외선(400~10 nm)이라 한다.

일곱 가지 색으로 나타나는 광을 모두 합치면 흰색으로 보이는데, 이러한 이유 때문에 태양이 희게(白光) 보이는 것이다. 태양광선 아래에서 하얀 색깔의 종이가 하얗게 보이는 이유는 일곱 가지 색을 모두 반사하기 때문이고 파란색의 종이가 파란 것은 가시광선 중에서 파란색만을 반사하여 그 색만 눈에 감지되기 때문이다.

뉴턴의 입자설은 빛과 색의 관계를 나타내는 대표적인 이론으로 "빛은 색의 모체이며, 빛이 변하면 색도 변한다."라고 요약할 수 있다.

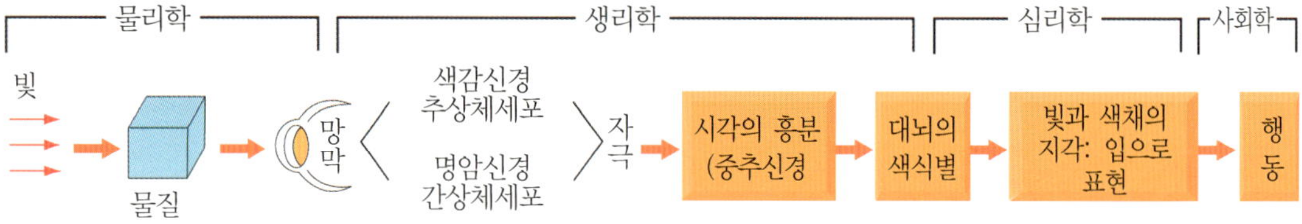

[그림 1-4] 빛의 인식단계

2) 빛과 시각과의 관계

색은 시각이 담당한다. 복사열이 물체에 부딪혀 나오는 특수한 파장의 빛을 눈의 망막이 인지하면서 색을 감지하게 되는 것이다. 망막에는 6가지 세포층이 존재한다. 가장 중요한 것은 빛을 감지하는 수용체이다. 수용체는 막대(rod, 명암을 감지하는)세포와 원추(cone, 색을 감지하는)세포가 있다. 이 세포들은 빛을 전기 자극으로 바꾸어 뇌로 전달해주고, 이어 대뇌의 색식별 능력이 활성화되어 색을 인식할 수 있는 것이다.

3. 색의 종류

'색(Color)'이라는 용어는 유채색과 여기서 파생되는 어떠한 변색(variations)도 모두 포함하는 광범위한 용어이다. 이 용어에는 흰색, 검정 및 회색도 포함된다.

유채색은 스펙트럼 색 및 이들을 섞어 만든 색이라 할 수 있다. 이들 색 중 검정, 흰색, 회색과 섞이지 않는 순수한 색을 순색이라 부른다. 유채색은 태양광선이 물체에 닿았을 때 일정한 단색광만 반사되고 나머지가 흡수되면서 보이는 그 단색광의 색만을 표현한 색이다 빛의 흡수율이 큰 색으로 겨울에 따뜻하게 느껴지고, 한색은 빛의 흡수율이 작은 색으로 차갑게 느껴진다.

무채색은 눈에 보이는 스펙트럼이 없으며 따라서 색상도 없다. 즉 자연색이다. 흰색, 검정 및 회색이 대표적이며 흰색과 검정 사이에는 수많은 회색의 농도가 존재한다. 만약 물체가 모든 빛을 모두 반사하면 흰색으로, 모두 흡수하면 검정으로 보일 것이다. 따라서 밝은 회색은 빛을 대부분 반사하기 때문에 흰색에 가깝고, 반대로 어두운 회색은 빛을 대부분 흡수하기 때문에 검정에 가깝다. 무채색은 온도감에서 따뜻하지도 차지도 않는 중성색인 것도 특징이다.

흰색에서 검정까지의 순수한 무채색을 제외한 모든 색이 유채색이다. 유채색은 그 종류가 무려 750만 종이나 되지만, 실제 눈으로 식별할 수 있는 색은 300여 종이고 일상생활에 필요한 색은 50여 종에 불과하다.

색채체계를 분류하기 시작한 것은 『색채의 문법』이라는 저서를 펴낸 먼셀(Albert H. Munsell: 1858~1918)에 의해서인데, 그는 색채구체(Color Tree or Sphere)를 창안하여 무수히 많은 색들을 일목요연하게 배열상태로 정렬하였으며 표기법에 따른 여러 가지 색들을 구분하여 식별이 가능하도록 하였고, 색상, 명도, 채도를 측정하기 위해 조직적인 도표를 완성하기도 하였다.

Ⅱ 색소의 원리(Principles of pigments)

색소는 색을 가진 물질이다. 색소는 용매제(linseed oil, turpentine, 물, 알코올, 글리세린, oil 또는 liquid latex 등)와 섞어서 자유롭게 사용할 수 있다. 페인트, 화장품 및 염료(dye)는 색소로부터 만들어진다. 대부분의 색소는 수많은 토양, 광물 또는 식물성 염료로부터 만들어지며, 화학자들은 이러한 색조를 향상시키고 정제하여 스펙트럼의 색과 거의 비슷한 색을 만들어 냈다. 화학의 발달로 인해 표현할 수 있는 색이 매우 광범위해지고는 있으나, 스펙트럼 내에 모든 사용가능한 색상을 만들어낼 수는 없다. 스펙트럼 색 사이에 있는 중간색상(intermediate)은 색소를 혼합하여 얻을 수 있다. 색 숙련자는 뉴턴의 남색(indigo)을 제외시키고 빨강과 파랑을 동량 섞어 새로운 색을 만들어 내었는데, 바로 자주색(purple)이다. 이러한 방법으로 연속적인 색 상환이 만들어진다. 결론적으로 스펙트럼의 직선적인 밴드는 점차 앞뒤가 막힌, 하나의 유채색으로부터 다음 유채색으로 연속적으로 넘어가는 색상환이 만들어지게 된다.

색소는 크게 염료(dye)와 안료(pigment)로 구분된다. 염료는 물 또는 오일에 녹는 색소로 물에 녹는 염료를 수용성 염료(water soluble dye)라 하며 기름에 녹는 염료를 지용성 염료(oil soluble dye)라 한다. 염료에 비하여 안료는 물과 오일에 모두 녹지 않는 것으로 무기물질로 된 것을 무기안료, 유기물질로 된 것을 유기안료라 한다. 특히 수용성 염료에 알루미늄, 마그네슘, 칼슘염을 가해 물과 오일에 녹지 않게 만든 것을 레이크(lake)라 부른다.

염료는 화장품의 내용물에 적당한 색상을 부여하는 기초화장품, 모발화장품 등에서 폭넓게 사용되고 있다. 수용성 염료는 화장수, 로션, 샴푸 등의 착색에 사용되며 유용성 염료는 헤어 오일 등의 유성화장품의 착색에 사용된다. 그러나 염료는 물이나 오일에 녹기 때문에 메이크업 화장품에는 그다지 선호되지는 않는다. 메이크업 화장품에서 안료는 보통 10~50%의 비율로 사용되며, 작은 고체 입자 상태로 존재하기 때문에 빛을 반사 차단시키며 커버력이 우수한 특징이 있다.

- 색소
  - 염료: 물 또는 오일에 녹는 색소로 화장품 자체에 시각적인 색상효과를 부여하기 위해 사용된다.
    예) FD & Yellow No. 6(수용성 염료), FD & C Red No. 4(유용성 염료)
  - 안료
    - 무기안료: 색상이 화려하지 못하나 빛, 산, 알칼리에 강하다.
      예) 산화철(iron oxide), 울트라마린(ultramarine)
    - 유기안료: 색상이 화려한 반면 빛, 산, 알칼리에 약하다.
      예) D & C Red No. 30, D & C Red No. 36
    - 레이크: 색상의 화려함이 무기안료와 유기안료의 중간 정도이다.
      산, 알칼리에 약하며 중성에서도 물에 조금씩 녹는 경우가 있다.
      예) FD & C Yellow No. 6 Al lake

메이크업 화장품에서 대부분 무기안료와 유기안료를 적절한 비율로 혼합하여 사용되는데, 무기안료가 커버력이 우수한데 비해 유기안료는 색상이 선명하고 화려해 이들을 적절히 선택하여 배합하면 좋은 효과를 얻을 수 있기 때문이다. 마스카라의 색소는 주로 무기안료로 되어 있고, 이에 반하여 립스틱과 같이 선명한 색상을 원하는 경우는 유기안료가 사용되고 있다.

1. 색소의 결함

색소에는 몇 가지의 자체적인 결함이 있는데 그것을 살펴보면 다음과 같다.

첫째, 색조로 나타내는 색의 범위는 자연계에서 나타나는 색의 범위보다 훨씬 좁다. 바위, 자연목 또는 피부색과 같이 어떤 물체색을 똑같이 복제하는 것은 거의 불가능하다. 자연에 존재하는 물체들은 빛에 의해 밝고 어두운 정도가 큰 영향을 받는다.

둘째, 색조는 햇빛이나 공기 중에 노출되었을 때 바래지거나 표백된다. 이로 인해 색의 풍부함이 소실된다. 햇빛에 의한 바래짐은 단순히 색감의 소실뿐만 아니라 옷감 섬유의 손상의 결과이다. 산화와 같은 화학적 반응에 의해서도 색은 바래지는데 자동차 배기가스, 굴뚝과 화덕으로부터 나오는 연기, 습도 및 도시의 대기 상태는 모두 색소에 영향을 미치는 요인이다. 특히 공기 중 황(sulphur)이 가장 큰 영향을 미친다.

셋째, 많은 색소는 순색이 아니다. 왜냐하면 그들이 순수한 빛을 반사시키는 것이 아니기 때문이다. 실제 스펙트럼 색에서 섞은 것과 같이 색조를 혼합한다고 해서 똑같은 결과를 얻을 수 없다. 즉 섞고 난 후에야 무슨 색이 나올지 알 수 있다.

넷째, 색소의 색은 일정하지 않고 제품마다 다를 수 있다. 이러한 이유로 인해 화장품 화학자들은 똑같은 제품을 생산하는데 어려움을 겪고 있으며, 메이크업사(Make up-Artist)들은 메이크업을 할 때 색을 조절하는데 힘들어한다.

다섯째, 색소는 서로 섞이게 되면 빛을 흡수한다. 그 결과 빛을 증가시켜도 색이 더 밝아지지 않는다. 만약 충분한 많은 양의 색소를 섞으면, 검게 되거나 회색이 되어버린다. 즉, 색소 혼합은 빛의 반사를 감소시킨다. 메이크업사가 메이크업을 실행할 때도 같은 결과가 나온다.

2. 색의 3가지 면

색을 지각할 때 표현하는 세 가지 용어는 색상(hue), 명도(value, lightness), 그리고 채도(강도, chroma, intensity)이다. 이들 각각의 특성은 일반적으로 빛의 물리적인 요소에 의해서 결정된다. 한 가지 색채에 있어서 색상은 빛의 파장에 의해서 결정되고, 명도는 빛의 강도에 의해서, 채도는 순도에 의해서 결정된다.

1) 색상(Hue)

(1) 색상이란?

색상은 색의 첫번째 특징이다. 색상은 유채색이라는 이름으로도 불리며 따뜻하거나 차가움으로 표현되기도 한다. 색상의 이름은 스펙트럼 내에 같은 색(counterpart)이 있는가에 따라 결정된다.

빨강, 주황, 노랑, 초록, 파랑, 남색, 보라의 일곱 빛깔 무지개색은 스펙트럼에서 나타나는 빛의 순서에 따라 크게 구별한 것이지만 이밖에도 미묘한 파장의 변화에 따라 무수히 많은 색들이 생겨난다. 이처럼 시 감각에 따라 식별되는 색을 구별하기 위해 필요한 색채를 총칭하여 색상이라고 한다. 성질이 비슷하다고 느껴지는 색을 순서대로 배열해보면 빨강, 주황, 노랑, 연두, 녹색, 청록, 파랑, 남색, 보라, 자주 다음으로 다시 빨강으로 돌아온다. 이와 같이 색상에 대한 감각의 변화는 둥글게 반복되는 순환성이 있기 때문에 색상을 둥글게 나열한

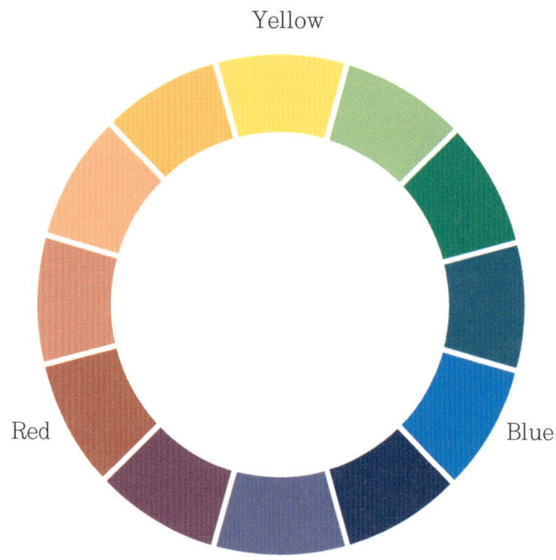

[그림 1-5] 일차색

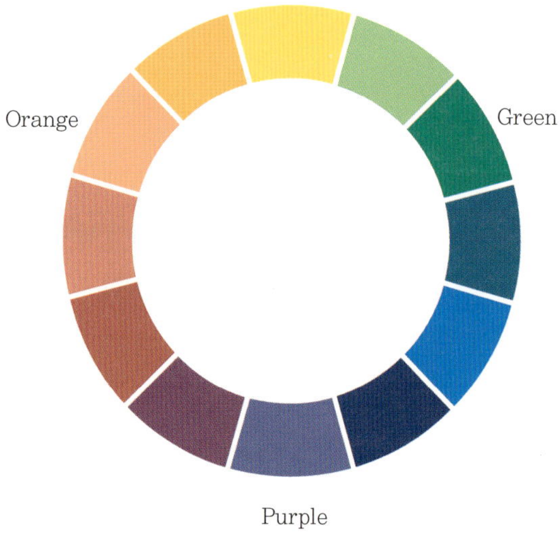

[그림 1-6] 이차색

것을 색상환(hue circle)이라고 한다.

두 가지 스펙트럼 색에서의 다름은 색상의 다름이다. 예를 들어, 빨강과 노랑은 서로 다른 색상이다. 새로운 색상은 여기에 밝음(lightness), 어두움(darkness) 또는 무딘(dullness)이라는 특별한 언급이 없는 한 순색이라 할 수 있다. 일반적으로 색상환에서 하나의 색과 다른 색과의 간격은 일정하게 위치하고 있다. 만약 빨강을 동일 량의 노랑과 섞는다면, 새로 나온 색은 더 이상 빨강도 아니고 노랑도 아니다. 이 색은 red-orange로 빨강과 노랑의 정 가운데 위치하게 된다.

(2) 색의 분류(Classes of hue)

각각의 색상은 크게 일차, 이차 또는 중간색상으로 나눌 수 있다. 삼차색은 이러한 색상들의 혼합체이다.

① 일차색(Primary pigment hues)

원색은 다른 색과 혼합해서 만들 수 없는 기본색상을 말한다. 원색의 특성은 원색끼리 혼합하면 어떠한 색이라도 만들 수 있지만, 반대로 다른 어떤 색을 혼합해서도 원색은 만들 수 없다는데 있다. 물감이나 안료와 같은 색료의 삼원색은 인쇄 잉크의 삼원색인 마젠타(M: magenta), 노랑(Y: yellow), 사이언(C: cyan)을 말하며, 이들 삼원색을 여러 가지 비율로 혼합하면 다양한 색상을 만들 수 있다. 색광의 삼원색은 빨강(R: red), 녹색(G: green), 파랑(B: blue, 엄밀한 의미에서 청자색)으로서 이것도 색료와 마찬가지로 삼원색을 혼합하면 모든 색광을 만들 수 있으나, 다른 색광을 혼합해서는 삼원색을 만들 수 없다.

② 이차색(Secondary pigment hues)

세 가지 이차색은 일차색을 동량 섞어 만든다. 일차색인 빨강과 일차색인 파랑을 섞으면 이차색인 자주색(purple)이 만들어진다. 일차색인 노랑과 일차색인 파랑을 섞으면 이차색인 녹색(green)이 만들어진다. 일차색인 빨강과 일차색인 노랑을 섞으면 이차색인 오렌지(orange)가 만들어진다.

③ 표준 색상(Standard pigmentary hues)

일차 및 이차색을 6가지 표준 색상이라 한다. 이러한 6가지 색의 색상환을 표준 색상환이라 부른다.

④ 중간(Intermediate) 색상

중간색은 일차 및 이차색과 근접한 이차색을 동량 섞어 만든다. 따라서 중간색은 두 가지 색과 서로 닮아있으며, 두 색의 중간정도의 밝기를 가지고 있다. [그림 1-7]에서의 다음과 같은 중간색이 나올 수 있다.

일차색인 노랑과 이차색인 녹색은 중간색인 yellow-green을 만든다.
일차색인 노랑과 이차색인 오렌지는 중간색인 yellow-orange를 만든다.
일차색인 파랑과 이차색인 녹색은 중간색인 blue-green을 만든다.
일차색인 파랑과 이차색인 자주는 중간색인 blue-purple을 만든다.
일차색인 빨강과 이차색인 자주는 중간색인 red-purple을 만든다.

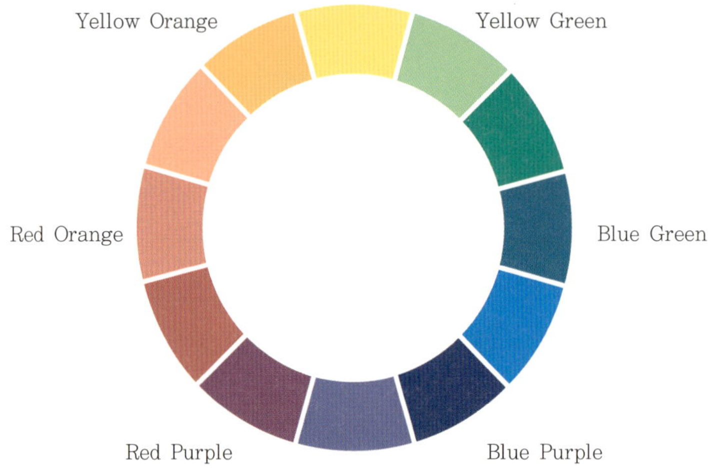

[그림 1-7] 중간색

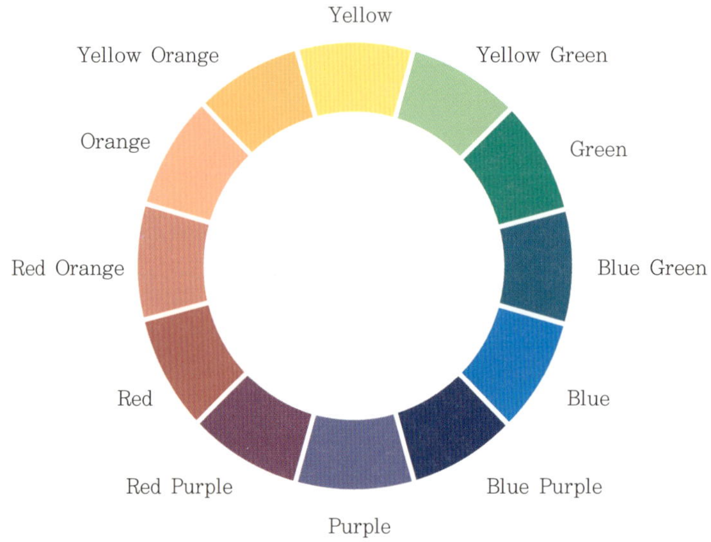

[그림 1-8] 12색상환

일차색인 빨강과 이차색인 오렌지는 중간색인 red-orange를 만든다.

6가지의 중간색, 3가지의 일차색, 3가지의 이차색이 모여 총 12가지의 색상환을 만들 수 있고 이것은 표준색보다 더 넓은 범위의 색상환을 이룬다.

⑤ **삼차색**(Tertiary pigment hues)

삼차색은 무딘(회색빛)색이다. 갈색과 회색은 삼차색이지만 스펙트럼 내에서 보이거나 색상환에 포함되어 있지 않다. 이들 색은 단지 색상환에서 보이는 색들에 의해서만 만들어질 수 있는 색이므로 삼차색으로 정의한 것이다. 전면을 가로질러서 반대편의 색을 불균형하게 섞을 때 생성되며. 난색이 더 많이 들어갔을 때 갈색이 되고 한색이 더 많이 들어갔을 때는 회색이 된다.

⑥ **난색과 한색**(Warm and cool hues)

각각의 색조는 따뜻하거나 차가운 느낌을 가지고 있다. 빨강, 오렌지 및 노랑이 난색이다. 이 외에 색으로 중간색인 yellow-orange, red-orange 및 red-purple이 포함된다. 오렌지는 흔히 가장 따뜻한 색이라고 불린다.

차가운 색(Cool hues have the shorter wave-lengths)은 빛의 열선을 흡수키시고 어떤 물체(또는 환경)를 차갑게 심지어는 춥게 느끼게 한다. 이러한 색으로 자주, 파랑 및 녹색이 있다. 이 외에 색으로는 중간색인 yellow-green, blue-green 및 blue-purple이 포함된다. 파랑색은 가장 차가운 색이라고 불린다.

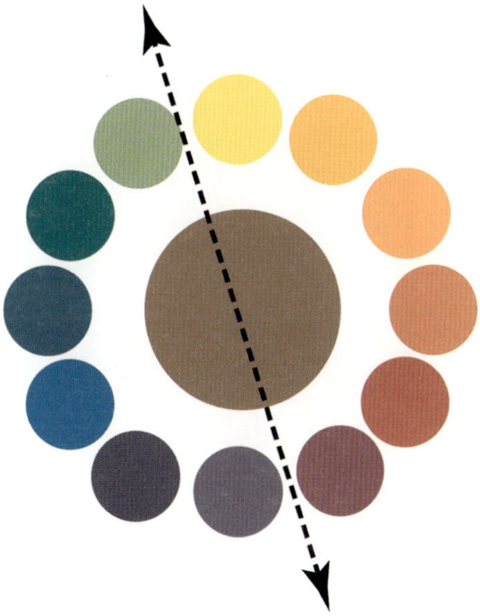

[그림 1-9] 난색과 한색

2) 명도(Value)

색의 밝고 어두운 정도를 명도라 하며 무채색과 유채색은 모두 명도를 가진다. 흰색과 검정 사이에 명도가 서로 다른 여러 회색들을 배치할 수 있는데, 각 회색들을 균등하게 변하도

[표 1-1] 명도반사비율

10	88%
9	63%
8	46%
7	33.1%
6	24%
5	17.3%
4	12.2%
3	8.51%
2	5.77%
1	3.71%
0	2.4%

[그림 1-10] 명도단계

록 배치한 것을 명도단계라 한다. 명도단계는 무채색을 모두 11단계로 구분하며, 모든 색상들의 명도를 구분하는 기준으로 삼는다. 보통 색의 밝기에 따라 흰색에 가까운 밝은 단계는 고명도라고 하고 그 다음이 중명도, 검정에 가까운 어두운 단계를 저명도로 구분한다. 우리 인간의 눈은 색의 3속성 중에서 명도에 대해 가장 예민하며, 그 다음이 색상, 채도의 순서이다.

(1) 회색의 무채색 단계(Achromatic scale of gray pigment)

흰색과 검정을 다양한 비율로 섞으면 수많은 종류의 회색이 나오게 된다. 위에서도 언급했듯이, 하얀색 물체는 빛의 대부분을 반사시키고 검은색 물체는 대부분을 흡수한다. 이것은 밝은 회색이 어두운 회색보다 빛의 반사가 더 많다는 것을 의미한다. 반대로 어두운 회색은 빛의 흡수가 더 많다는 것이다.

예술가와 상업적 채색가(colorist)들은 검정과 흰색 사이에 9가지의 회색 척도를 만들었다. 이 척도는 시각적 방법에 의해 만들어졌다. 회색 척도는 매우 독단적으로 만들어진 척도이지만, 이정도면 일반 사람들이 회색간의 차이를 지각하고 쉽게 이미지를 떠올릴 수 있을 정도의 척도로 충분하다고 인정하고 있다.

검정색 바로 위에 있는 회색은 매우 어둡다; 1, 2, 3 레벨의 회색은 어두운 회색이다. 흰색 바로 밑에 있는 회색은 밝은 회색이다; 7, 8, 9번 레벨의 회색이 포함된다. 흰색과 검정의 중간 즉, 4, 5, 6번째 레벨의 회색을 중간 회색이라 한다[그림 1-10]. 이러한 다양한 레벨은 회색의 value-scale에 의해 구분된다.

(2) 유채색의 반사율과 회색 단계(Chromatic reflectance and the gray scale)

유채색(색상)은 선명도(vividity, 반사시킬 수 있는 능력)가 매우 다양하다. 다양한 색상 사이에서 빛 반사의 차이는 색상의 회색 척도의 value-level과 비교함으로써 대략적으로 알 수 있다. 어떠한 색도 흰색처럼 모두 빛을 반사시키거나 검정처럼 모두 흡수할 수 없기 때문에, 일반적으로(난색 계통에서) 순색 중에서 최고로 빛을 반사시키는 8정도 레벨에 노란색을 놓고 있다. 또한 blue-purple은 한색 범위에서 2번째 레벨에 놓이게 된다.

[표 1-2]에서 한쪽은 난색을, 다른 한편에는 한색을 놓았다. 이 표에서 같은 레벨에 있는 어떠한 두 색의 반사량이 서로 같다는 것을 의미하는 것은 아니다. 어떤 하나가 다른 하나보다 반사를 약간 더 시킬 수도 있다. 레벨의 숫자는 독단적으로 결정한 것이기 때문에 엄격한 잣대는 아니다.

화장품 화합물에서 value-level은 얼굴에 적용시키기 위해 화장품을 섞거나 적용시킬 때

[표 1-2] 한색과 난색으로 구분한 색상 Level

Level	Level
8. Yellow	7. Yellow-green
7. Yellow-orange	6. Green
6. Orange	5. Blue-green
5. Red-orange	4. Blue
4. Red	3. Purple
3. Red-purple	2. Blue-purple

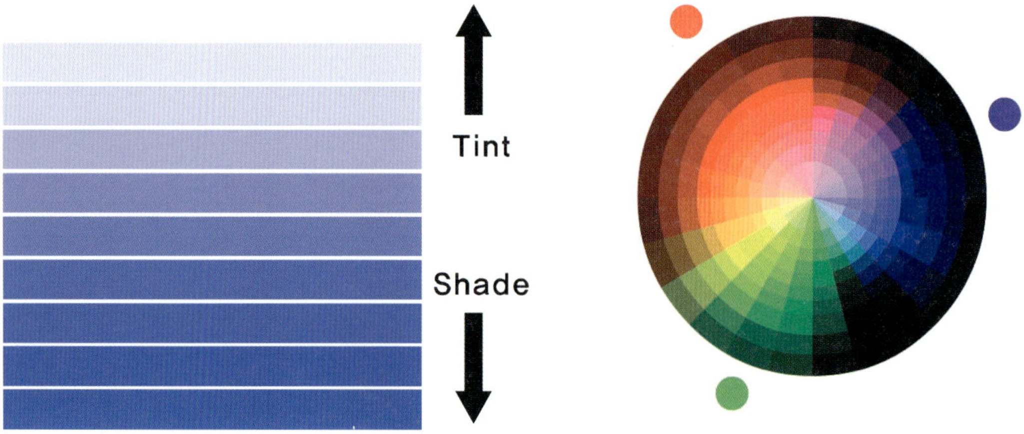

[그림 1-12] 유채색의 명도 변화

매우 중요한 역할을 한다. 반사가 제일 낮은 어두운 레벨의 화장품부터 적용시키거나 섞는 것은 효과적이지 않다.

(3) **유채색의 명도 변화**(Altering the value of a chromatic pigment)

모든 색조는 검정 바로 위에 있는 지점까지 점점 검게 되며, 흰색 바로 밑까지 점점 희게 된다.

① **밝은 색**(Tint)

밝은 색(tint)은 점차적으로 흰색을 첨가시킨 색조이다. 흰색의 양이 증가될수록, 스펙트럼적인 색상은 좀더 약해지고 나중에는 창백해진다. 밝은 색들(tints)은 색상의 스펙트럼 명도 위에 놓여 있으며, 우리는 이것을 고명도라고 말한다.

② **어두운색**(Shade)

어두운색(shade)은 점차적으로 검정색을 첨가시킨 색조이다. 검정색의 양이 증가될수록, 색상은 점점 어두워지고 약해진다. 어두운색(shade)은 색상의 스펙트럼적 명도 아래에 놓여 있으며, 우리는 이것을 저명도라고 말한다.

3) 채도[Chroma, 강도(Intensity)]

채도는 유채색의 3번째 요소이다. 채도란 색의 맑은 정도, 즉 얼마나 맑고 탁한지를 지칭하는 색의 순도(purity) 또는 포화도(saturation)를 말한다. 즉, 색의 선명도 또는 색채의 강

초록색의 채도 변화

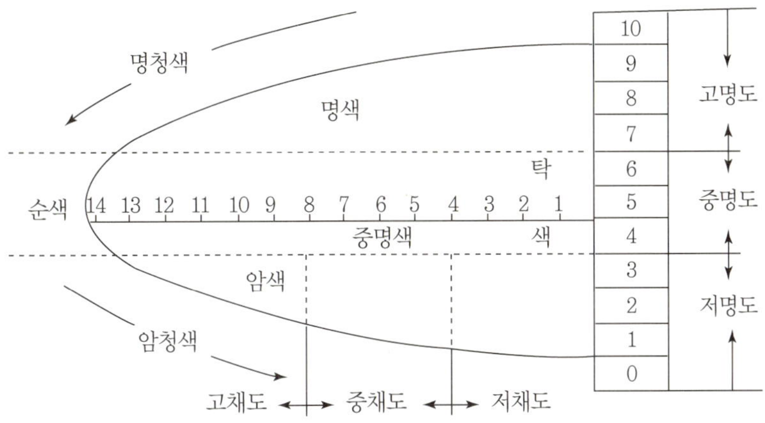

명도와 채도 단계

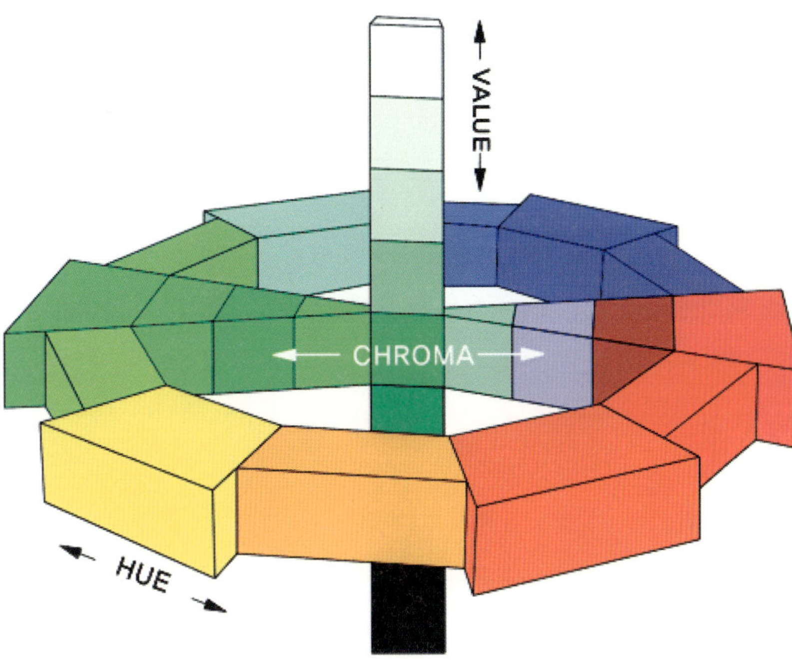

[그림 1-13] 채도

하고 약한 정도를 뜻한다. 많은 색 중에서 깨끗한 색감을 지니고 있어서 채도가 가장 높은 색을 순색(또는 청색(靑色, 맑은 색)이라 하며, 주로 원색을 비롯한 색상환의 기본색들이 여기에 포함된다. 흰색이나 검정을 섞어 본래의 색보다 밝아지거나 어두워진 것을 명청색 또는 암청색이라 한다. 예를 들면, 빨강에 흰색을 섞으면 분홍이 되고 검정을 섞으면 갈색이 되는데, 분홍은 흰색에 의하여 명도는 높아졌지만 기본색인 빨강의 순수 정도인 채도는 낮아졌다. 이때 분홍과 갈색을 각각 명청색과 암청색으로 구분한다. 이 외에도 회색이나 세 가지 이상의 색을 섞어 탁하거나 색감이 약하고 선명하지 못하며 채도가 낮은 색을 탁색(濁色, 흐린 색)이라 한다. 동일 계열의 색상 중에서 가장 채도가 높은 색을 순색(full color)이라고 한다. 색의 혼합량을 기준으로 본다면 어떠한 색상의 순색에 무채색(흰색이나 검정)의 포함량이 많을수록 채도가 낮아지고, 그 포함량이 적을수록 높아진다.

완전한 채도에 있는 색은 매우 밝고 주로 색 구성(scheme)에서 강조를 할 때 쓰인다. 낮은 채도(특히 고 또는 중중도 명도에서)를 가진 색은 부드럽고 즐거운 느낌을 주며 일반적으로 넓은 장소에 쓰인다.

(1) 보색(Complements)

보색이란 어떤 두 색을 섞었을 때 회색이 되는 색을 말한다. 이때 두 가지 색을 반드시 동량 섞어주어야 한다. 주로 보색은 색상환에서 서로 반대되는 편에 위치한다. 보색의 밝은 색(tint)(pink 및 lime 등)은 밝은 회색을 만들어내고 보색의 어두운 색(shade)(burgungdy와 jade-green 등)은 어두운 회색을 만든다.

파랑의 보색은 빨강, 녹색 또는 노랑이 아니다. 이들은 단지 파랑의 색을 다른 색으로 변형시킬 뿐이다. 즉 파랑과 섞었을 때 회색을 만들어내지 못하기 때문에 이들은 보색이 아니다. 파랑과 섞였을 때 회색을 만드는 색은 오로지 오렌지색으로 색상환에 반대편에 있으며, 따라서 오렌지색이 파랑의 보색인 것이다. 따라서 난색의 보색은 한색이 된다. 양쪽 화살표는 서로가 보색임을 나타내준다.

보색은 채도에서 뿐만 아니라 Color Schemes에서도 매우 중요한 역할을 한다. 눈에는 이러한 반응을 받아들이는 모든 수용체가 있으며, 이들에 의해 최상의 색의 대비가 만들어진다.

(2) 톤(Tone)

색의 3요소 가운데서 명도와 채도의 복합적인 색조를 의미하는 것을 톤이라 하며 색상과는 다른 의미이다.

즉 명도와 채도의 밸러스에 의해 결정되며 색의 명암, 강약, 농담 등의 상태를 말하며 각각의 톤은 다른 이미지를 갖는다.

[표 1-3] 보색 예시

1차색 보색 예시	2차색 보색 예시
red ↔ green	yellow-green ↔ red-purple
blue ↔ orange	blue-green ↔ red-orange
yellow ↔ purple	blue-purple ↔ yellow-orange

[그림 1-13] 보색

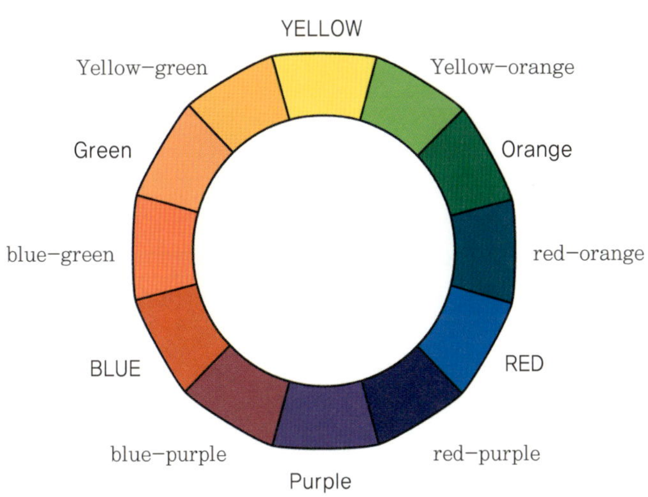

≪보색 결정≫
1차색 + 2차색
2차색 + 1차색
중간색 + 중간색
시계방향 +/- 여섯번째 위치

[그림 1-14] 보색결정

[표 1-4] 톤별 의미와 이미지

톤 기호	톤 이름	의 미	이미지
W	white	흰색	청결한, 차가운, 신선한, 소박한
Gy	Gray	회색	스모키한, 외로운, 평범한
Bk	Black	검정색	고급스러운, 공식적인, 세련된, 엄숙한
P	Pale	흐린 색	엷은, 가벼운, 여성적, 귀여운
Ltg	Light Grayish	밝은 회색이 감도는 색	밝은 잿빛의, 침착한, 조용한
G	Grayish	회색이 감도는 색	잿빛의, 탁한, 점잖은,
Dkg	Dark Grayish	어두운 회색이 감도는 색	어두운 잿빛, 무거운, 딱딱한, 남성적, 보수적인
Lt	Light	엷은 색	어린애 같은, 신선한, 즐거운, 얕은, 평온한
D	Dull	둔탁한 색	둔한, 칙칙한, 중간의, 무난한
Dk	Dark	어두운 색	어두운. 어른스러운, 튼튼한, 안전한, 딱딱한
B	Bright	밝은 색	밝은, 건강한, 명랑한, 화려한, 산뜻한
S	Strong	강한 색	강한, 동적인, 정열적인
Dp	Deep	진한 색	깊은, 짙은, 충실한, 원순한
v	Vivid	선명한 색	맑은, 신선한, 화려한, 활동적인, 자유로운

제 2 장

시각적 측면에서의 색채 원리

시각을 통해 보게 되는 색은 주요한 심리학적 연구 대상 중 하나이다. 사람이 색에 의해 어떻게 영향을 받는지 또한 하나의 색이 다른 색에 어떠한 영향을 미치는가에 대한 연구가 심리학적 연구를 통해 밝혀지고 있다.

수세기동안, 사람들은 특별한 색을 상징으로 여겨왔다. 이집트 무덤에서 보이는 부적에는 특별한 중요성을 담고 있다. 빨간색 부적은 육체의 영혼을 보존하려는 의미가 담겨져 있고, 금색은 '새로운 삶(new life)'에 대한 보호와 평안을, 그리고 갈색은 호흡이 다시 돌아온다는 (다시 살아나는) 것을 담고 있다. 그들의 상형문자에서 노란색은 태양을, 녹색은 자연의 색을, 자주색은 지구를 나타내고 있으며 파란색은 하늘 또는 정의를 의미하고 있다. 중국에서 하얀색은 비탄과 애도를 의미하고 있다. 재미있는 얘기로 중국에 주유소를 차린 한 미국인은 실수로 하얀 페인트를 주유소에 칠하는 바람에 손님이 하나도 없어 망했다는 이야기도 있다. 일본에는 빨간색 자동차가 거의 없는데 이것은 소방차와 우편 트럭을 위해 지정된 색이기 때문이다.

I 색의 심리학적 특성 및 효과 (Psychological characteristics of pure hues)

1. 색의 심리학적 측면

색의 감지는 개인적 경험과 밀접한 관계가 있다. 사람마다 색을 감지할 수 있는 능력은 다양하다. 색의 감지는 과거의 경험 또는 사건, 심미적인 경향, 문화, 종교, 상징성, 눈의 피로 상태, 시각적 직감, 색맹의 유무, 조명의 형태와 수, 주변에 있는 색이 미치는 영향(강조 한다든지 또는 감쇄시키는)에 의해 영향을 받는다.

사람은 그의 감정, 생각 또는 표현을 색과 연관하여 발전시켜 왔다. '순결의 흰색', '선망(질투)의 녹색'과 같이 심리학적 및 생리학적으로 사람들은 여러 다른 방법으로 색을 표현해 왔다. 색 치료는 신경 질환을 가진 사람을 치료하는데 놀라운 효과를 보이고 있다. 차가운 색은 사람을 차분하게 하는 효과를 가지고 있다(물론 사람을 우울하게 하거나 울적하게 하기도 하지만). 반대로 따뜻한 색은 사람을 안락하게 해주거나 역동적이고 활발하게 해주는 효과를 가지고 있다(몇몇 빨간색이나 노란색들은 불유쾌하거나 슬픈 감정을 오히려 증폭시키는 역할도 한다). 심리학적 실험에 의하면 같은 색이라도 사람에 따라 즐겁게 하거나 불유쾌하게 할 수 있다는 것을 보여준다. 예를 들어 빨간색은 어떤 이에게는 즐거움, 용기 및 활력을 줄 수 있지만 어떤 이에게는 야함, 난처함, 고통 또는 위험함을 느끼게 할 수 있다.

2. 색의 감정 효과

색채심리학은 크게 두가지로 구별된다. 외관상의 판단에 미치는 색채의 영향과 색채의 미적 효과에 관한 것. 전자는 온도감 · 무게 · 크기 · 거리 등이 판단에 미치는 색채의 영향을, 후자는 색채의 조화 · 선호(選好) · 감정효과를 들 수 있다.

1) 시각적 체감온도와 색채

색채에는 따뜻한 느낌을 주는 것과 찬 느낌을 주는 것이 있는데, 이것은 주로 색상과 관계가 있다. 적색 계통은 따뜻한 느낌을, 청색 계통은 찬 느낌을 준다. 텅스텐 전등 빛이 따뜻한 느낌을, 형광등 빛이 찬 느낌을 주는 것도 이와 같은 이유 때문이다.

2) 무게의 판단과 색채

무게에 가장 큰 영향을 주는 색의 속성은 명도이다. 명도가 높은 색, 즉 밝은 색은 가벼운 느낌을, 명도가 낮은 색, 즉 어두운 색은 무거운 느낌을 준다.

3) 크기의 판단과 색채

크기의 판단에는 명도가 크게 영향을 준다. 일반적으로 같은 크기라도 밝은 색으로 채색된 쪽이 더 크게 보인다. 자동차의 경우, 검은색 차는 더 작고 무겁게 느껴진다.

4) 거리의 판단과 색채

색상과 밝기가 영향을 준다. 2개의 색채가 같은 거리에 있을지라도 서로 다른 거리에 있는 것처럼 보일 수 있다. 가까이 보이는 것을 진출색(進出色), 멀리 보이는 것을 후퇴색(後退色)이라 한다. 휘도(輝度)가 높고 명도가 높은 색은 대개 가깝게 보이지만, 넓이가 커지면 이런 경향은 일치하지 않는다. 따라서 거리의 판단은 색상, 밝기, 넓이 등과 관련이 있다.

5) 색채의 조화

2개 이상의 색채가 인접해 있을 때, 조화로운지의 정도를 말한다.

6) 색채의 선호

개인, 연령, 문화적 영향 및 구체적 대상에 따라 차이가 있으나, 선호도는 일반적으로 청색→적색→녹색→자색→등색→황색의 순이 된다.

7) 색채의 감정효과

색채의 선호, 조화에 대하여 전에는 이를 1차원적으로 취급했으나, 근래에는 상호관련하에 다원적으로 보는 경향이 짙다. 따라서 SD법(semantic differential method) 등을 이용 관련성을 파악하려는 시도가 이루어지고 있다. 결국 조화감이란 선호, 자연, 미, 안정 등의 감정이 수반된다. 특히 선호의 감정과 조화감은 밀접한 연관성이 있어 조화를 이룬 것은 선호의 대상이 된다고 볼 수 있다.

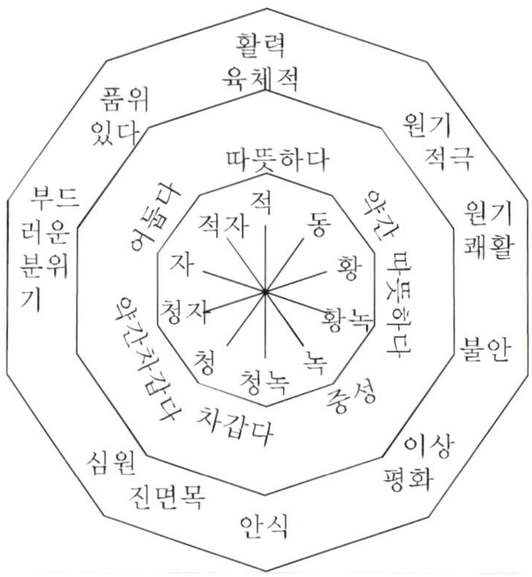

[그림 2-1] 색채의 감정 효과

3. 개별 색들의 효과

분광을 통해 나온 순수한 색상들은 인간의 감정에 지대한 영향을 미친다. 왜 똑같은 색이 어떤 이에게는 즐거움을 주는데 비해 다른 이에게는 불쾌한 기분을 가지게 할까? 사람들은 다른 중간 색상보다는 여섯 가지 표준 색상에 빨리 싫증을 느낀다. 난색은 일반적으로 기분을 즐겁게 하고 자극하는데 도가 지나치면 흥분하거나 시끄럽게 만들게도 한다. 너무 한색이 지나치게 강조되면 기분을 우울하게 만드는 경향이 있다. 이러한 특징 때문에 가정 또는 장례식장을 꾸밀 때 순색을 너무 풍부하게 쓰는 것은 그리 바람직하지 않는다. 이러한 순색들은 눈을 빨리 피곤하게 하고 결국에는 다양성과 정교함의 부족으로 인하여 단조로워지게 되기 때문이다. 하지만 이들을 부분적 또는 국소적 대비 효과로 이용할 경우 좋은 결과를 얻을 수 있다.

빨강은 난색이고 진출색(advancing color)이다. 일반적으로 신경계를 자극하고 활동적 또는 경쟁의 상징이다. 원시인들은 이 색에 매우 강렬하게 매료되었다. 자연계에서 빨강은 아주 작은 부분에만 존재하는데. 나비에는 거의 없으며, 몇몇 새들에 조금 있고 꽃에는 많이 있다. 자연에 존재하는 다른 색에 비해서 드물게 존재하므로 빨강색으로 장식을 하려면 매우 신중해야 한다.

노랑은 난색이고 진출색이다. 초기 사람들은 노랑을 '새 날의 도래'와 관련지어 생각했으며 이 색을 '희망의 색'이라고 불렀다. 일반적인 사람은 이 색을 통해 활력과 원기를 느낀다. 빨강보다는 덜하지만 이 색을 보면 맥박, 혈압 및 호흡수가 증가한다. 노랑색은 자연계에 매우 풍부하다. 따라서 실내 인테리어에 많이 쓰이는 편이다.

오렌지색은 난색 중에 가장 따뜻함을 느끼게 해주는 색이다. 이 색은 진출색 중에 최상이다. 오렌지색은 주로 검소하고 절약하는 느낌을 가지게 한다. 빨강과 같이 오렌지 순색은 매우 조금만 이용해야 한다.

녹색은 차가운 후퇴색(receding hue)이나 파란색과 대비했을 때보다 노란색과 대비했을 때 덜 차가워 보이는 느낌을 가지게 한다. 일반적으로 녹색은 불굴의 의지, 집요 및 이상적 생활 등과 관련이 있다. 자연계에서 많이 볼 수 있으며, 많은 이들이 녹색을 보면 평안하고 마음을 가라앉혀준다고 생각한다.

파랑은 후퇴색이며 한색 중에 가장 차가움을 느끼게 해주는 색이다. 일반적으로 신경계에 안정을 주는 역할을 해 준다. 순색 자체로는 매우 힘 있어 보이나, 실내 장식에 있어서 파랑은 공허하고 매우 차가운 느낌을 가지게 한다.

자주는 한색이며 후퇴색이다. 심리학적 테스트에서, 정신적으로 성숙한 사람들이 다른 어떤 색보다 자주를 좋아하는 것으로 나타났다. 이 색을 선호하는 사람의 특징은 망상적이고 변덕스러운 특징이 보인다. 자주색을 배경으로 이용하고 인조 조명을 비추었을 경우, 자주색 내의 파랑색은 죽어 보이고 빨강색은 더 들어나 보이기 때문에 색이 분명치 않게 보인다.

현대 장례식장은 더 이상 과거의 우울하고 슬픈 장소가 되어서는 안될 것이다. 접객실(Viewing Room)은 안락한 거실과 같아서 슬픔을 누그러뜨리는 장소가 되어야 한다. 따뜻한 색이 풍부해야 하며 조명도 따뜻한 색으로 해야 한다. 심리학적으로 장례식장은 평안하고, 긴장완화와 기분전환이 될 수 있는 장소일 뿐만 아니라 위엄이 있는 장소가 되어야 한다. 여러 가지 색들을 이용하여 조용하고 용기를 북돋우고 매우 평화롭고 평온한 분위기를 만들어 낼 수 있어야 한다.

II 색의 대비

두 개의 색을 서로 맞대어 놓고 동시에 보게 되면, 각각의 색은 서로에게 영향을 미친다는 것을 알 수 있다. 대비란 '어떤 두 가지 색을 서로 맞대어 놓았을 때(또는 한 가지 색을 또 다른 색 위에 놓았을 때) 각각의 보색 작용에 의해 형상화되는 것'을 말한다. 만약 서로가 보색 관계에 있다면 서로의 색은 강조되고 보다 생생하게 보일 것이다; 만약 보색관계가 아니라면,

서로 밋밋하게 보일 것이다. 만약 무채색(검은색, 흰색, 회색)끼리 서로 대비시켰다면(또는 하나의 무채색 옆에 다른 무채색을 놓았다면) 각각의 명도 차에 의해 다르게 보일 것이다; 명도가 더 높은 하나의 색은 더 밝아 보일 것이고 명도가 더 낮은 색은 더 어둡게 보일 것이다. 어떠한 배경을 바탕으로 하여 어떤 색을 놓았을 때 배경이 되는 색에 따라 놓인 색이 다르게 보일 수 있는데, 이러한 착각은 색의 대비, 조화(harmony) 또는 파괴(clash)에 의해 발생한다. 이러한 현상은 기초 색과학(color science)에서 설명하고 있지만 여기에서는 심미론(aesthetics)에 입각하여 설명하고자 한다.

1. 명도 대비(Value contrast)

명도대비란 같은 색이라 할지라도 주위 색의 영향으로 실제의 색보다 밝거나 어둡게 보이는 현상으로 명암대비 또는 비례대비라고도 한다. 낮-밤, 빛-그림자 등의 대비는 흑과 백의 두색으로 대별할 수 있다. 명도가 다른 두 색을 병치했을 때 상호 영향으로 인해 밝은 색은 인접부가 밝게 보이고, 명도가 낮은 색은 더욱 어둡게 보이는 현상을 말하며, 서로 다른 두 가지의 색을 서로 대비시켰을 때 원래의 색보다 차이가 더욱 크게 느껴지는 것을 의미한다. 또한 바탕의 색과 명도차가 심하면 밝은 색은 더욱 밝게, 어두운 색은 더욱 어둡게 보인다. 강한 명도 대비를 배경으로 하는 작은 물체는 그 물체의 형태와 실루엣이 자세하게 잘 보인다. 아름다운 사물을 전시하고자 할 경우 매우 다른 명도를 가진 배경을 뒤로 하여 배치하는 것이 효과적이다.

[그림 2-2] 명도대비(Value contrast)

1) 고명도의 이용(Utilization of high-value hues(and white))

고명도는 사물의 크기를 크게 해주는 효과가 있다. 고명도의 색상으로 장식을 해주면 작은 방이 좀더 넓어 보이는 효과를 얻을 수 있다. 흰색이나 고명도 색상의 옷을 입게 되면 키가 좀더 커 보이는 효과가 있다. 천장을 흰색 또는 고명도의 색상으로 칠하게 되면 방이 좀더 높아 보인다.

2) 저명도의 이용(Utilization of low-value hues(and black))

저명도의 차가운 색 또는 어두운 색상은 사물의 크기를 작게 해주는 효과가 있다. 저명도의 색상이나 한색으로 장식을 해주면 방이 좀더 작아져 보이는 효과를 얻을 수 있고 저명도의 색상이나 검정색의 옷을 입으면 사람이 좀더 날씬해 보인다. 저명도 색은 마룻바닥이나 깔개에 이용하면 매우 좋다. 일반적으로 마룻바닥 덮개는 방에서 가장 어두운 색으로 해야 한다. 이것은 반드시 어두운 색으로 하라는 의미는 아니지만 나이든 사람의 경우, 밝은 색 보다는 어두운 마룻바닥에서 덜 넘어지는 경향이 있다. 어두운색은 안정감과 편안함을 유발하기 때문이다. 반면 천장을 한색 또는 저명도의 색상으로 칠하게 되면 무거운 느낌을 주어 천장이 곧 떨어질 것 같은 느낌을 받을 수 있다.

2. 색상 대비(Hue contrast)

두 가지 이상의 배색에서 각각의 색을 단독으로 볼 때보다 색상의 차이가 더욱 크게 느껴지는 경우를 색상대비라고 한다. 예를 들면 주황색 위에 녹색을 놓으면 주황색은 더욱 붉게 보이고, 녹색은 청록에 가깝게 느껴진다. 검정/흰색의 배색이 가장 강한 명도대비를 나타내는 것과 같이 노랑/빨강/파랑의 3원색에 의한 배색은 가장 강한 색상대비를 나타낸다. 색의 강도는 원색으로부터 멀어질수록 감소한다. 즉 2차색인 주황, 청록, 연두색은 원색인 노랑, 빨강, 파랑보다 그 특성이 약하며, 3차색에서는 그 효과가 더욱 약해진다. 이때 배색된 단색들 사이를 검정선이나 흰색 선으로 구분해 주면 각각의 색들은 독자적인 성격이 한층 분명하게 나타난다. 이와 같은 경우 이들 색상들 사이의 상호작용이나 각각 서로에게 미치는 영향은 어느 정도 억제되며 각 색상은 제각기 현실적이며 구체적인 표현의 효과를 나타내게 된다.

색상대비를 주로 한 배색의 경우에는 무채색이 혼합되지 않는 원색을 사용하는 것이 좋다. 노랑/빨강/파랑의 3원색의 배색은 강한 생명력을 보여주며 색상환 위에 있는 모든 순색들의 배색도 이러한 느낌이 강하게 나타난다. 그 밖에 빨강/파랑/녹색, 파랑/노랑/보라, 노랑/녹색/보라/빨강, 보라/녹색/파랑/주황/검정과 같은 배색에서 색상대비가 강하게 나타난다. 색

[그림 2-3] 색상대비(Hue contrast)

상이 원색으로부터 멀어질수록 효과는 감소하므로 최소한 명확히 구별되는 색이 필요하다.

색상대비는 깊이 있는 색채 감각을 요구하지 않는 가장 단순한 대비현상이다. 색상대비를 주로 사용한 배색은 힘차고, 활발하며, 결정적이고 단호한 느낌을 갖게 된다. 또한 합리적이기보다는 원시적이고 주술적인 여러 가지 힘이 작용하며, 거센 환희, 깊은 슬픔, 세속적인 단순함 등 다양하고 폭 넓은 표현 가능성을 나타내는데 적합하다. 색상대비는 우리나라의 한복이나 단청뿐 아니라 여러 민족의 민속공예품 속에서도 볼 수 있다. 화려하게 수놓은 자수나 의상들, 다양한 무늬의 도자기들은 인간이 다채로운 색채가 보여주는 여러 가지 효과에서 본능적인 기쁨을 느낀다는 것을 보여준다.

3. 채도 대비(Saturation contrast)

질적 대비(Qualitative or Contrast)라고도 하며 인접하는 색과 서로 작용하여 채도의 변화를 일으키는 것을 의미한다. 순수하고 선명도가 높은 색과 탁하고 선명성이 낮은 색과의 대비로 같은 색이라도 배경색의 채도가 높은 경우에는 칙칙하게, 채도가 낮은 배경색에서는 선명하게 보인다.

순색은 백색을 혼합하여 엷게 할 수 있다. 백색을 가하면 색감은 차가워진다. 순색은 흑색을 혼합하여 채도를 약화시킬 수 있다. 채도가 높은 색의 경우 회색을 혼합하는 단계에 따라

[그림 2-4] 채도대비(Saturation contrast)

채도를 약화시킬 수 있다.

4. 보색 대비(Complementary contrast)

색료의 경우 두 색의 혼합 시에 회색이나 흑색이 되는 경우를 보색이라 부른다. 보색의 대비를 살펴보면 Yellow-Violet, Blue-Orange, Red-Green이다. 보색은 적절한 비례로 사용하면 정적이고 안정된 영상 효과가 있다. 어느 색이나 그 색이 변화지 않는 한 색의 강함은 변하지 않는다. 모든 대비 중에 특히 채도가 강조되어 보이는 것이 특징이다.

[그림 2-5] 보색대비(Complementary contrast)

5. 면적 대비(Area contrast)

면적대비는 혹은 양적대비라고도 하며 동일계통의 색이라도 면적에 따라 자극의 강도가 달라진다. 그것은 색 면의 다소(多少) 또는 대소(大小)대비를 말한다. 색은 어떠한 크기의 면적이라도 조화시킬 수 있다. 면적대비의 특성은 어떠한 대비효과라도 변경과 강화가 가능하다는 것이다. 따라서 우리가 이야기하는 면적대비는 곧 비례대비라고 할 수 있다. 색상이나 명도, 채도에 의한 면적대비가 모두 가능한데, 색의 분할상태에 따라 더욱 선명하게 혹은 넓게, 좁게 느껴진다.

[그림 2-6] 면적대비

III 색채 조화(Color Harmony)

색채조화란 2색 또는 다색의 배색에 질서를 주는 것, 통일과 변화, 질서와 다양성과 같은 반대요소를 모순과 충돌이 일어나지 않도록 조화시키는 것을 말한다. 조화란 미적 대상을 구성하는 부분과 부분, 상호간의 질적 · 양적 관계에 모순됨이 없이 질서가 있고, 여러 부분의 다양성이 통일되어 훌륭한 미적 상태가 생기게 하는 것이다. 이는 곧 '어울린다'라는 의미로도 풀이된다. 유사성, 관련성의 어떤 통일이 지속적으로 계속되면 단조로움을 느끼게 되므로 적당한 자극이 필요하다. 따라서 색의 조화는 유사성 및 관련성과 더불어 변화, 강조, 대비의 효과가 어울려 통일된 질서가 있을 때 이루어진다. 조화에 대한 판정은 양이나 수의 문제가 아니라 어떤 대상과 관찰자 사이에 미적 쾌감을 유발할 수 있는 질서가 있어서 심리적으로 조화감을 불러일으키느냐에 달려있다.

색채 조화에는 두 가지 타입이 있다. 비슷한 색상과의 조화와 대비되는 색상과의 조화. 비슷한 색상과의 조화에는 동일톤(monochromatic)과 유사톤(analogue) 방식이 있다. 커다란 화환을 배치하는데 있어서 이들의 색이 매우 다양할 것이기 때문에 대비되는 색상과의 조화를 잘 이끌어내야 좋은 결과를 이끌어 낼 수 있다.

대비되는 색상의 조화에는 보색(complementary), 3색배색(triad), 분열보색(split-complementary), 이중보색(double complementary), 4색배색(tetrad), 그리고 비보색대비(non-complementary) 등이 있다.

방의 인테리어 또는 화환의 배열을 위한 색의 설계 시, 12가지 색상환에 있는 모든 색이 사용된다. 사람마다 색을 감지하는 능력과 보색을 지각할 수 있는 능력이 다양하기 때문에 12가지 색상환 중 매우 안정적이고 색 간의 조화가 최대한 쉽게 구별되는 색을 이용하도록 한다. 무채색(흰색, 검정 및 회색)과 화사한 중성색(은색 및 금색)은 본래색의 변형없이 다른 색 속으로 쉽게 융화된다.

1. 비슷한 색상과의 조화

1) 동일톤(Monochromatic tone)

동일톤에 의한 배색의 특징 중 하나는 채도에 의해 영향을 받는다는 것이다. 색상과 톤의 관계에 의한 배색에서 동일 톤일 경우 색상이 유사하면 명도는 비슷한 관계로 되지만, 대조

[그림 2-7] 동일톤(Monochromatic tone)

색상에서 고채도 톤의 경우에는 명도차가 강조된다.

전반적으로 동일 톤의 배색은 차분하며 일관된 통일성을 갖게 되며, 동일 색상의 조화는 정적이며 차분하고 시원시원해서 솔직하고 간결한 느낌을 준다. 방의 인테리어에서, 동일 톤 조화가 무난하며, 가장 좋은 방법은 작은 장소(깔개 또는 커튼)에 사용하는 것이다.

많은 장례식장에서 교회와 같은 예배당에 쓰는 오로지 한가지색 만으로 설계를 한다. 이러한 단순한 색 설계는 국소적 지역을 강조하기 위해 사용되는 대비색에 의해 보조적 역할을 하게 된다.

2) 유사톤(Analogous tone)

유사톤의 관계는 기본적으로 세로와 가로방향의 유사관계에서 배색을 생각하면 된다. 세로방향의 유사톤 배색은 채도가 같고 명도에 약간의 차가 생기는 배색이 되며, 가로의 유사 톤 배색은 명청색(tint) 또는 암청색(shade)에 속하는 톤에서 서로 이웃한 톤의 관계를 고려하면 색의 조화를 얻기 쉽다.

유사톤의 배색은 차분하여 안정되며 화합적이고 평화적으로 보이며 유사색상의 조화는 온

[그림 2-8] 유사톤(Analogous tone)

화하여 화합적이며 상냥하고 부드러워 보인다. 방의 인테리어에서 유사톤 조화는 동일 톤 조화에 비해 좀더 다양한 특징을 가지게 한다. 하지만 방 전체에 하는 것은 비효과적이며 단지 작은 지역에서만 하는 것이 좋다. 작은 지역에만 할 경우, 조용하고 편안하게 보일 수 있다.

이러한 톤의 조화 효과가 약해지는 것은 색 설계가 모두 따뜻하거나 차가울 경우이다. 근접한 색과의 조화에 있어서 문제점은 근접한 색이 너무나 비슷하면 기본색과의 매치가 부자연스럽게 보이는 것처럼 나타난다는 것이다.

유사톤 조화는 두가지색으로 제한될 때 가장 단순해지며, 세 가지 색을 사용할 때 가장 효과적이다. 4가지 색은 최상이 기술이 요구된다. 가장 중요한 것은 색이 각기 다른 명도 및/또는 다른 강도를 가지고 있다는 것을 기억하는 것이다. 다시 한 번 강조하자면, 중성색(흰색, 검정 및 회색)은 어떠한 색과도 적용시킬 수 있다.

화환의 정렬에서, 유사톤 설계는 다른 어떤 실내 인테리어보다 문제를 적게 일으킨다. 유사색이 집단으로 있을 경우, 용기를 북돋아주는 따뜻함 또는 평안한 차가움 때문에 감정적 질을 높여주는 역할을 해준다.

2. 대비되는 색과의 조화

1) 보색(Complementary)

색상환에서 마주 보고 있는 색으로 보색은 서로의 색을 진하게 보이게 한다. 색상차가 최대의 배색으로 자극적이며 강한 느낌을 준다.

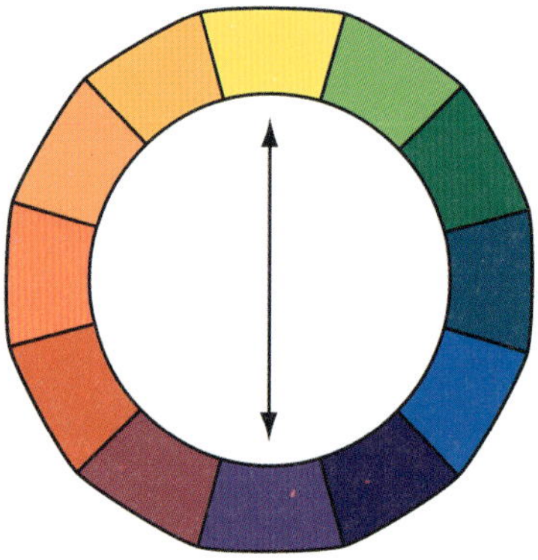

[그림 2-9] 보색

2) 삼색배색(Triads)

색상환을 삼등분하는 위치에 있는 색을 사용하는 배색을 말한다. 1차색(원색), 2차색(주황, 초록, 자주)

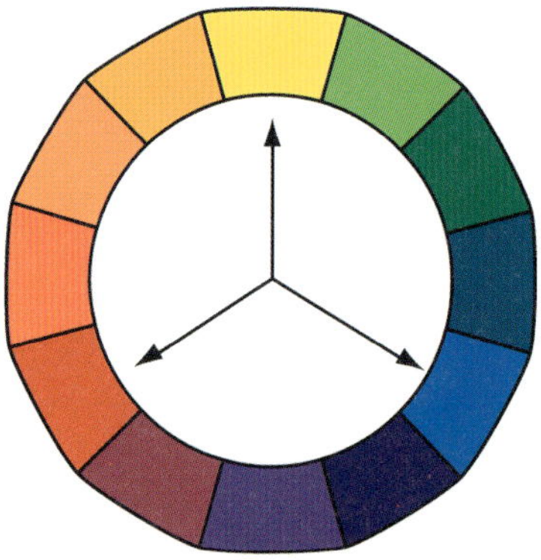

[그림 2-10] 삼색배색

3) 분열보색(인접보색, Split complementary)

보색의 양옆의 색을 사용하는 배색으로 보색의 관계보다 조화하기 쉽다. 보색조화는 다양하고 품

위있는 효과를 얻을 수 있는 대비방법이다.

4) 이중보색(Double complementary)

색상의 보색왼쪽이나 오른쪽에 있는 색상과 배색한 대비다. 생동적, 강렬한 인상을 주며 명도, 채도 변화가 필요하다.

5) 사색배색(Tetrad)

색상환을 사등분하는 위치에 있는 색을 사용하는 배색을 말한다.

6) 비보색 대비(Non-complementary)

서로의 색을 더 흐릿해 보이게 한다.

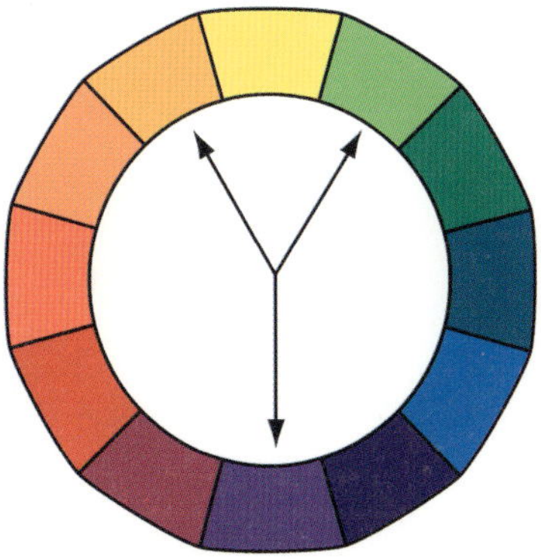

[그림 2-11] 분열보색

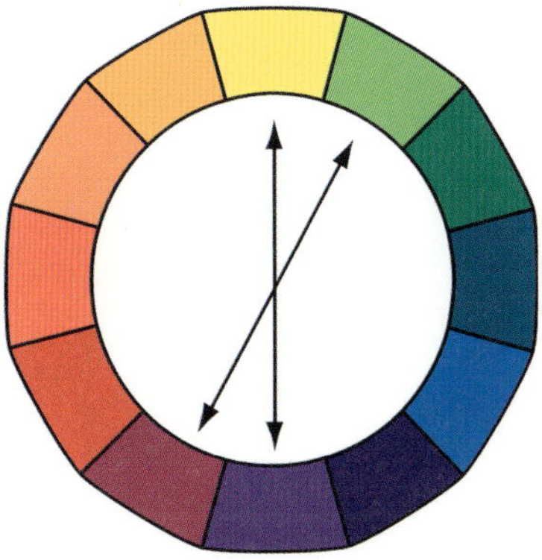

[그림 2-12] 이중보색

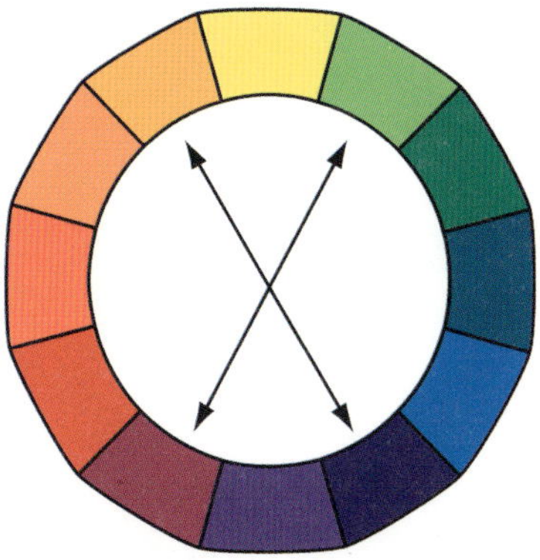

[그림 2-13] 사색배색

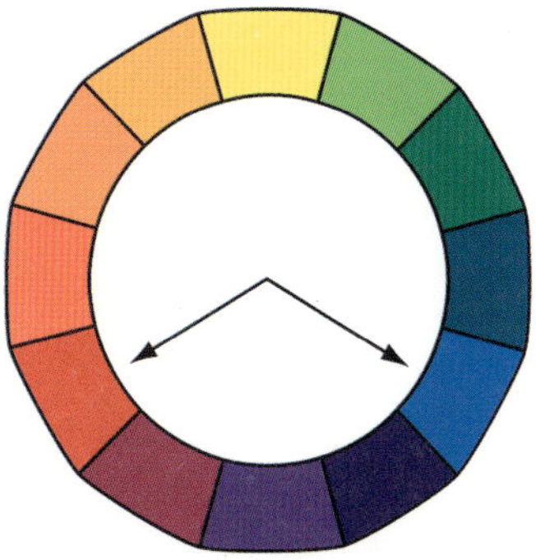

[그림 2-14] 비보색대비

제 3 장
조명 측면에서의 색채

I 조명색(Color in illumination)

일반적으로 어떤 물질의 색은 그 물질에 반사되어 나오는 파장에 의해 만들어지는데 이것은 조명을 통해서도 가능하다. 각각의 사물은 백색광의 어느 일정한 부분만을 반사시킨다. 따라서 만약 조명광(illuminating light) 내에 백색광에 있는 일정하게 반사시키는 부분의 색이 없다면 그 물체의 색은 다르게 보이거나 아예 없을 수도 있다. 또한 광도의 증감에 따라 물체색의 생생함도 증가하거나 감소할 수 있다. 수많은 인공조명에 의한 색상의 변화는 자연광의 수많은 상태(하루 중 수많은 자연광 밝기의 변화, 흐린 날, 비 오는 날과 같은)에서의 변화와 거의 같다고 볼 수 있다.

최상의 아름다운 효과 중 몇몇은 색을 띤 인공조명을 사물에 쬐어주어 얻을 수 있다. 반대로 인공 색조명은 사물의 색을 완전히 변하게 하거나 심지어 없애거나 일그러뜨릴 수 있다는 것을 명심해야 한다.

1. 색조에 자연스런 조명을 했을 때 효과 (Influence of natural illumination on hues)

물체의 색은 같은 조건하에서 선택되어져야 한다. 예를 들어, 어떤 인공조명에 의해 장례식장 내부 및 casket 내부 인테리어, 가구, 의상, 그리고 액세서리 등을 보았다면 같은 종류의 조명하에서 봐야 할 것이다. 자연광과 인공조명이 함께 비춰지는 곳에서 보였던 색이라면 동일한 형태(인공조명과 자연광의 효과를 함께 나타낼 수 있는)의 조명을 비춰주어야 할 것이다.

2. 색조에 백열등을 가했을 때의 효과 (Influence of incandescent illumination on hues)

백열전구는 일반적으로 따뜻한 느낌을 주는 빛을 낸다. 샤프한 빛으로 입체감을 살려주어 그림자를 만들어준다. 광택을 내는 능력이 있어 피부의 색을 아름답게 하고 음식을 맛있게 보이도록 한다.

일반적으로 백열전구는 자연광보다는 덜 밝다. 대부분의 인공적 조명에는 몇몇 파장이 부족한데. 백열 조명은 노란빛이 높다. 노란색은 자연광보다 사물을 더 노랗게 보이게 한다. Chevruel은 이렇게 쓰고 있다. “인공광은 노란색을 매우 풍부하게 가지고 있다. 그래서 인공광이 우리를 둘러싸게 되면 모든 사물이 물들게 되고 이것은 우리의 사고 판단에 영향을 주게 된다. 우리가 보는 모든 것이 점점 노랗게 변한다. 우리는 이렇게 노란색 빛을 보는데 익숙해져 근처에 노란빛과 비교할 수 있는 백색이 없는 한 우리는 이것을 백색광이라고 착각하

[그림 3-1] 다양한 백열등

게 된다." 그럼에도 불구하고 백열전구에 의한 왜곡 현상을 대부분의 메이크업에서는 오히려 선호한다.

부가하여, 백열전구에는 파란색이 거의 없다. 파란색 및 파란색이 포함되어 있는 다른 색들은 백열등의 조명 하에서 왜곡될 수 있다. 몇몇 장례지도사들은 유리 안쪽에 크림색이 발라져 있는 약한 백색의 가정용 전구를 사용하기 좋아한다. 이러한 전구는 투명한 전구보다 눈부심을 줄여주고 강한 그림자를 드리우지 않는다. 몇몇은 색 보정용으로 푸른색 전구(compensating colorant로 bluish)를 첨가하기도 한다. 약한 색이 유리에 발라져 있다.

3. 색조에 형광등 빛을 가했을 때의 효과 (Influence of fluorescent illumination on hues)

형광빛은 낮은 온도의 빛으로 백열전구와 같이 열을 내지 않는다. 즉 차가운 빛을 낸다. 밝고 백열전구에 비해 전력소비량이 1/3정도로 경제적이며 효율이 좋다. 확산광으로 소프트한 빛이며 그림자가 거의 없다. 더욱이 사물의 색을 무디게 하거나 약화시키는 특성이 있다.

현재 7가지의 필라멘트 없는 표준 형광등이 사용되고 있으며, 각각은 서로 다른 특성을 가지고 있다. 따뜻한 하얀색 고급 램프는 백열전구 빛과 거의 비슷한 결과를 얻을 수 있다. 백열전구와 같이 이 전구는 파란색을 가지고 있지 않기 때문에(또는 아주 극량 가지고 있다) 파란색 물체를 왜곡시킨다.

차가운 하얀색 형광등은 녹색과 파란색이 많고 빨간색이 충분하게 들어있지 않다. 좋은 색

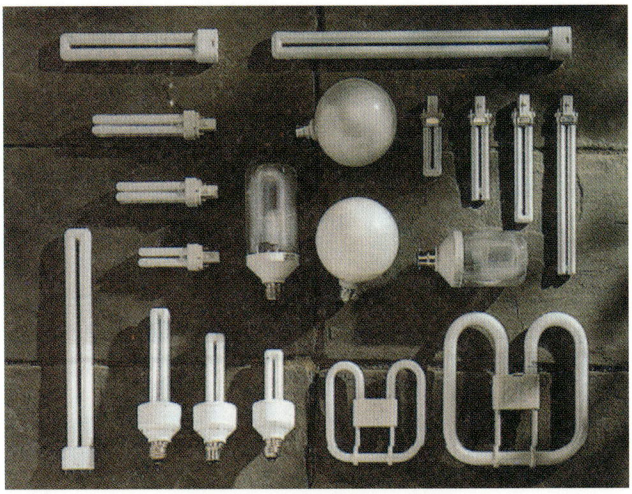

[그림 3-2] 다양한 형광등

을 연출하기 위해 가장 좋은 방법 중에 하나는 차가운 하얀색 고급 형광램프에 핑크색 반사 램프(reflector lamp), 핑크색 백열램프 또는 내부에 옅은 핑크색 에나멜을 바른 금속 반사경(metal reflector)을 추가해 주는 것이다. 이러한 각각의 램프의 색을 조절해 줌으로써 효과적인 색을 선택할 수 있는 범위가 넓어지게 된다.

명확히 램프는 눈높이 보다 높이 위치시켜야 한다. 관(casket)에 알코브(alcove) 조명은 이상적 조명방법이다. 이 램프는 직접적으로 천장을 향해 쏘아지도록 하는 것이 좋다.

일반적으로 장례지도사들은 인공조명 하에서 고인과 접견하는 것을 선호한다. 때때로 온전히 자연광만 있는 교회 또는 묘지(cemetery)에서 관(casket)을 열고 접견하기를 원하는 사람들이 있다. 만약 화장이 인공조명 하에서 고인접견하기 위해 행해진 것이라면 자연광에서 얼굴 화장이 매우 과도하게 된 것처럼 보일 수 있다. 이러한 경우 세 가지 방법이 있다.

장례식장에서 마지막 고인 접견 후 다음날 아침 일찍 화장을 지우고 자연광에서의 고인접견을 위한 화장을 하는 방법

[표 3-1] 중요한 램프의 특징 비교

램프	형상 · 사이즈	특징
백열전구	구상, 콤팩트 	소형, 경량, 저렴하며 따뜻한 느낌으로 빛이 강하다.
소형 할로겐 전구	매우 작고 야무진, 특히 저전압(12V)용은 가장 소형의 실용광원 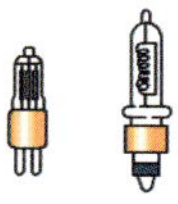	특히 소형으로 빛이 강하다. 일반 전구보다 약간 흰 광색
직관 · 환형 형광램프	선형 또는 환형으로 크다 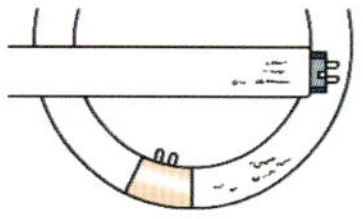	대형으로 밝으며 고효율로 장수명(5,000~12,000시간) 흰광색이나 전구색 이외에, 여러 가지 광색이 있고 부드러운 빛
콤팩트형 형광램프	각종 형태가 있으며, 콤팩트 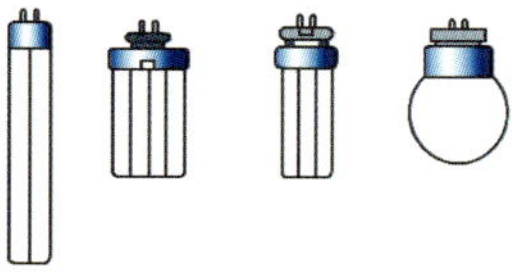	소형, 고효율로 장수명(5,000~7,500시간) 흰광색과 전구색의 2종류가 있으며, 약간 빛난다.

장례식장에서 마지막 고인 접견 시 자연광 화장을 하고 orchid 또는 화염(flame) tinted 빛을 비춰주는 방법

자연광과 비슷한 조명방식을 포기하고 고인접견 시 형광등을 이용하는 방법

4. 색광의 원리(Principles of colored illumination)

1) 색광의 광원(Sources of colored illumination)

전자광에서 나오는 색은 전구 내에 투명색 판을 놓거나 또는 전구에 페인트칠을 해서 인위적으로 얻을 수 있다. 후자의 경우 스프레이 페인트, 빛이 나오고 있는 동안 램프 염색액에 전구 담그기 또는 유리 전구 내에 색을 융해시키는 등의 방법을 통해 만들 수 있다. 유리구 내에 색을 융해시켜 만든 전구가 다른 것들보다 훨씬 빛을 잘 투과시키나 몇 가지 색만으로 제한된다는 것이 단점이다. 하지만 아무리 잘 투과한다고 해도 투명 전구보다는 덜 생생하다.

투명 필름으로 이용되는 것에는 젤라틴, 플라스틱 또는 tinted 셀로판지 등이 이용된다. 젤라틴과 플라스틱 투명판은 다양한 종류의 색을 만들어낸다. 셀로판 필름은 색이 선명하지는 않지만 빛의 강도(intensity) 손실이 적어 다른 것에 비해 두 배정도 밝은 효과를 낸다.

페인트가 칠해진 전구 중 일부는 전구 전체에 색이 입혀진 것이 있다(내부 또는 외부에). 다른 것은 3/4 정도 칠해져 있고 투명하거나 또는 불투명한 것도 있다. 몇몇은 은으로 발라져 있는 것도 있는데 이때는 빛이 뒤로 반사되게 된다. 투명하거나 또는 불투명한 전구는 간접 조명에 이용된다. 색 컬러로 된 곳에서 따뜻한 광택이 간접조명용 플로어 램프(torchere)에 비치는 동안 천장으로부터 하얀색 빛이 부딪쳐 내려오게 된다.

2) 선택적인 투과와 흡수(Selective transmission and absorption)

하얀 전구의 와트 량의 상당부분이 빛이 색이 입혀진 전구를 통과할 때 소실된다. 빨강과 녹색과 같이 생생한 빛도 단지 9~20%만 투과되고 나머지는 모두 흡수되어 버린다. 파랑색의 경우 1.5~8%만 투과된다.

매우 옅은 tint(rose, orchid, 또는 flame과 같은)는 50~75%까지 투과된다. 이들을 'unsaturated(불포화)'색이라 부르고 전구에 적용시키는 바람직한 색이라 할 수 있다. 이들은 'saturated(포화)'색과 같은 광도를 지니지만 물체의 특정 색을 변형시키지 않는 특징이 있다. 각각의 투명, bulb 또는 tinted glass는 선택적 투과와 흡수를 하려는 경향이 있다.

3) 색광의 중요성(Dimensions of colored illumination)

색조명의 세 가지 중요한 것은 색상, 밝기 및 포화도이다. 색상을 다시 한번 정의하자면 유채색의 이름이며 μm로 측정할 수 있다.

밝기는 색 매개체(color-media)를 통과하는 광도의 양과 관련이 있다. 예를 들어, 빨간 색 매개체 뒤에 있는 광도가 증가하면 매우 밝은 빨강색이 나오게 되고, 감소하면 낮은 밝기의 빨강색이 되며 심지어 어둡게 보일 수도 있다. 완전히 포화된 색은 색상이 순수하고 생생하며 자체의 밝기가 변하지 않고 보색에 의해 희석되지 않는다. 서로 보색관계에 있는 두 색을 같은 면(곳)을 향해 쪼여주면 파장이 섞여 결국은 흰색이 나타난다.

조명색에서 불포화된 색은 보색의 하나가 너무 과도하게 있고 다른 것은 거의 없을 경우 발생한다. 보색이 있는 양만큼 백색이 될 것이다. 이것은 보색에 의한 중성화를 보여주며 이 색이 바로 백색이다. 예를 들었듯이, 핑크는 불포화된 빨강색이다. 이것은 많은 양의 빨강색과 약간의 보색이 섞여 만들어진다. 동일한 양의 빨강색과 보색이 서로 섞인다면 백색이 될 것이다. 만약 빨강색을 더 과도하게 섞어준다면 핑크색으로 바뀔 것이다.

4) 색 혼합 조명방법(Methods of mixing colored illumination)

여기에는 전전으로 다른 두 가지 색혼합 조명 방법이 존재한다. 하나는 가법혼색이고 하나는 감색혼법이다. 가법혼합에 대해서는 이미 위에서 설명한 바가 있다.

(1) 가법혼색(동시가법혼색, Additive color mixture)

가법혼색(additive color mixture)이란 빛을 서로 혼합할 때 혼합한 색이 원래의 색보다 명도가 높아지는 것을 말하며 가법혼색 또는 가색혼합이라고도 한다. 혼합하면 할수록 채도는 낮아진다. 이 가산혼합은 영국의 물리학자인 T. Young이 제창하였고 H. Helmholtz에 의해 입증되었다. 빨강 · 파랑 · 녹색의 3색의 비율을 조절하여 섞으면 어떤 색이라도 얻을 수 있으며 따라서 이 3색을 가산혼합의 3원색이라 한다.[2)]

빨간빛과 녹색 빛을 스크린에 투영하여 서로 비슷한 에너지로 혼합하면 본래의 두 빛보다 밝은 노란빛이 된다. 또한 녹색 빛과 파란빛을 섞으면 그것보다 밝은 사이안 빛이 되고, 파란빛과 빨간빛을 섞으며 이들보다 더 밝은 마젠타 빛이 된다. 이와 같이 2차색은 노랑, 사이언,

---

2) 삼색설: 색각(色覺)에는 3종의 기본감각이 있고, 이들의 조합에 의하여 색각이 성립한다. T. Young에 의해 제창되고, 후에 H. Helmholtz에 의하여 수정되었다. 색각에는 적(赤) · 녹(綠) · 청(靑)에 대하여 감도(感度)가 가장 높은 3종의 기본감각이 있고, 이 3요소의 흥분 크기의 조합에 따라 모든 색각이 성립된다고 보고 있다. 두산동아대백과사전, 2005.

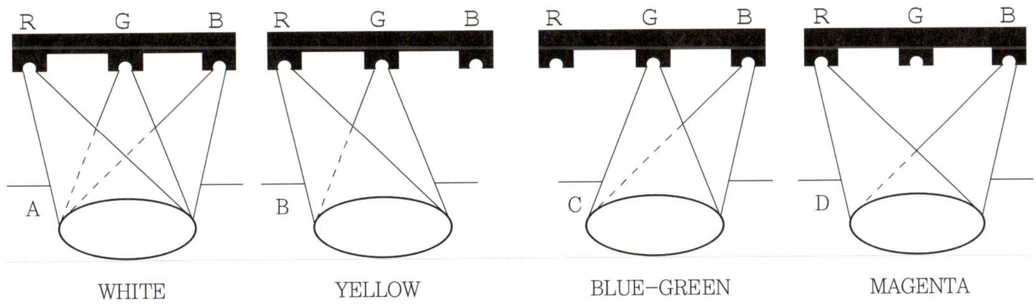

[그림 3-3] 가법혼색

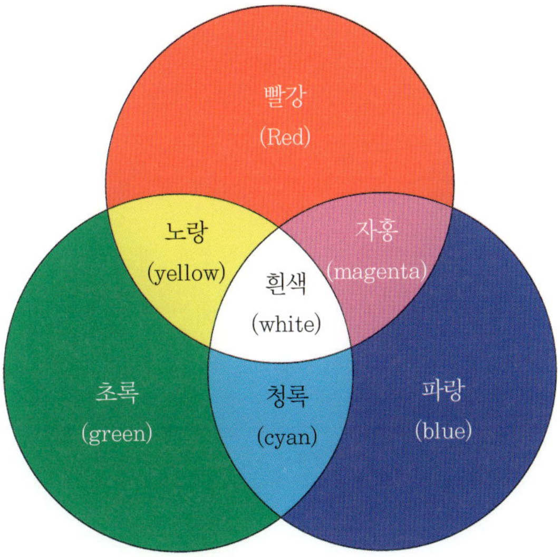

[그림 3-4] 가법혼색(Additive color mixture)

마젠타가 되며 이들은 1차색보다 모두 명도가 높고 3색을 다 함께 합치면 흰색이 된다. 이 때 색광이 혼합된 2차색들은 곧 색료혼합의 3원색이 된다. 가산혼합의 결과가 본래의 명도보다 높아지는 까닭은 빛이 혼합되면서 눈에 들어오는 빛의 양이 증가하기 때문이다. 가산혼합에서 보색이란 두 색을 섞었을 때 흰색이 되는 경우를 말한다. 이러한 가법혼색의 예로는 아래와 같다.

R+G=Y(Yellow 황)

G+B=C(Cyan, 녹색기미의 청)

B+R=M(Magenta, 적자)

R+G+B=W(백색)

(2) 감산혼합(Subtractive color mixture)

감산혼합이란 혼합색이 원래의 색보다 명도가 낮아지는 혼합방법이며 감법혼색 또는 감색혼합이라고도 한다. 감산혼합은 물감을 섞거나 색필터를 겹쳐서 혼합하는 색료의 혼합방법인데, 이 때 명도가 낮아지는 이유는 백색광이 물감이나 색필터를 통과하면서 스펙트럼의 일부가 흡수되거나 강조되기 때문이다. 예를 들어 마젠타와 노랑, 이렇게 두 색의 색필터를 겹치면 원래의 마젠타나 노랑보다 어두운 빨강이 된다. 이것은 양쪽 색필터를 모두 통과하는 파장부분만 통과되고 어느 한 쪽이라도 통과하지 않는 파장부분은 불투명해지기 때문이다. 파랑색 물감은 백색광으로부터 노랑이나 주황, 빨강(장파장)을 흡수하여 스펙트럼에서 자주, 파랑, 녹색 부분만의 파장을 통과시킨다. 그러나 노란색 물감은 자주와 파랑(단파장)을 흡수하기 때문에 따라서 파랑과 노랑을 섞으면 어떤 색에도 흡수되지 않는 유일한 색은 녹색(중파장)이기 때문에 녹색만이 보이게 되는 것이다.

물감의 3원색인 사이언, 마젠타, 노랑을 적당량 섞으면 여러 가지 색을 얻을 수 있다. 이때 물감을 서로 섞으면 섞을수록 색감은 점점 짙어지는데 색감이 짙어진다는 것은 백색광에서 빛이 감소되는 것을 의미하며 원래의 색상보다 칙칙해지고 어두워진다. 결국 사이언, 마젠타, 노랑이 혼합된 2차색들은 1차색보다 명도와 채도가 모두 낮아지며 보색끼리의 혼합하면 회색 또는 짙은 회색에 가깝게 되고 3원색을 다 합치면 검은색이 된다. 그러나 색료의 3원색을 섞어도 색광의 가산혼합처럼 모든 색을 만들 수 없으며 다만 혼합비율이나 정도를 엄밀하게 조정하면 가급적 많은 범위의 색을 만들 수는 있다. 실제로 인쇄에서는 앞의 3원색을 이용하여 여러 가지 색을 재현하고 있으나 원하는 정도의 검정색을 만들기 어렵기 때문에 검정색 판이 따로 있다.

컬러 사진을 찍거나 그림을 그릴 때는 보통 감산혼합의 원리가 이용되며, 화가들은 팔레트 위에서 물감을 섞을 때나 캔버스에 칠해진 색 위에 다른 색을 칠할 때 감산혼합의 원리를 응용해서 작업을 한다. 만약 계절이 바뀌거나 이사를 해서 실내 인테리어를 바꾸기 위해 새로 페인트칠을 하려고 한다면 감산혼합에 주의할 필요가 있다. 노란색 벽면을 원했는데 기존의 파란색 벽 위에 노란 페인트를 칠하여 결과적으로는 녹색을 얻게 될지도 모르기 때문이다.

가산혼합과 달리 감산혼합의 경우에는 서로 다른 색을 혼합하여 그 결과가 어떤 종류의 색으로 나타날지를 예측할 수 있는 방법이 없으며 우리에게 도움이 될 색상환 같은 간단한 도표도 없다. 왜냐하면 어떤 파장이 어떤 특별한 색에 흡수될지 그 조건을 정확하게 예측하기 어렵고 종이나 필름, 캔버스 등이 또 다른 변수로 작용해서 흡수 패턴도 복잡하게 될 것이기 때문이다. 빛의 파장들이 각각의 어떤 물감에 의해서 흡수될지를 정확히 알지 못한다면, 물감의 혼합 결과는 예측할 수 없을 것이다.

감산혼합에서는 마젠타, 노랑, 사이언을 3원색으로 한다. 이전에는 빨강, 노랑, 파랑을 3원색이라고 했는데, 이것은 부정확한 표현이므로 고쳐 부르도록 한다. 가산혼합과 마찬가지로 각각의 혼합 결과에 따라 6색의 색환이 이루어진다. 이 때 서로 마주보는 보색끼리 혼합하면 3원색을 모두 합했을 때와 마찬가지로 검정이 된다. 이러한 감산혼합의 예로는 아래와 같다. (그림 1-D, E)

마젠타(M) + 노랑(Y) = 빨강(R)
노랑(Y) + 사이언(C) = 녹색(G)
마젠타(M) + 사이언(C) = 파랑(B)
마젠타(M) + 노랑(Y) + 사이언(C) = 검정(K)

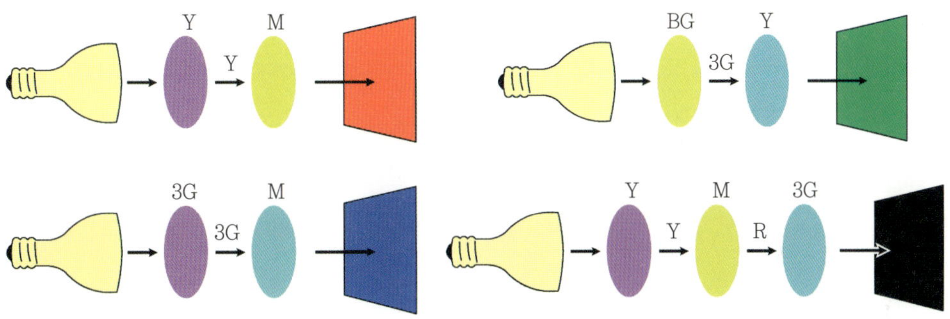

[그림 3-5] 감산혼합(Subtractive color mixture)

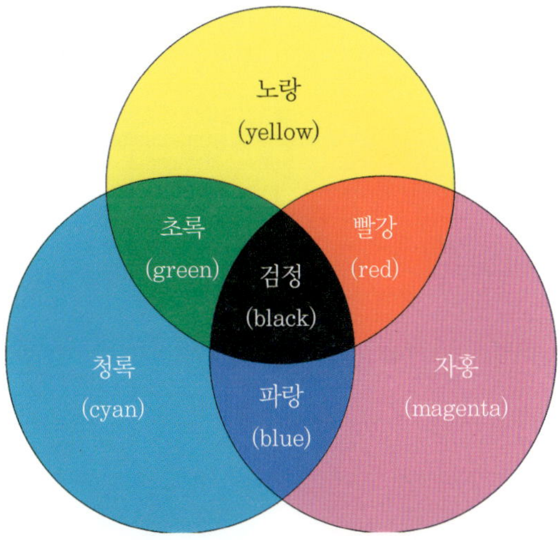

[그림 3-6] 감산혼합(Subtractive color mixture)

5. 색채와 조명

위에서 언급했듯이, 사물의 색은 사물 자체가 가지고 있는 고유한 것이 아니며 빛의 반사에 의해 생기는 것이다. 예를 들어 빨간색 사물이 빨갛게 보이는 이유는 그 물체가 빨간색 파장만을 반사시키는 특징을 지니고 있기 때문이다. 만약 이 사물을 보기위한 조명 중 빨간색 파장의 선이 없다면, 그 사물의 색은 바뀌거나 왜곡되어 보일 수 있는 것이다. 마찬가지로 흰색 또는 회색 물체도 빛이 그 물체에 부딪쳐 나오는 색이 보이는 것이다.

1) 사물의 색에 대한 조명효과

(1) 강조(Emphasis)

사물의 색은 그 사물과 같은 색의 조명이 비출 때 더 생생하게 보인다. 예를 들어 선명한 빨간색 천은 빨간색 조명이 비칠 때 더욱 강렬하게 보인다. tints는 비율만큼 짙게 보인다.

[표 3-2] 사물의 색에 대한 조명 효과

조명색	물체의 색	보이는 색
레드	짙은 녹색	검붉은 자주색
	흰색	빨강
	오렌지	다홍
	노랑	오렌지
	짙은 녹색	어두운 검정
	연한 녹색	어두운 빨강
	연한청색	보라
블루	검정	어두운 청색
	흰색	청색
	빨강	보라
	주황	갈색
	노랑	녹색
	녹색	청녹
	보라	청보라

조명색	물체의 색	보이는 색
옐로우	검정	갈색에 가까운 검정
	회색	황색
	귤색	노란빛 가미한 선명한 오렌지
	빨강	다홍
	노랑	엷은 노랑
	오렌지	진한 노랑
그린	녹색	검은 녹색
	짙은 녹색	회색
	검정	갈색
	주황	노랑
	빨강	갈색
	흰색	녹색

(2) 흡수(Absorption)

같은 색에 두 가지 명도 또는 강도가 존재할 때 더 큰 부분의 것이 작은 부분보다 보다 생생하게 보인다. 이것은 천이나, 실내 가구류 또는 깔개 등에서 보이는 같은 색의 tone-on-tone 배색인 물체에서 발생한다. 이것은 메이크업이 된 얼굴에서도 나타난다. 입술이나 뺨과 같이 난색 부위에는 빨간색을 강조하고 뒤로 갈수록 빨간색을 희미하게 해주어야 뺨 같은 부위가 더 생생하게 보일 것이다.

만약 파랑색 천 또는 벽지에 있는 자그마한 하얀색 그림이 파란색 조명을 받게 되면, 하얀색 그림은 파란 조명에 오히려 파란색 배경이 생생하게 나타나 사라져 보이게 된다.

(3) 전환(Conversion)

만약 사물의 색과 조명이 다르다면, 사물의 색은 다른 색으로 바뀌거나 지워지게 될 것이다. 색 조명을 조명색과 보색관계에 있는 사물의 표면에 비추게 되면 어두워지는 경향이 있다. 예를 들어, 빨간색 조명은 녹색, 파란색 및 blue-green 색을 어둡게 하고 심지어 검게 변색시킬 수도 있다. 녹색 사물의 경우 어두운 yellowish gray 색으로 바꿔버린다. tints는 완전히 사라지게 하여 회색으로 보이게 한다. 조명색과 유사한(close) 사물의 색은 조명색과 서로 섞이게 됨으로 다른 색으로 바뀔 수 있다. 예를 들어 노란색은 빨간 조명에 의해 deep orange색으로 바뀌게 된다. 따라서 두 가지 서로 다른 조명색을 서로 반대방향에서 비추어 서로 포개어 비추게 되면 아름다운 조명효과를 낼 수 있다.

2) 분장에 대한 조명의 영향

색의 지각력은 빛의 유형 즉 우리가 보는 조명에 많은 영향을 미친다. Kehoe(1995)의 아래 목록은 메이크업 단계에서의 조명이 색상에 어떻게 영향을 미치는지 보여준다.

3) 얼굴색과 조명

현재 실내조명에는 백열전구 외에 여러 종류의 형광램프가 광원으로 사용되고 이 광원들에 의해서 얼굴색이 변할 수 있다. 동양인의 얼굴색은 핑크, 내추럴, 브라운계로 나뉘고, 브라운계가 약 85%를 차지하고 있다. 즉 동양인은 갈색피부이다. 이러한 동양인들의 얼굴색에 대해서 현상의 각종 광원으로 조명한 경우의 얼굴색을 검토해 보면 다음과 같다.

[표 3-3] 메이크업 단계에서의 조명 효과

분장색상 (Color)	조명(Light)				
	Red	Yellow	Green	Blue	Violet
Red	흐려짐 (fades out)	빨강 (stays red)	아주 어두워짐 (darkens greatly)	어두워짐 (darkens)	연빨강으로 밝아짐 (lightens to pale)
Orange	밝아짐 (lightens)	약간 흐려짐 (fades slightly)	어두워짐 (darkens)	아주 어두워짐 (darkens greatly)	밝아짐 (lightens)
Yellow	희게 변함 (turns white)	희게변하거나 흐려짐 (turns shite or fades out)	어두워짐 (darkens)	연자주색으로 변함 (turns orchid)	분홍색으로 변함 (turns pink)
Green	아주 어두워짐 (darkens greatly)	진회색으로 어두워짐 (darkens to dark gray)	연초록으로 흐려짐 (fades to pale green)	밝아짐 (lightens)	연파랑으로 변함 (turns to pale blue)
Blue	진회색으로 어두워짐 (darkens to dark gray)	진회색으로 어두워짐 (darkens to dark gray)	진초록으로 변함 (turns to dark green)	연파랑으로 변함 (turns to pale blue)	어두워짐 (darkens)
Violet	검정으로 어두워짐 (darkens to black)	거의 검정으로 어두워짐 (darkens almost to black)	거의 검정으로 어두워짐 (darkens almost to black)	연자주색으로 변함 (turns orchid)	아주 연한색으로 변함 (turns very pale)

핑크계의 얼굴색(백인에 가까운 피부색)

자연광	천연색 형광등	백색형광등	백열전구	수은등
밝은 핑크를 띠다.	밝은핑크색을 띠다.	하얗게 빛난다.	붉은 핑크색처럼 홍조를 띠다.	환자처럼 노랗다.

브라운계의 얼굴색(동양인에게 많은 갈색의 피부색)

자연광	천연색 형광등	백색형광등	백열전구	수은등
브라운색으로 건강해 보인다.	브라운계	약간 황색이다.	밝은 브라운이다.	시체처럼 노랗다.

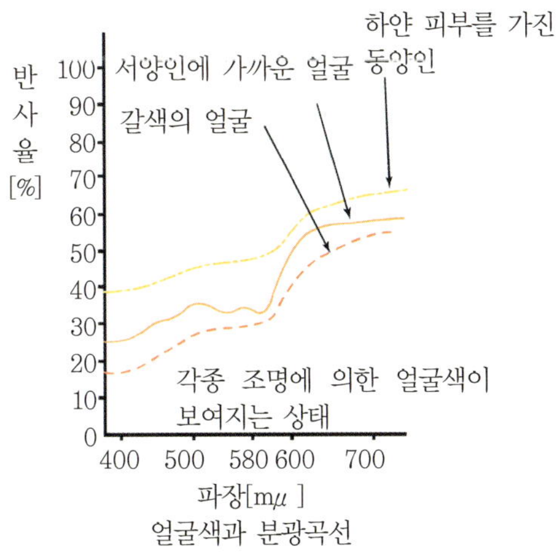

[그림 3-7] 얼굴색과 조명

이상의 결과에서 브라운계의 얼굴색을 한 동양여성은 핑크계 화장을 하면 형광램프, 백열전구에서도 아름답게 보인다. 얼굴색과 분광곡선에서 서양인에 가까운 얼굴과 갈색얼굴의 분광분포도를 비교해 보았을 때, 갈색얼굴의 화장을 전체적으로 흰색을 사용하여 명도를 높인다면 보다 아름답게 보일 수 있을 것이다.

II 조명의 형태와 조명 기구

조명의 방향에 따라 사물에 빛이 부딪혀 나오는 효과에 영향을 미칠 수 있다. 따라서 사물의 형태를 강조하거나 최소화시킬 수 있으며, 거짓 그림자를 생성해내고 또는 세부적 형태를 없앨 수도 있는 것이다. 어떤 이들은 분산(instances diffused) 조명이 좋다고 하고 어떤 이들은 직접 조명이 좋다고 한다. 장례식장 세팅에서, 이 두 가지 조명을 서로 잘 조화시켜 사용하면 좋은 효과를 얻을 수 있을 것이다.

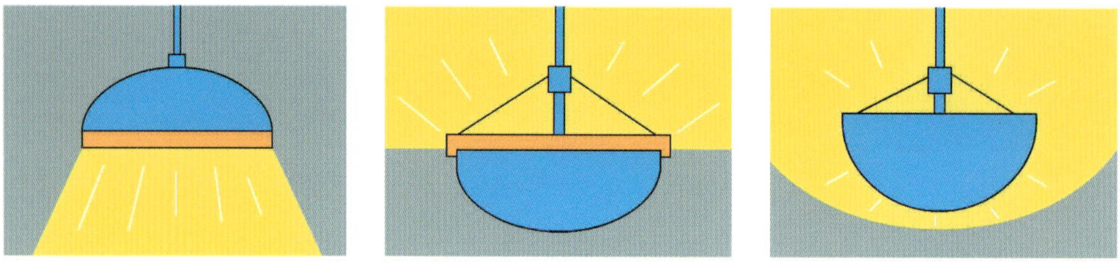

직접조명　　　분산조명　　　반간접조명

[그림 3-8] 조명의 형태

1. 조명의 형태(Types of illumination)

1) 직접조명(Point lighting)

포인트 조명은 광선의 움직임이 광원으로부터 직선으로 나가는 형태를 표현한 것으로 직접조명을 말한다. 이러한 형태는 강한 그림자가 생기고 빛이 있는 곳과 그림자 있는 곳의 대비가 심하지만 세부적인 면까지 세세하게 볼 수 있는 특징이 있다.

2) 반간접조명(Semi-diffused lighting)

기구로부터 나오는 빛의 60~90%만을 아래 방향으로 향하게 해서 작업면을 바로 비추는 방식이다. 나머지 10~40%의 빛은 천정이나 윗벽 부분에서 반사되어 작업면의 조도를 증가시킨다. 일반적으로 밑바닥이 개방되어 있으며 갓이 젖빛 유리나 플라스틱으로 되어 있다. 이러한 조명은 광원(光源) 자체의 눈부심을 없애고 비추어지는 대상에 강한 그늘이 생기지 않도록 하며 또한 대상의 깊숙한 곳을 인지(認知)하는데 도움이 될 정도의 부드러운 그늘을 만든다.

3) 분산조명(Diffused lighting)

빛이 광원에서 모든 방향으로 흩어지는 조명인데 이러한 조명을 부르는 말로 flat 조명이라고도 한다. 일반적으로 간접 조명을 말한다. 빛을 천장이나 벽에 투사(投射)하여 조명하는 방식이다.

직사 조도(照度)가 거의 없고 등 기구에서 나오는 광속의 90~100%를 천장이나 벽에 투사하여 여기에서 반사되어 퍼져 나오는 광속을 이용한다. 이러한 조명 방식은 방 바닥면을 고르게 비출 수 있고 빛이 물체에 가려도 그늘이 짙게 생기지 않으며, 빛이 부드러워서 눈부심이 적고 온화한 분위기를 얻을 수 있다.

보통 천장이 낮고 실내가 넓은 곳에 높이감을 주기 위해 사용하는데, 용량이 큰 전구를 많이 사용하지 않아도 최대한의 조명 효과를 낼 수 있다. 단점으로는 효율이 나쁘고 천장 색에 따라 조명 빛깔이 변하며, 설비비가 많이 들고 보수가 쉽지 않은 점 등을 꼽을 수 있다. 주로 아치 모양의 천장이나 천장 속에 조명기구를 설치하는 건축조명에 쓴다.

2. 조명기구(Lighting fixtures)

1) 매입 등(Down light)

벽 속으로 조명기구의 몸체가 들어가는 방식으로서 조명기구는 보이지 않으며 빛은 아래 방향을 비추게 된다. 백열전구 매입 등, 할로겐 매입 등이 있다.

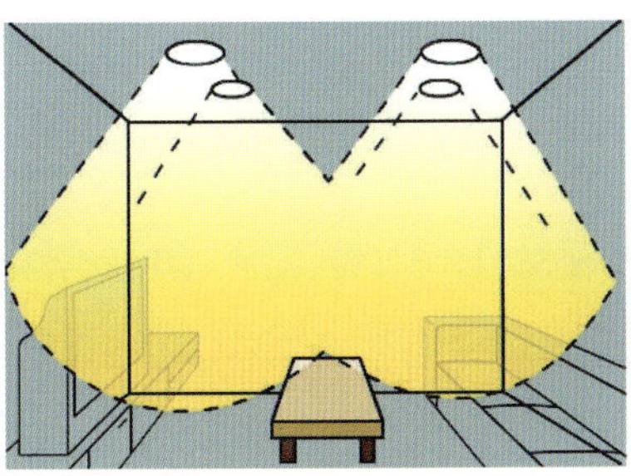

전체조명용

방의 부분조명으로서 최적인 조명이다.

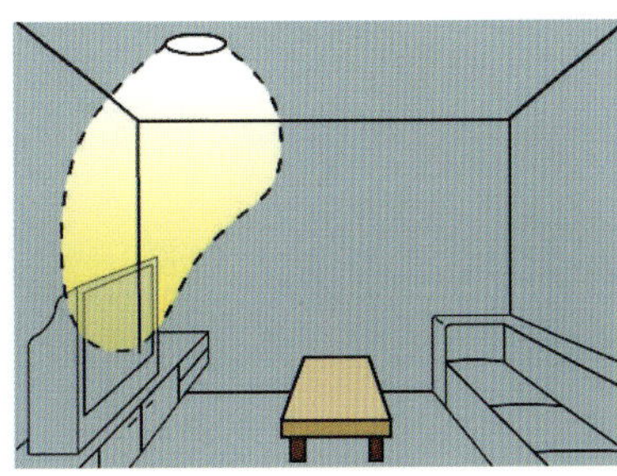

월 와셔용

커튼조명, 회화, 장식장 등의 백면조명에 최적인 조명이다.

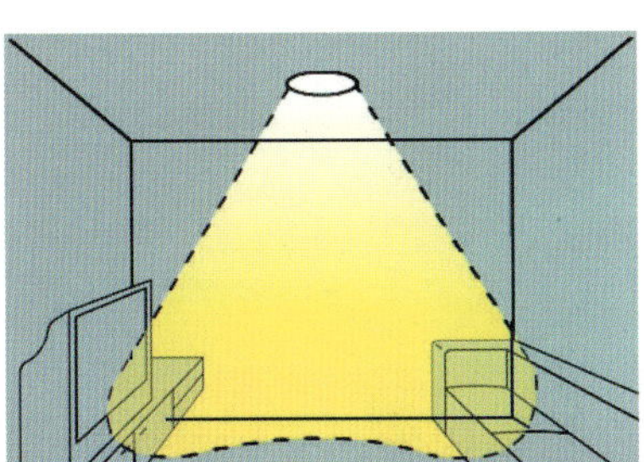

스포트라이트용

카운터나 선반 등의 일부분만을 강조해서 비추는데 최적인 집광타입이다.

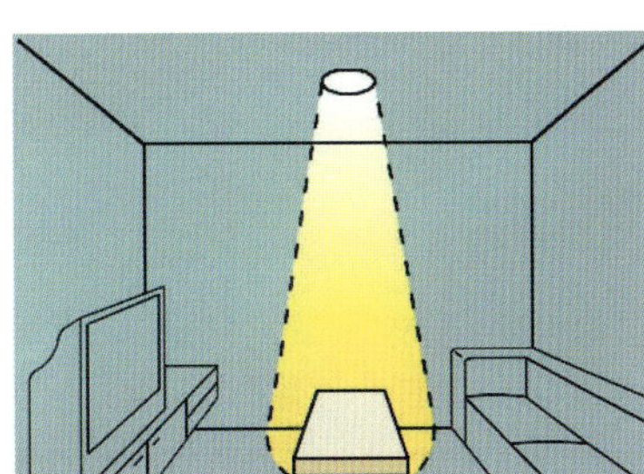

더블 와셔용

복도용으로서 두 방향으로 필요한 밝기를 얻을 수 있는 조명이다.

[그림 3-9] 매입 등

2) 직부 등(Ceiling light)

천정에 바로 달기 때문에 천정 등이라고도 하며 가장 일반적으로 사용하는 조명방식으로 방의 등이나 발코니 등으로 사용한다.

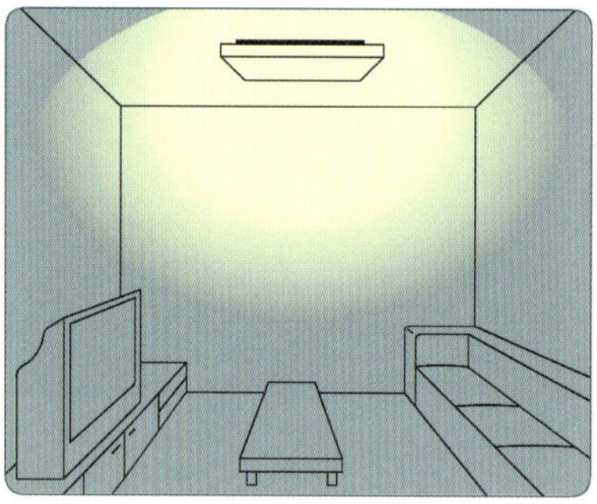

형광등 · 유백색 커버
방 전체가 균일한 밝기로 전반조명용

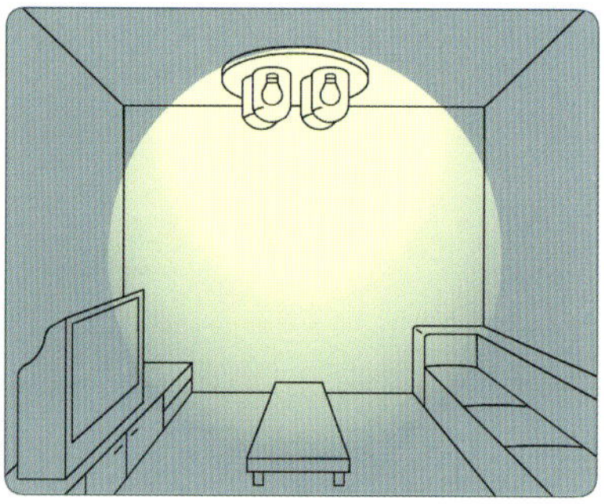

백열등 · 하면(下面)개방
바로 아래는 유백색 커버보다 밝다. 장식

[그림 3-10] 직부 등

3) 펜던트 조명(Pendant light)

천장이나 보 등에 줄을 이용해 매다는 조명 기구로서 천장이 높은 집이라면 거실 등의 공간에서도 사용할 수 있겠지만 한국 주택은 일반적으로 천장이 낮으므로 펜던트는 주로 식탁 조명에 이용된다. 천장의 중앙 부분에 매달아서 반투명인 것은 전체조명용, 셰이드가 빛을 통과시키지 않는 것은 부분 조명에 적합하다.

펜던트를 설치할 때 가장 중요한 것은 높이인데 식탁의 경우 의자에 앉았을 때 빛이 눈에

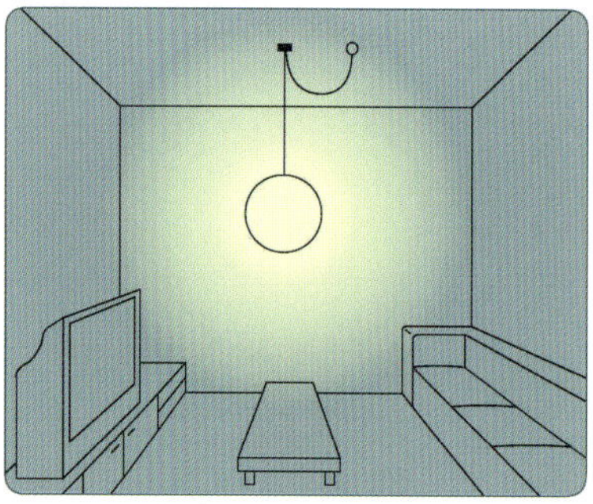

유리 글로브 펜던트
바로 아래는 조금 어둡지만, 밝은 느낌이 든다.

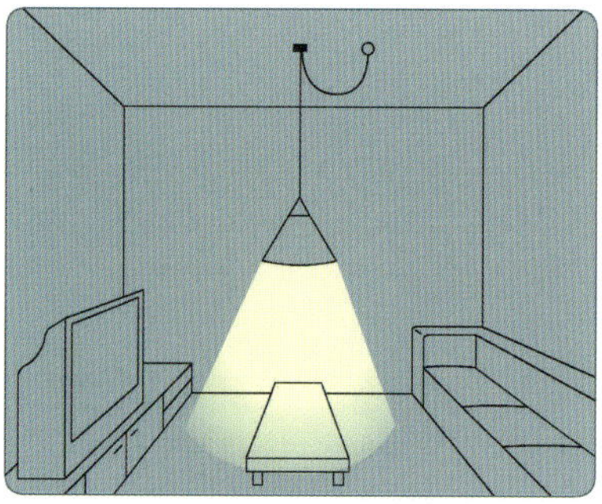

금속제 쉐이드 펜던트
바로 아래는 유리 글로브보다 밝고, 방의 인상은 어둡다.

[그림 3-11] 펜던트 조명

직접 들어오지 않는 높이를 선택한다. 또한 식탁 위 펜던트의 일차적인 목적은 음식을 맛깔스럽게 비추는 것이므로 형광등보다는 백열전구나 할로겐 램프를 사용하는 것이 효과적이다.

4) 벽 부착등(Bracket)

일반적으로 브래킷으로 불리는 벽 부착형 조명으로 천장과 벽에 반사되어 공간에 퍼지는 빛은 다른 조명에 비해 한결 은은하고 부드럽다. 조명 방식에 따라 스콘스(위쪽이 오픈되어 있는 업라이트 방식), 브래킷(선반에 달려 있는 방식), 반사 램프(아래쪽이 오픈되어 빛의 방향이 바닥을 향하는 방식) 등으로 나뉜다. 벽면에 부착하는 브래킷은 조명이 어느 방향, 어떤 방식으로 열려 있느냐에 따라 빛의 실루엣이 달라지므로 기구의 모양뿐만 아니라 빛의 모양도 충분히 고려해서 선택하는 것이 좋다. 브래킷을 설치할 때 중요한 고려사항은 위치이다. 브래킷을 너무 높이 달면 빛이 천장으로만 반사되어 불안해 보일 수 있으며, 반면 너무 낮은 위치에 달면 아래에서 올라오는 빛이 시야를 방해할 수 있기 때문이다. 따라서 브래킷은 바

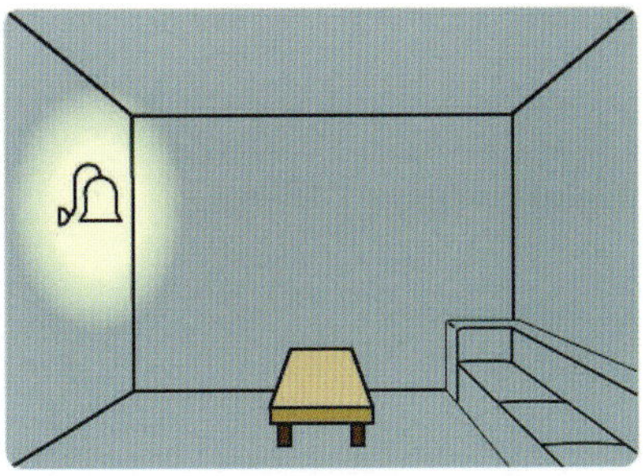

장식조명용

샹들리에와 같은 디자인이라면, 보다 아름다운 공간에

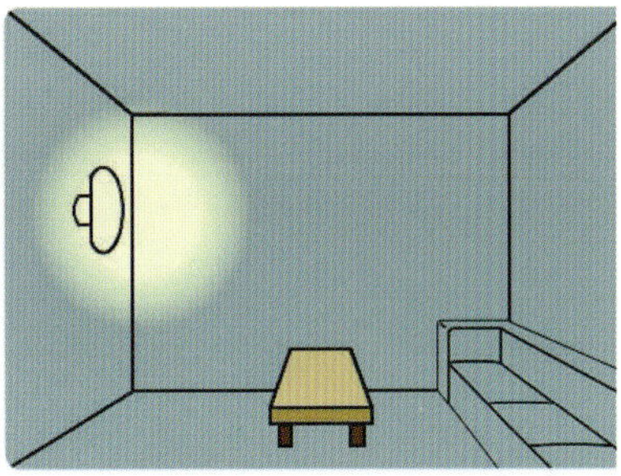

유백색 글로브·확산광

유백색 글로브 밖으로 부드러운 빛이 전방향으로 퍼진다.

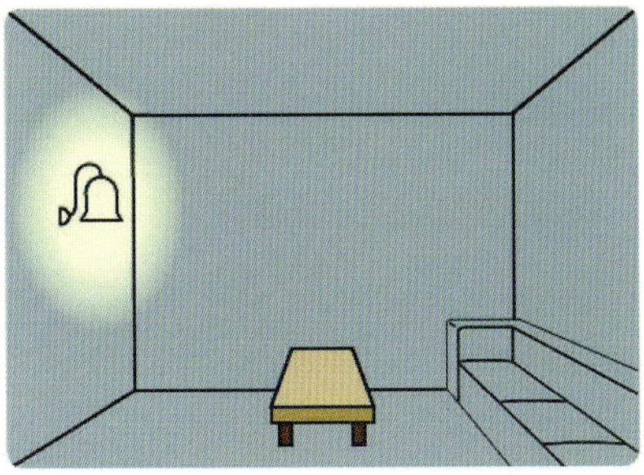

금속 쉐이드·간접조명

일단 벽이나 천정에 부딪친 반사광으로, 부드러운 분위기로

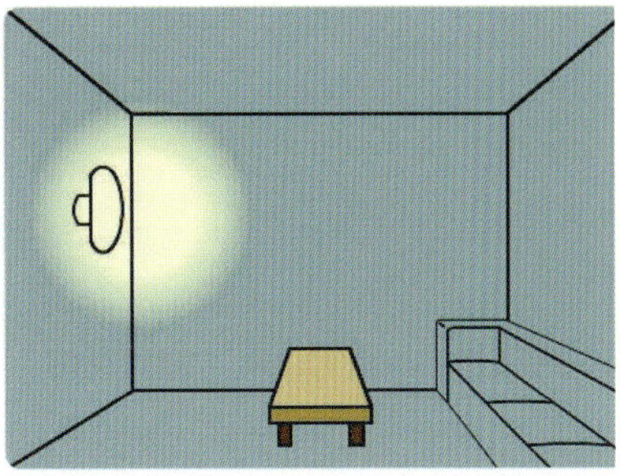

직접조명

빛을 특정한 방향으로 직접 비추는 조명이다.

[그림 3-12] 벽 부착등

닥에서 170 cm 정도되는 눈높이 수준으로 설치하는 것이 중요하다.

5) 스탠드형 조명(Stand light)

테이블 램프와 플로어 스탠드는 위치 이동이 용이할 뿐만 아니라 그 자체로 인테리어 소품의 효과를 가지므로 가장 쉽게 변화를 시도해 볼 수 있는 조명기구이다. 단, 사람의 눈과 가장 가까이 하는 조명이므로 태양광선에 가장 가까운 백열전구를 사용하는 것이 무난하다.

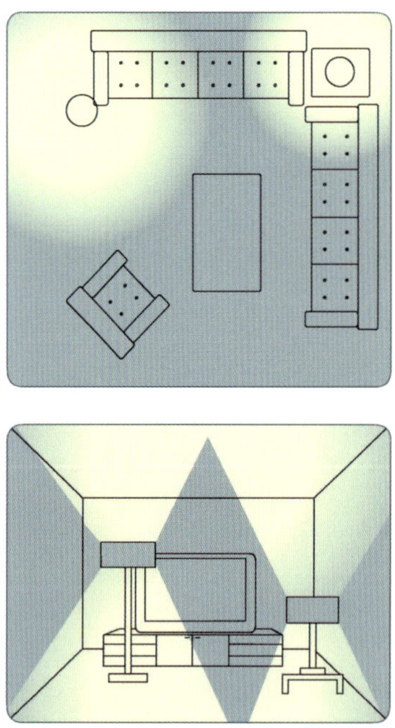

일반적인 타입

플로어용과 테이블용 2가지 타입, 이동할 수 있는 조명

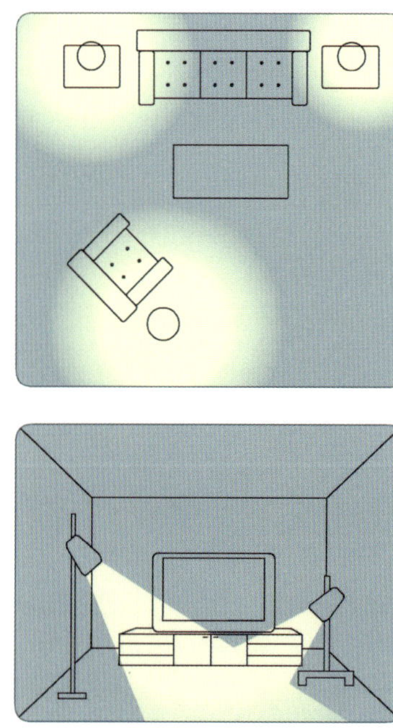

스포트 타입

빛을 집중시키는 타입, 독서나 오디오 감상용

확산타입

천이나 유백색 아크릴의 쉐이드가 부드러운 빛을 확산시켜 준다.

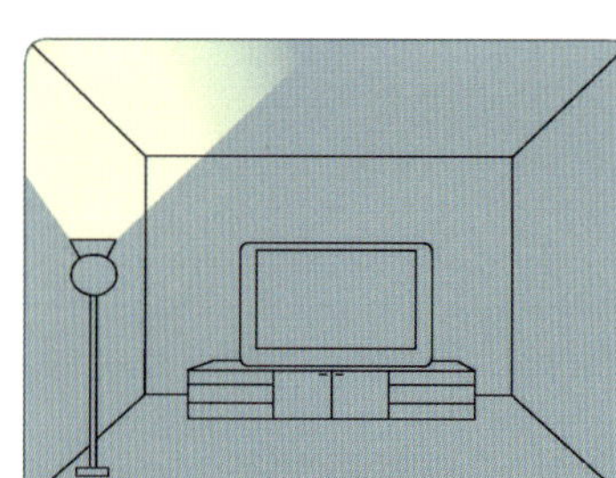

간접광 타입

천정이나 벽면을 조사하여, 부드러운 빛을 확산시켜 준다.

[그림 3-13] 스탠드 형 조명

(1) 테이블 스탠드

탁자나 콘솔 위에 올려놓은 테이블 스탠드는 낮에는 인테리어 소품 역할을 하므로 구입 시 디자인과 색상, 크기가 전체 공간과 잘 어울리는지 잘 따져봐야 한다.

(2) 플로어 스탠드

거실이나 침실코너에 세워놓은 플로어 스탠드는 가장 보편적인 조명등으로 액자나 사진을 강조하는 스포트라이트로 이용할 수 있고, 각도를 조절할 수 있는 플로어스탠드라면 천장을 향하게 해 실내를 더욱 아늑하게 꾸밀 수 있다.

장례식장의 세팅을 위해 두 가지 형태의 플로어 스탠드가 사용된다. 하나는 전적으로 간접 조명을 위한 것이고, 다른 하나는 직접과 간접이 결합되어 있는 것이다.

① 전체적으로 간접 조명

전체적으로 간접 조명 형태에서 전등은 불투명하다. 모든 광선은 천정을 향해 비춰지게 되고, 이후 천정에서 부딪힌 빛들이 아래로 내려오게 되는 조명이다. 이 빛은 조문객들의 눈을 편하게 해주고 얼굴에 생기는 그림자를 완화시켜준다.

② 반간접 조명

반간접 플로어 램프의 전등은 반투명(translucent)하고, 광선이 직접적 뿐만 아니라 간접적으로 비춰진다. 그러나 간접광선이 직접 광선보다 더 많다. 두개의 플로어 램프(하나는 머리 쪽에 하나는 발쪽에)의 직접 광선이 일반적으로 그림자를 subdue시킨다. 만약 직접조명이 잘못 놓였을 경우, 얼굴에 매우 강한 그림자가 발생할 수 있다. 따라서 이러한 문제가 발생하지 않는 곳에 잘 위치시켜야 한다.

주의할 것은 천장에서 반사되어 내려오는 빛은 램프에서 나오는 빛보다 약하다는 것이다. 천정의 색은 고명도인 것이 좋다. 흰색은 반사를 최대가 되게 해준다. 어떠한 경우에건, 천정은 램프에서 나오는 광도의 70% 이상은 반사시켜주어야 한다.

전등은 주로 100, 200, 300 와트 량을 가지고 조절 스위치가 있는 것이 주로 이용된다. 전구 목 부분에 빨갛게 칠해진 전구는 얼굴을 향해 놓으면 안된다.

6) 알코브(Alcove lighting)

알코브(alcove) 등은 관(casket)의 벽면 깊숙한 곳에 설치한다. 위쪽 벽과 관 옆면과 뒤쪽을 비추는데 광원은 주로 눈에 안 보이는 곳에 놓는다. 수많은 종류의 조명 방법이 있다. 빛의 조절은 각 전등마다 부착된 스위치, 가감저항기(rheostat) 또는 변압기 등으로 해준다. 이

[그림 3-14] 알코브형 조명

러한 것을 통해 조명등의 수(또는 색)를 선택할 수 있으며, 광도를 높이거나 줄여줄 수 있다.

7) 샹들리에(Chandelier)

프랑스어의 샹델(chandelle: 양초)에서 비롯된 말로 본래는 초를 세우는 기구(촛대)라는 뜻이었으나 지금은 장식효과를 주목적으로 한 조명기구의 명칭이다. 고대의 '매단 등'을 뜻하는 라틴어 칸델라브륨(candelabrum)에서 어원이 유래됐다는 설도 있다. 샹들리에의 형체는 그리스 · 로마 시대에는 기름을 넣은 큰 쟁반을 천장에서 늘어뜨린 기능 위주의 것이었으나 비잔틴 시대로부터 르네상스 시대에는 조명 본래의 목적 뿐만 아니라 실내장식 포인트의 하나로서 중요한 구실을 하게 되었다.

장식전구를 많이 설치한 다등식(多燈式)과 크리스털 유리나 합성수지(플라스틱)를 조형적(造形的)으로 꾸미고 비교적 큰 백열전구를 여러 개 내장한 것 등, 다양하게 만들어진다. 샹들리에는 호화스러운 분위기를 필요로 하는 장소, 격식을 중시하는 곳, 예를 들면 궁전이나 극장, 호텔의 로비, 연회장 등에 많이 사용된다. 개인주택에도 소형의 크리스털 유리제품이나 석유 램프형의 소형 샹들리에가 거실에 주로 사용된다.

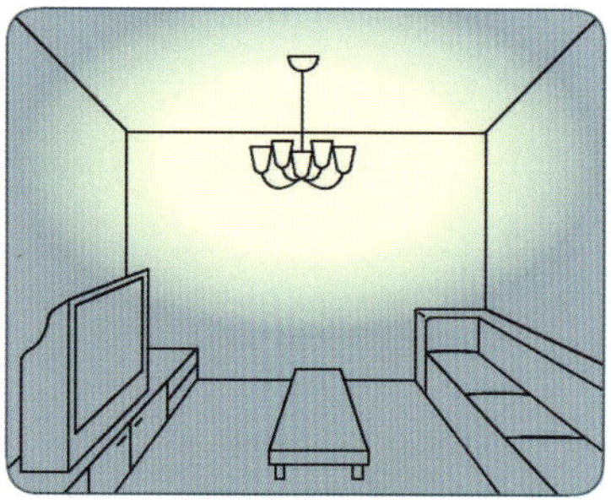

상향 샹들리에

천정면에 직접광, 아래 방향으로는 부드러운 빛

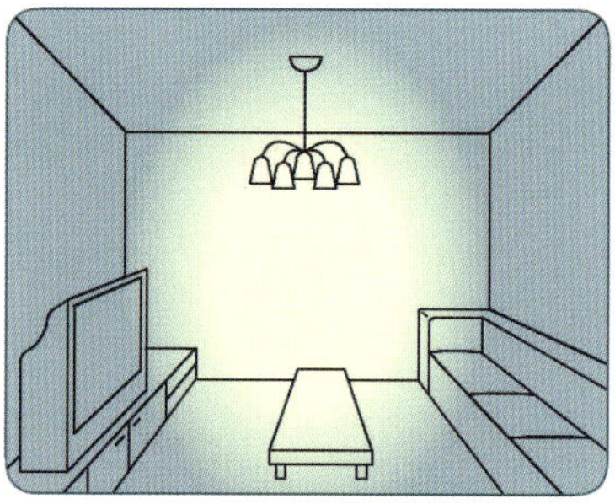

하향 샹들리에

직접광과 쉐이드를 이용하여 전체를 밝게 한다.

[그림 3-15] 샹들리에

제 4 장

시신화장학 개요

I 시신화장의 정의와 목적

1. 시신화장의 정의

메이크업은 인류의 시작과 함께 행해져온 것으로써 영어의 '페인팅(painting)', '토일릿(toilet)', '드레싱(dressing)'에 해당한다. 사전적 의미로는 "완성시킨다, 보안하다"라는 의미를 가지고 있으며 화장이라는 의미로 가장 널리 쓰인다. 분장, 화장품, 겉치레 등으로 통칭해서 쓰이기도 한다. 메이크업에 관한 정의를 협의적인 의미로써 "화장품을 사용하여 몸을 장식한다. = 아름답게 한다."라고 한정하면, 가장 오래된 단어는 그리스의 '코스매틱 코스(cosmetics)'이며 이것의 의미는 '잘 정리한다.' '잘 감싼다.'라는 것이다. 이 말의 어원은 '코스모스(cosmos)'라고 할 수 있는데 "질서 있는 체계 또는 조화"를 뜻한다. 영어의 'Cosmetic'이 여기에 속한다. '코스메틱(cosmetic)'은 피부가 지닌 모든 기능을 가능한 한 완전하게 유지시켜 미용상의 문제들을 방지하고 젊고 아름다우며 깨끗한 피부를 가꾸게 해준다는 뜻으로 사용된다.

눈은 마음의 창이고, 얼굴은 사람들의 느낌을 보여주는 거울이라고 한다. 사람의 육체 혹은 마음의 건강의 척도는 안색, 입술모양, 주름의 깊은 정도와 수 그리고 눈의 윤기 등을 통

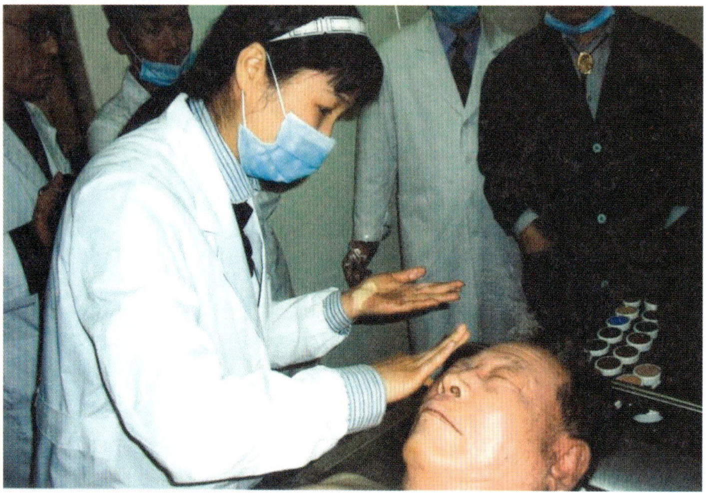

[그림 4-1] 시신화장을 하고 있는 모습

해 짐작할 수 있다. 얼마나 많은 시간동안 우리는 누군가에게 "괜찮니?", "너 너무 안 좋아 보인다." 혹은 "무슨 일이 있니 너의 얼굴이 밝구나!"라는 말을 듣는다. 화장은 색의 적용을 통해 그들의 외모를 가장 좋은 모습으로 개선하는데 의의가 있다.

시신화장학(cosmetology)은 장례식장에서 시신의 자연스러운 모습을 사람들에게 보이기 위해 색을 적용하는 도구와 기술에 관한 것으로서 안면색과 피부, 머리, 손을 아름답게 표현하고자 하는 학문이다.

고인을 사랑했던 사람들에게 평안과 즐거움을 주기위해 평소의 가장 좋은 모습으로 고인의 외모를 재창조함으로써 그들의 슬픔이 조금이라도 가라앉는데 도움을 줄 수 있다. 화장을 바르게 적용했을 때 고인의 존엄성을 높일 수 있다.

화장에 대한 올바른 이해(good taste)는 이상적으로 시신을 표현하는데 필수적이다. 이러한 목적을 달성하기 위해서는 지식적 측면이 기술을 보충해 주어야만 한다. 손질하고(grooming) 색을 내는 과정(coloring)은 어떠한 인위적 측면으로부터도 자유로워야 한다. 현대의 장례서비스는, 예전의 오래된 전통적인 습관과 기술로부터 벗어날 필요가 있다. "그만하면 충분해"라는 말은 유족들에게 양질의 서비스를 제공하기를 원하는 진보적인 장례지도사들의 직업정신에는 어울리지 않는다. 화장으로 달성할 수 없는 불가능한 목표란 없다.

2. 사후 화장의 목적

사후화장술은 자연스러운 모습으로 색을 재현하는데 중점을 두고 시행해야 한다. 화장은 다음과 같은 목적을 성취해내기 위해 시신의 보이는 부위에 행해진다.

죽음, 질병, 시신위생처리로 원래의 색을 잃은 부위를 원래대로 돌리기 위해
장례식장의 조명에 의해 색이 죽는 효과를 보상하기 위해
시신의 특징을 가장 잘 살린 모습을 보이기 위해
고통으로부터 자유로워진, 평화로운 안식을 취하고 있는 모습을 보임으로써 유족들 슬픔을 심리적으로 덜어주기 위해
얼굴이나 표정을 강조하거나 덜 눈에 띄게 하기 위해
시신의 의복이나 관내부의 인테리어와 시신의 안면색조를 맞추기 위해
변색된 부위를 감추기 위해
안면의 색상과 왁스를 맞추기 위해

Ⅱ 시신화장의 분류

1. 화장학에서의 자연주의(Naturalism)

사후 화장의 목적이 화장 안한 것과 같은 자연스러운 모습을 성취해내는 데에 있지만, 처치는 인위적인 수단으로 이루어진다. 장례 환경(의복, 관 내부 인테리어, 조명 등)과 일반 사람과는 다른 형태로 사람이 누워있는 모습(그리고 시선이 고정된 점) 등은 기술적인 재치를 요한다.

각각의 가족 구성원들의 자연스러움에 관한 개념이 다르다는 것을 주의해야 한다. 시신의 신체적인 특징과는 별개로 그 개념은 감정적으로 또는 정서적으로 그들 개개에 기억된 이미지와 관계가 깊다. 친구들과 주위의 사람들은 겉으로 보여지는 모습보다는 그들이 서로 관계했던 시신의 모습을 떠올리게 된다.

분장사(cosmetist)는 그가 매일 접하게 되는 사람들에 대해 연구함으로써 자연스러움에 대해 배울 수 있다. 또한 시신의 얼굴과 손의 밝은 부위와 그림자 지는 부위, 난색지역에 대해

서 명확히 알아야만 한다. 시신에 화장을 할 때 분장사는 가족들로부터 얻은 정보를 참고할 수 있다. 화장사는 단지 인위적인 분위기 속에서 시신의 외형이 정상적으로 보이게 하는 데에만 신경을 써야 한다. 시신을 보는 사람들의 개인적인 관점이 다르기 때문에 모두를 만족시킬 수 없다는 것도 이해해야 한다.

최소의 화장품을 사용하여 자연스러운 외모를 재창조하기 위한 노력이 필요하다. 특히 남성에게는. 남자는 일반적으로 화장을 하지 않기 때문에 사망한 남자가 무겁게 화장하면 부자연스럽게 보인다. Collison(1999)은 "최선의 시신 화장술의 기초 원칙은 가능한 적은 화장으로 자연스런 외모를 달성할 수 있게 사용하는 것이다."라고 말하고 있다.

2. 장식적 화장(Ornamental cosmetology)

장식(ornament)은 아름답게 만드는 것이다. 장식적 화장은 일반적으로 여성들이 하는 화장과 같다. 장식적 메이크업은 ⓐ 입술, 뺨, 눈을 처치하는 방식과, ⓑ 가공으로 변화를 가하는 과정을 다루는 기술로 나눌 수 있다. 장식적 화장품은 그 자체가 여성들의 메이크업을 위해 상업적으로 준비되어 있다. 똑같은 화장품으로 색을 섞거나 바르는 방법을 다르게 하면서 남성, 여성의 시신에 자연스러운 효과를 낼 수 있다. 인공조명에서의 고인접견(viewing)은 조명에 의해 상대적으로 효과가 반감하거나 제대로 연출할 수 없기 때문에 명도 대비를 이용하여 화장을 해야 한다. 고인에게 조사되는 빛의 분위기와 표현을 달라질 수 있기 때문에 그만큼 장식적인 화장은 조명과 색의 선정에 보다 깊은 신중이 요구된다.

Ⅲ 이상적인 얼굴의 균형도

얼굴분석은 기본분할 분석과 집합 분석, 방향 분석, 얼굴윤곽 분석, 선 분석, 색채 분석으로 나눌 수 있다. 얼굴에서 각 부분이 차지하는 이상적 비율을 그림으로 표현해 놓은 것을 얼굴의 균형도라고 하며, 메이크업하면서 얼굴의 균형도를 정확히 파악할 수 있어야 균형 잡힌 얼굴을 만들 수 있다.

1. 기본분할분석

가장 기본이 되는 얼굴은 페이스 프로포션을 의미하며 얼굴의 어느 부분이 길고 짧은지, 넓고 좁은지를 파악하는 분석으로 하이라이트와 쉐이딩을 넣을 곳을 파악할 수 있다.

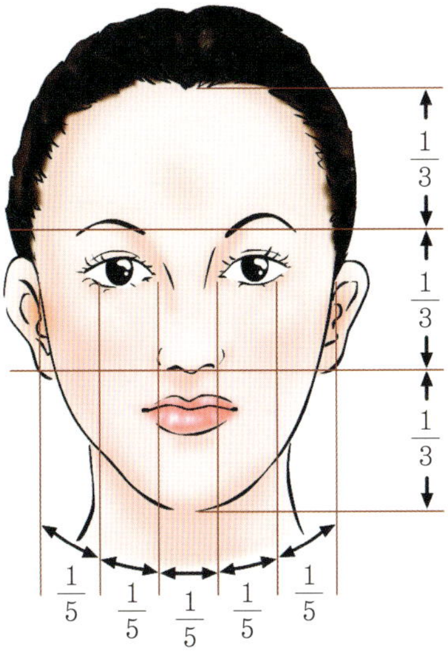

[그림 4-2] 얼굴의 기본분할

가로 3등분은 첫째, 이마에서 눈썹까지, 둘째, 눈썹에서 콧망울까지, 셋째, 콧망울에서 턱선으로 나눈다.

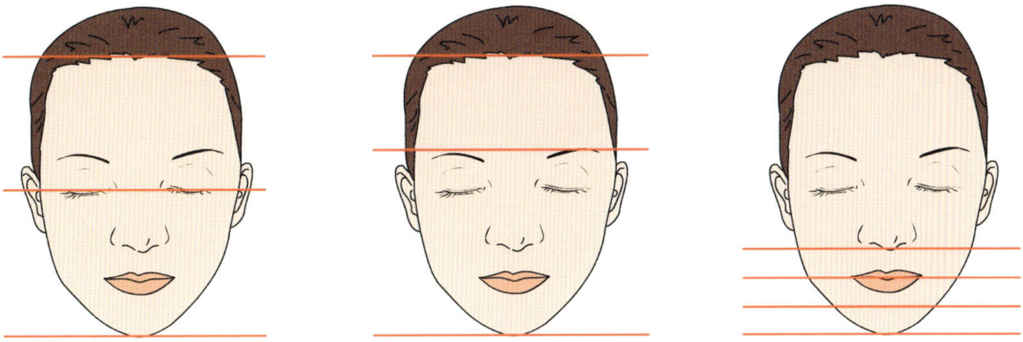

[그림 4-3] 얼굴 가로 분할

세로 5등분은 첫째 오른쪽 얼굴 라인에서 오른쪽 눈꼬리까지이고, 둘째는 오른쪽 눈꼬리에서 오른쪽 눈앞머리까지, 셋째는 오른쪽 눈앞머리에서 왼쪽 눈앞머리까지를 말하며, 넷째는 왼쪽 눈앞머리에서 왼쪽 눈꼬리까지를 말하고, 다섯째 왼쪽 눈꼬리에서 왼쪽 얼굴 라인까지를 말한다.

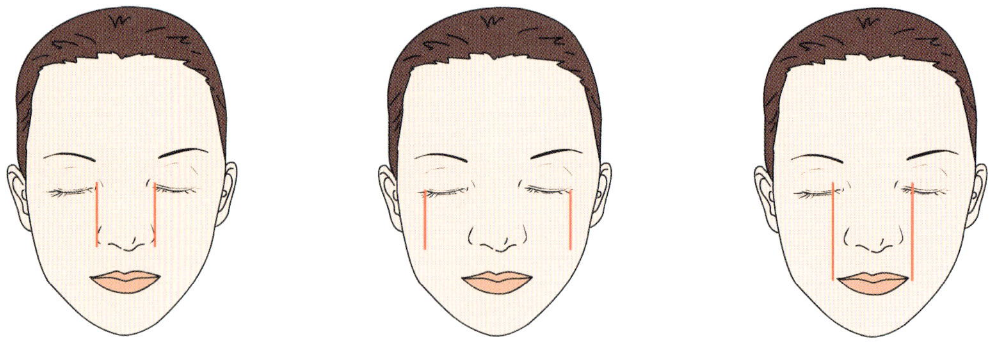

[그림 4-4] 얼굴 세로 분할

눈썹의 위치: 이마에서 1/3되는 지점이다.

콧망울의 위치: 눈썹에서부터 1/3되는 지점이다.

입술의 위치: 정면을 향했을 때 눈동자에서 내려온 선이다.

눈의 위치: 헤어라인에서 입 끝까지의 1/2가 되는 지점이다.

눈의 폭: 얼굴 폭의 1/5 간격이다.

입술의 폭: 윗입술/아랫입술 = 1/1.5

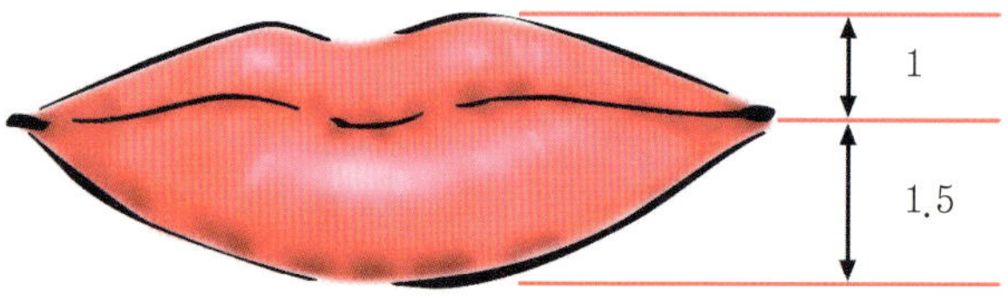

[그림 4-5] 입술 분할

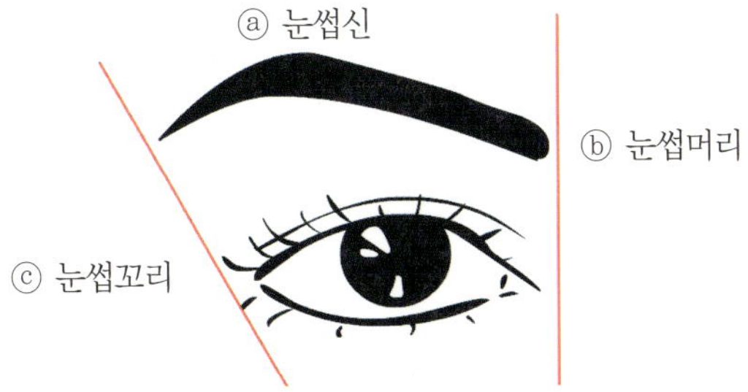

[그림 4-6] 눈의 분할

눈썹머리: 콧망울에서 일직선(시작점)

눈썹꼬리: 콧망울에서 눈꼬리를 지나는 45° 가 되는 각도

턱: 이상적인 턱의 크기는 눈 사이의 간격과 동일.

귀: 이상적인 귀의 위치는 눈과 코 사이에 위치하며 정면에서 볼 때 납작하게 얼굴에 붙어 있다.

2. 집합 분석

얼굴 이목구비의 위치에 따른 분석을 의미한다. 내심(內心)은 눈, 코, 입의 집중형으로, 양미간의 간격이 좁은 사람으로 얼굴의 크기가 작아 보일 수 있다. 눈썹의 길이는 짧게, 입술길이는 짧게 폭을 강조하며 섀도우와 포인트를 안쪽에 두는 것이 좋다.

외심(外心)은 눈, 코, 입의 확산형으로 양미간의 간격이 넓은 사람으로 얼굴의 크기가 커 보인다. 섀도우와 포인트는 바깥쪽에 둔다. 모든 메이크업 포인트를 바깥쪽으로, 내심과 반대의 테크닉을 적용한다. 이 때 중요하게 생각해야 할 것은 내심의 얼굴형은 외심의 테크닉

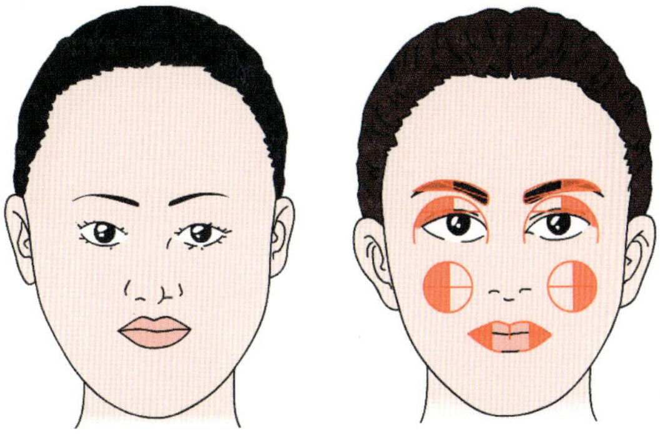

[그림 4-7] 내심의 얼굴

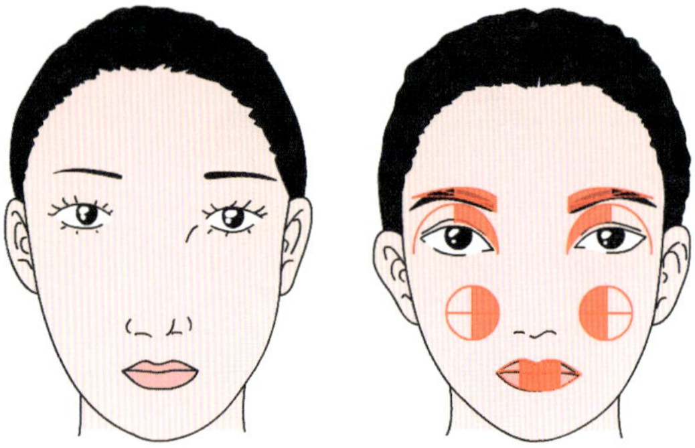

[그림 4-8] 외심의 얼굴

을, 외심의 얼굴에는 내심의 테크닉을 적용한다.

3. 방향 분석

상향과 하향으로 나누는데 상향은 젊고 개성이 있어 보이고 샤프하고 활동적인 느낌이 든

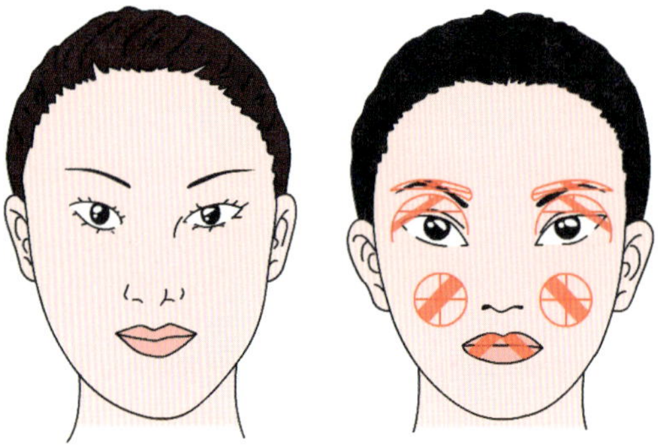

[그림 4-9] 상향의 얼굴

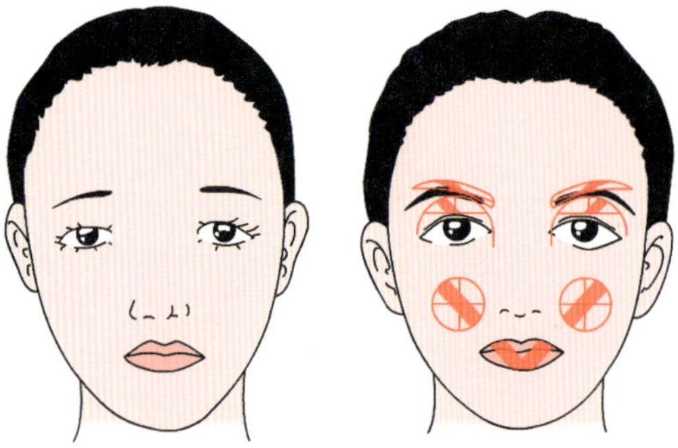

[그림 4-10] 하향의 얼굴

다. 대부분의 뷰티 메이크업에서 추구하는 선으로 사나워 보이고 날카로워 보이는 단점이 있다. 하향은 온화하고 부드럽고 친절해 보이는 반면에 슬퍼 보이기도 하며 나이 들어 보인다. 그러므로 수정 메이크업을 할 때 응용한다.

4. 얼굴의 윤곽 분석

얼굴의 윤곽은 측면(side view) 분석으로 이마(Forehead) 윗입술(Upper lip), 턱(Chin)의 돌출(projection)과 함몰(depression)에 의해 영향을 받는다. 직선은 딱딱하고 각이 져 보이며, 곡선은 부드럽고 온화하며 여성적이다. 오목하게 들어간 형은 흔하지 않는 경우이다.

기준은 이마의 방향은 눈썹 위쪽부터 턱의 방향은 위쪽입술 아래쪽부터이다.

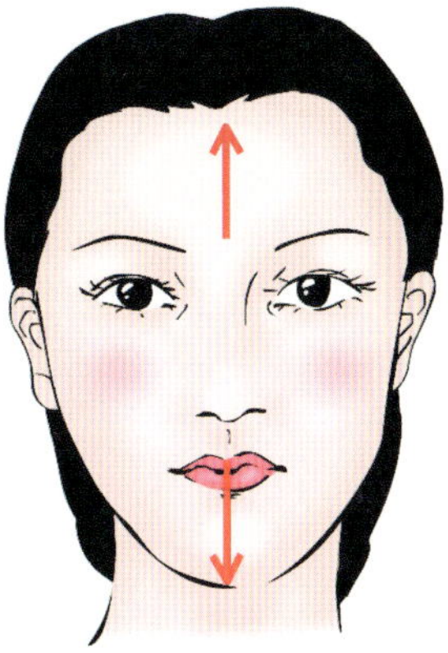

[그림 4-11] 얼굴의 윤곽 분석

1) 분류의 용어

오목(concave): 위쪽과 아래쪽 기준이 오목한 경우
볼록(canvex): 위쪽과 아래쪽 기준이 볼록한 경우
수직(vertical): 위쪽과 아래쪽 기준이 수직인 경우

(1) 오목(concave)

중간부분이 움푹 들어가고 이마와 턱이 튀어나온 형
위쪽 아래쪽 기준이 오목하다.

(2) 볼록(convex)

중간부분이 튀어나온 형
턱 · 이마가 움푹 들어갔다.

(3) 수직(Verfical)

이마와 턱이 일직선인 형
위쪽과 아래쪽 기준이 수직이다.

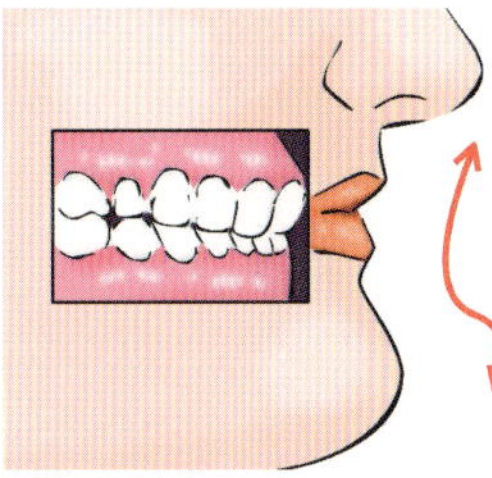

[그림 4-12] 오목

(4) 기본형에서 분류된 종류

① 볼록–오목형: 이마들어감 (눈썹으로부터) 턱 튀어남(윗입술면을 지나)

② 오목–볼록형: 이마 튀어나옴 턱 들어감

③ 수직–볼록형: 이마 평행 턱 들어감

④ 수직–오목형: 이마 평행 턱 튀어나옴

⑤ 볼록–수직형: 이마 들어감 턱 평행

⑥ 오목–수직형: 이마 튀어나온 턱 평행

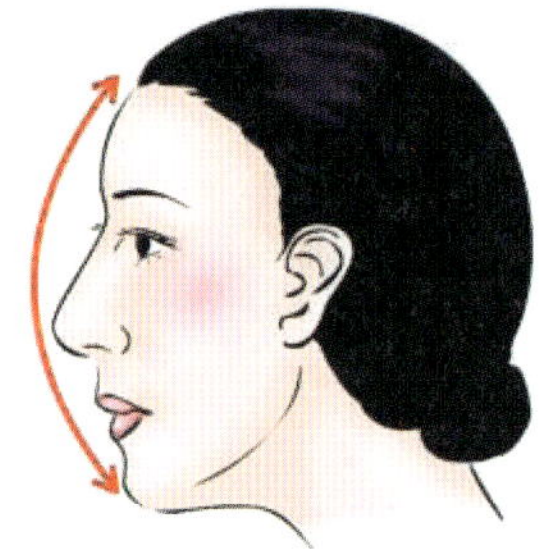

[그림 4–13] 볼록

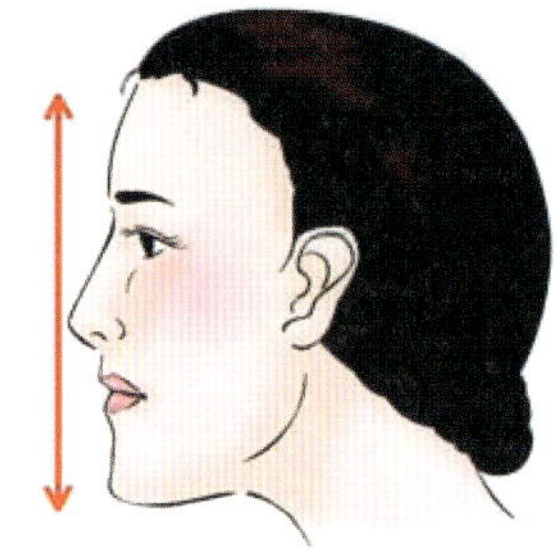

[그림 4–14] 수직

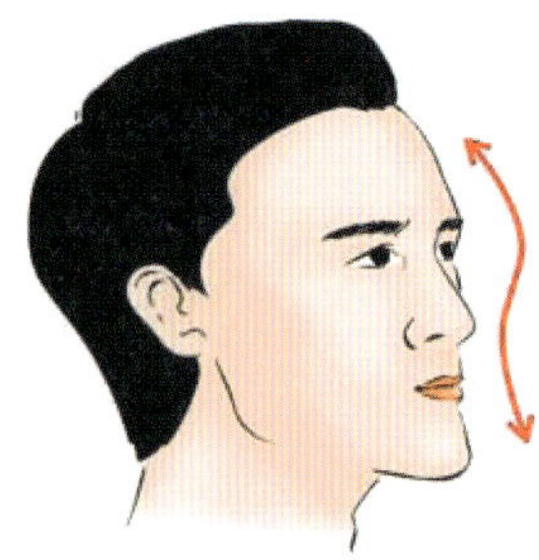

[그림 4–15] 볼록–오목

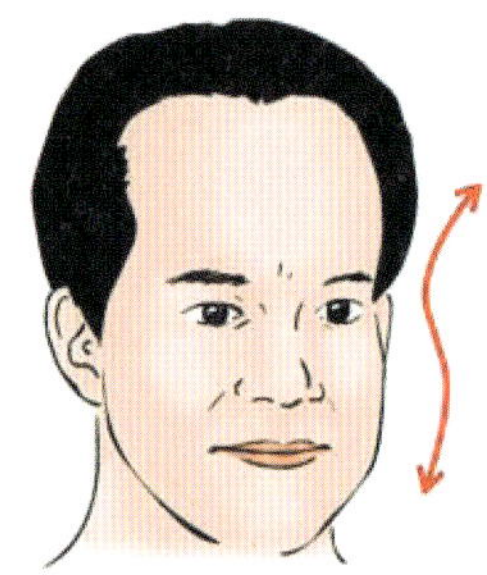

[그림 4–16] 오목–볼록

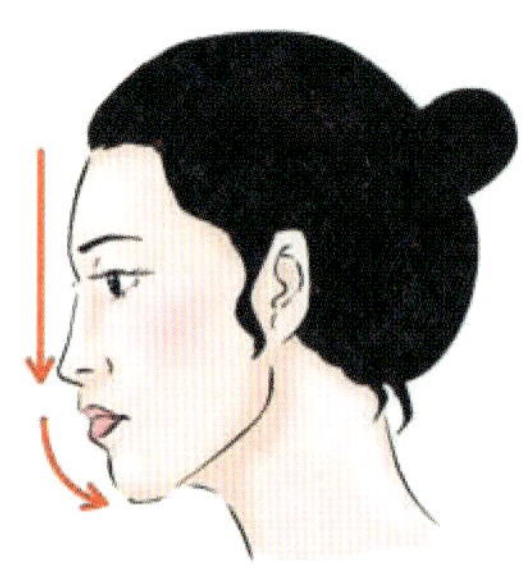

[그림 4–17] 수직–볼록

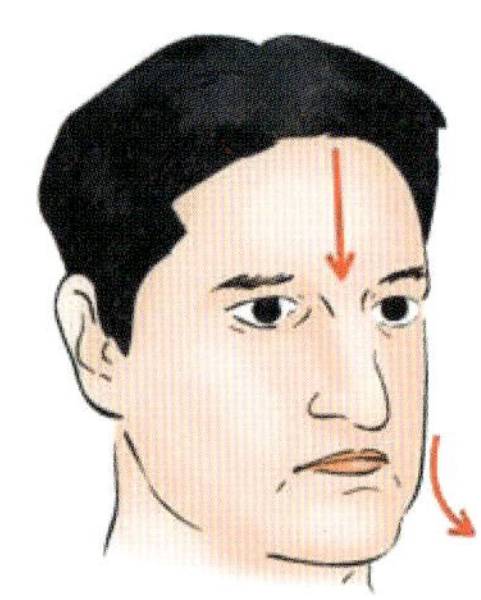

[그림 4–18] 수직–오목

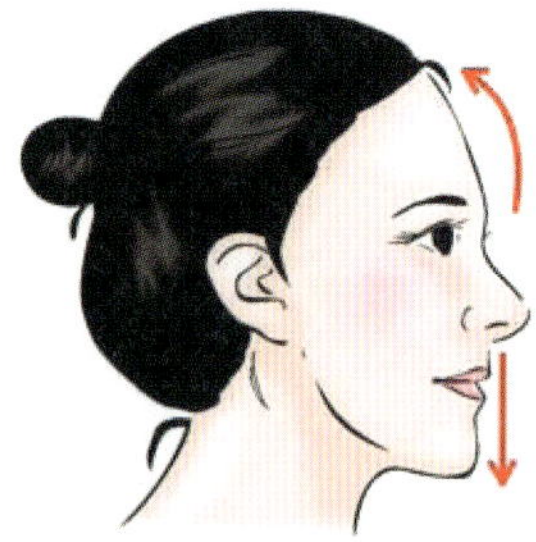

[그림 4–19] 볼록–수직

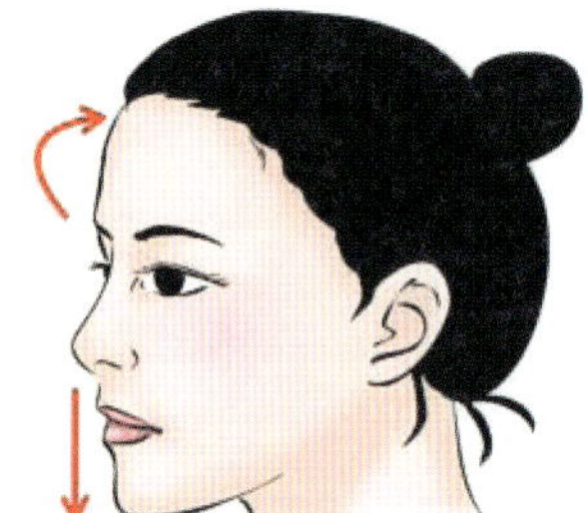

[그림 4–20] 오목–수직

제 5 장

시신화장품의 분류 및 적용방법과 도구관리 방안

고인의 안색을 복원하기 위해 두 가지 방법이 사용된다. 내부로부터 색을 내기위해서 화학물과 염색시료를 섞어서 혈관을 통해 주입을 한다. 붉은색이 흔히 사용되며 종종 갈색이 사용될 수 있다. 발생할 수 있는 문제점은 순환과 확산이 불완전해서 조직에 얼룩 등이 생길 수 있다는 점이다. 외부에서 색을 내려면 손, 브러시, 스펀지, 패드, 스프레이 등으로 화장품을 표면에 직접 바르면 된다. 이 책에서는 외부에서 색을 내는 화장법에 대해서만 다루었다.

외부화장에 쓰이는 화장품의 종류는 분류하기가 난해하기 때문에 여기서는 그것들의 가장 근본적인 특징에 따라 분류하였다.

I 시신화장품의 분류

액체 화장품(liquid cosmetics)은 고체성이 아니라 흘러내린다. 이러한 범주에는 용액(solution), 로션, 페인트, 콜로이드, 현탁액(suspension) 등이 속하며 대부분 증발하는 성질을 가지고 있다.

크림형 화장품(cream cosmetics)은 반고체성이다. 연고(ointment), 반죽(paste), 점액(mucilage), 점착물(sticks) 등의 성분으로 물감(색소)을 포함한다. 이들은 오일, 그리스, 글리세린 등의 증발하지 않는 성분이 포함되어져 있다.

파우더형 화장품(powder cosmetics)은 고체성이고 압축 또는 비압축 미세 입자로 이루어져 있다. 이러한 색소들은 활석, 초크, 아연 또는 티타늄 등에 의해 연마된다.

1. 액체 및 크림화장 매체의 분류

투명(transparent), 반투명(translucent), 반불투명(semi-opaque), 불투명(opaque)으로 나뉜다.

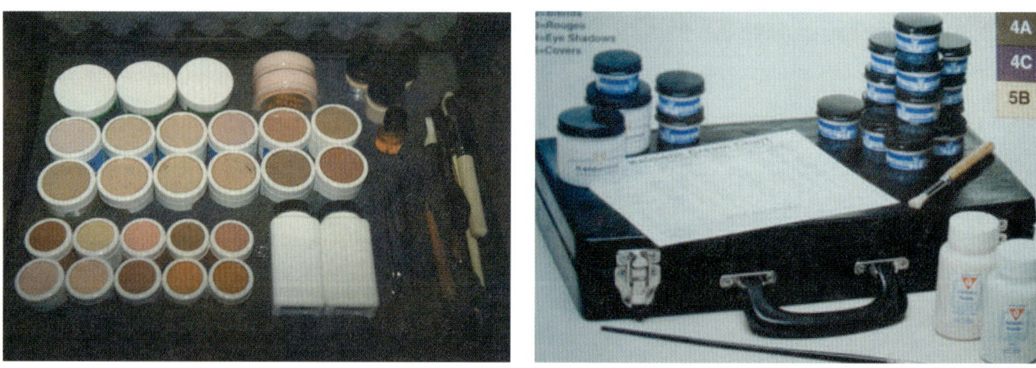

[그림 5-1] 각종 시신메이크업 화장품

투명 액체 및 크림 화장품은 용기에 담겨 있을 때 맑거나 흐릿한 반투명이 될 수 있는데 피부에 적용시켰을 시 피부가 보일정도로 투명하다.

반불투명 액체 및 크림화장품이 용기 내에 있을 때는 짙은 빛을 띠며 적용시켰을 때는 희미한 흠집들을 감출 수 있다. 엷게 적용하면 투명한 효과를 나타내고 피부 색깔의 다양한 변화를 얻을 수 있다.

불투명한 액체 및 크림화장품은 피부변색 부위를 감추는데 사용된다. 과도하게 사용하면 인위적인 모습이 될 수 있다.

파우더 화장품은 통상 투명한 부류로 평가되며 두터운 농도로 과다적용은 피해야 한다.

2. 기본적인 안색 화장품 분류

투명 액체 화장품(Transparent liquid cosmetics)

액체 파우더 화장품(Liquid powder cosmetics)
반투명 크림 화장품(Translucent cream cosmetics)
불투명 크림(Opaque cream)
불투명 액체 화장품(Opaque liquid cosmetics)
스프레이 화장품(Spray cosmetics)

1) 투명 액체 화장품

[그림 5-2]
투명액체화장품

오렌지 또는 붉은색을 띤 투명 리퀴드는 빠른 증발성을 가진 수용성 알코올과 혼합하여 만들어진다. 일반적으로 불투명 화장품이 필요한 회복처리 또는 특수 처리가 필요하지 않을 경우, 얼굴과 손의 베이스 컬러로 사용된다. 일반적으로 신체의 자연스러운 얼굴색을 만들어 주기 위해 쓰였으며 전통적으로 배우들이 이 화장품을 오랫동안 사용해왔다. 이러한 알코올 베이스의 화장품이 갖는 장 · 단점은 다음과 같다.

장점
빨리 건조된다.
보통의 키스 정도로 벗겨지지 않는다.
두드리면 마르고, 파우더를 칠할 필요가 없다.
화장이 두꺼워지거나 뭉치지 않는다.
머리카락, 눈썹, 속눈썹에서 쉽게 제거된다.
창백한 외모를 만들지 않는다.

단점
조직을 건조하게 만들 수 있다.
색상의 범위에 한계가 있다.
병에 보관된다.
시신의 의복을 더럽힐 수 있고, 그렇게 되면 의복을 갈아입혀야만 한다.
왁스에는 사용할 수 없다.
에어브러시로 화장을 할 때 머리카락에 묻지 않도록 하기 위해 타올을 대야 한다.

[그림 5-3]
액체 파우더 화장품

2) 액체 파우더 화장품

활석(talc)과 점토(clay) 베이스로 구성되어 있는 리퀴드 파우더 안료는 수성 알코올제와 습윤제를 섞어 만든 것으로 파우더가 화장 표면에 아주 얇고 섬세하며 거의 보이지 않을 만큼 보송보송한 막을 형성한다. 일반적으로 리퀴드 파우더 안료는 보통 붉은색을 나타내는데 사용되지만, 좀더 광범위한 범위에서는 투명 리퀴드로도 사용되어질 수 있다. 완전히 건조되면, 모공이 보일 정도로 표피가 매끄럽고 번쩍이지 않게 마무리된다. 리퀴드 파우더 안료는 투명 리퀴드와 비교해서 좀더 밝은 색으로 건조되는 경향이 있다.

3) 반투명 크림 화장품(Translucent cream cosmetics)

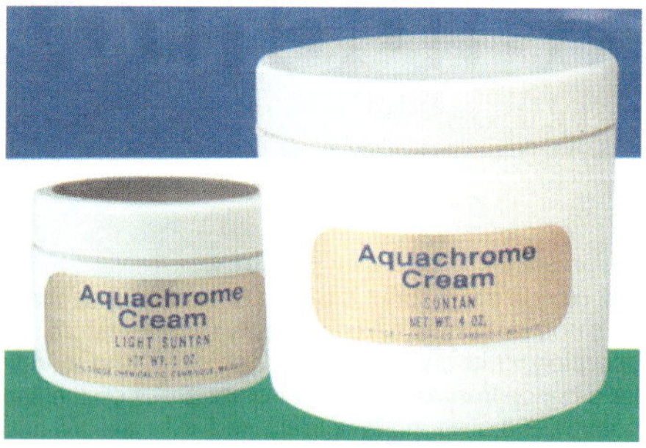

[그림 5-4] 반투명 크림 화장품

이 화장품은 화장용 마사지 크림에서 사용하는 것과 비슷한 오일 베이스(oil base)를 가진 혼합물이다. 중요한 차이점은 염색된 연화 크림에는 화장품 마사지 크림에서 특징적으로 보이는 흐릿하나 흰색을 띄게 만드는 아연 스테아라산염이 전혀 없다는 점이다. 피부 표면에 얇게 발랐을 때 염색된 연화 크림 화장품은 투명하고 섬세한 광택과 자연스러운 안색을 나타내게 한다. 이러한 염색 크림은 기본적인 얼굴색을 멋지게 해주며 피부 건조를 방지해 준다. 이 화장품이 갖는 장단점은 다음과 같다.

장점

2가지 두께로 바를 수 있다. 하나는 투명한 안면 색조를 내는 두께이고, 또 하나는 피부의 작은 결점을 감출 수 있는 두께이다.

적용 시 피부가 공기에 노출되는 것을 막아주는 역할을 하는 오일로 덮어지기 때문에 건조되는 것을 방지할 수 있다.

화장하는 도중 생긴 문제를 수정할 수 있다.

색의 경계부위가 확연히 드러나지 않게 하면서 색을 혼합시킬 수 있다.

색을 칠하면서 생긴 잘못을 쉽게 고칠 수 있다

왁스와 섞어 사용할 수 있고 왁스 위에 발라도 된다.
불투명 크림 화장품과 혼합되어 사용할 수 있다.
투명화장품이나 불투명화장품과 교환이 가능하다
혼합하는 물질에 따라 다양한 색을 낼 수 있다.

액체형(또는 파우더형) 화장품과 비교했을 때 크림형 화장품이 가지는 단점들 때문에 크림형 화장품이 액체형으로 교체되곤 하였다.

단점

바르는데 시간이 많이 걸린다.
바르기 전에 손을 따뜻하게 해야 하는데, 따뜻하지 않으면 화장품이 잘 스며들지 않기 때문이다.
과다하게 화장될 수 있다. 바로 이점이 시신화장 중 가장 비난받는 점이기도 하다.
너무 두껍게 발라지면 파우더가 뭉친다.
솜털은 면도해주고 발라주어야 한다.
화장을 건조시키고 마무리하려면 반드시 파우더를 발라주어야 한다.
접촉 시 화장이 묻기 때문에 옷을 버리기 쉽다.
키스 시 벗겨질 수 있다.

4) 불투명 크림 화장품

불투명 크림 화장품은 주로 잘 가려지지 않은 피부의 손상, 변색 및 복구한 얼굴과 손의 표면을 완전히 덮어 가리기 위해 사용하는 화장품으로 무겁게 색소가 침착되는 오일 베이스 화장품이다. 비록 시신 피부의 결함을 가려주기 위해 사용되나 인위적이거나 메이크업을 지나치게 한 것 같은 외모가 나타나서는 안된다. 불투명 크림 화장품은 복구된 표면에 잘 사용되며 대부분 화장품 매체(media)와 병행해서 쓸 수 있다. 가볍게 바를 경우 매우 투명한 효과를 나타낼 수도 있다. 불투명 크림도 아주 적게 사용하면 기

[그림 5-5] 불투명 크림 화장품

초 화장품으로 사용할 수 있다.

장점

쉽게 건조되지 않는다.

화장 두께의 선택이 자유롭다.

변색을 가린다.

왁스위에 사용할 수 있다.

왁스와 혼합하여 사용할 수 있다.

단점

인위적으로 보일 수 있다.

머리카락을 더럽힐 수 있다.

건조되기 위해 파우더 적용이 필요하다.

조직을 얼룩지게 한다.

5) 불투명 액체 화장품

불투명 리퀴드 용제는 보통 (합성)수지(resin base)로 제조되며 전문가들이 가장 보편적으로 사용하는 화장품이다. 건조 시간은 약 10분으로 일단 불투명 리퀴드가 완전히 마르게 되면 표피를 덮어주어 씻겨나가지 않아 아주 효과적으로 탈수를 예방해준다. 불투명 리퀴드로 작업할 때는 거의 모든 적용 방법이 사용될 수 있다. 이 제품은 브러시로 적용하거나, 점화법이나, 손가락으로 펴 바르거나, 에어브러시(약하게 해서)를 이용해 발라줄 수 있다. 다른 종류의 화장품으로 작업할 때 사용되는 일반적 색보다 약간 밝은 베이스 컬러로 적용을 시작한다. 안면 바탕에 적용된 것과 가장 가깝게 어울리는 색을 선택한다. 난색 부분을 처리하고 난 후, 조절색(toning color)을 적용시킨다. 자연스러운 얼굴색 톤이 살아날 때까지 난색이 적용된 부위에 조절색을 서서히 발라 안면 바탕색에 섞

[그림 5-6] 불투명 액체 화장품

이도록 한다. 불투명 리퀴드는 불투명도와 가려주는 효과가 높기 때문에 인색할 정도로 아주 조금만 사용한다. 만약 아주 약하게 적용시켰다면, 자연스러운 투명한 효과를 얻을 수 있을 것이다. 만약 불투명 리퀴드 제품을 완전히 제거하려면 특별한 화장품용으로 제조한 특수 용매제가 필요하다. 화장품이 도포된 피부표면에 브러시로 용매제를 적용하고 표피가 깨끗하고 건조해질 때까지 거즈 패드로 화장품과 용제를 문질러 제거해준다.

6) 스프레이 화장품

스프레이 화장은 스프레이 기구에서 쉽게 분사되어져 나올 수 있는 묽은 용액 또는 현탁액이다. 이 화장품은 맑은 용액으로도 사용할 수 있고, 탁한 현탁액 상태로도 사용할 수 있다.

맑은 용액 타입은 대개 미세한 붉은 색을 표현하는데 쓰이는 용액이고, 알코올을 섞은 물처럼 증발시키는 매체로 쓰일 수도 있다. 주로 시신의 안색에서 혈색이 도는 것을 표현하기 위한 목적으로 사용된다.

탁한 타입의 용액은 용해되지 않는 색소를 포함하고 있으며, 맑은 용액 타입보다는 덜 빠르게 증발시키는데 사용하는 매체이다. 맑은 용액타입보다 훨씬 넓은 색깔 영역을 가지고 있으며, 용기(container)는 현탁 용액 내의 색소를 잘 유지하기 위해서, 바르기 전과 바르는 동안 잘 흔들어 주어야 한다.

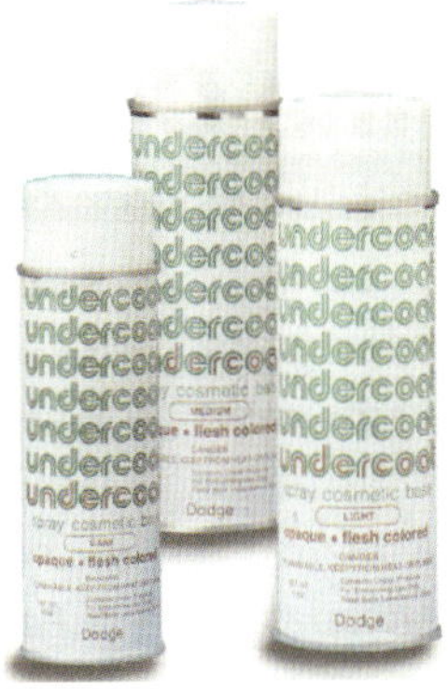

[그림 5-7] 스프레이 화장품

스프레이 화장품의 전형적 이름들

금발색의(Blonde)	붉은 갈색 빛의(Red-Brown)
살색의(Flesh)	살갗, 머리, 눈이 거무스름한(Brunette)
밝은 갈색, 살짝 그을린 색(Suntan)	

스프레이 화장품을 사용할 때 주의점은 머리카락은 덮여있어야 하고, 마사지 크림을 머리카락 경계부위, 속눈썹, 눈썹부위에 발라놓아야 한다. 테이블 꼭대기와 스프레이화장품이 묻을 수 있는 모든 장소를 덮어 놓아야 한다.

화장품이 묻은 머리카락은 머리에서 들어 올려서 용제를 묻힌 면조각으로 닦아내도록 한다(한번만 분사된 화장품은 용제 없이도 제거될 수 있다). 속눈썹과 눈썹위에 발랐던 크림은 면봉으로 제거해 준다. 필요하다면, 신속히 처리하기 위해 용제를 가할 수도 있다. ("coloring cosmetically soiled hair"를 참조) 산성기가 있는 화장품은 비누, 물로 제거해 준다. 다른 착색제는 마사지크림을 사용해서 완벽하게 제거해 준다.

Ⅱ 화장품 적용 방법

1. 브러시 적용

투명 또는 불투명 액체 화장품은 용기에서 직접 꺼내 발라줘야 한다. 주로 크고 납작한 브러시를 사용한다. 현탁액을 담은 용기는 안의 파우더가 잘 섞이도록 흔들어 주어야 한다. 처음 바른 용액이 마르고 나서 재빠르게 두번째 용액을 가하면 색감이 증가된다. 색소를 포함한 용제가 순식간에 증발하여 도포시간의 한계가 있기 때문에 이 과정은 재빠르게 진행되어야 한다.

2. 점화법

찍는 동작으로 브러시 끝부분을 부드럽게 조절해서 톡톡 찍어주는 방법이다. 투명, 반불투명, 불투명 크림 화장품을 바를 때 사용한다. 크림화장품은 시신 메이크업 전문가의 손바닥에 미리 발라 온도를 높여 최상의 작업이 되도록 해 준다. 손바닥에 얇게 발라진 화장품을 브러시로 찍어 올린다. 피부표면에 자연스런 땀구멍이 생성되도록 원하는 부위에 적용시킨다.

3. 손가락으로 발라주기

손가락으로 발라주기는 착색된 연화크림, 반불투명 안색 크림, 불투명 크림 사용 시 적용되는 방법이다. 화장품이 지속적으로 쉽게 퍼져서 부드러워질 수 있게 손바닥에 크림제품을 덜어놓아 체열에 의해 덥혀지도록 해준다. 소량의 크림을 찍어 양쪽 볼, 이마, 턱의 높은 부분에 크림을 놓는다. 손가락을 깨끗이 닦고 원을 그리며 발라주어 크림이 조직에 스며들도록 부드럽게 마사지 해 준다. 매끄럽고 골고루 화장품이 퍼지도록 하면 피부표면이 주름지거나 번들거리지 않고 일정한 광택을 낸다.

4. 스프레이 적용

스프레이 화장은 스프레이 노즐에서 쉽게 분사되어져 나올 수 있는 묽은 용액 또는 현탁액을 사용한다. 시신분장사는 화장품 적용 시에 사용되는 스프레이 형태와 압력 조절 방법에 대해 잘 알고 있어야 한다.

스프레이 화장품을 사용할 때는 머리카락은 덮여있어야 하고, 마사지 크림을 머리카락경계부위, 속눈썹, 눈썹부위에 미리 발라놓아야 한다. 테이블 꼭대기와 스프레이화장품이 묻을 수 있는 모든 장소를 덮어 놓아야 한다. 표피는 깨끗하고 잘 건조되어 있으며 어떠한 기름기도 없어야 한다. 아래턱뼈 아래부터 스프레이 도포를 시작한다. 얼굴 측면을 올라가면서 턱, 코, 눈, 귀, 이마를 처리한다. 스프레이가 도포되는 동작은 정확하고, 재빠르고, 매끄럽게 진행되어 화장한 것 같지 않게 만들도록 노력해야 한다. 스프레이 장비에는 다음과 같은 것들이 있다.

1) 분무기(Atomizer)

병 내부로 공기를 압착시켜 넣고 미세한 화장품을 분무시키는 고무 벌브(bulb)가 달려있는 작은 유리병이다. 때로는 기다란 플라스틱(혹은 유리) 튜브가 달린 캡을 달고 있는 기다란 병을 사용하기도 한다. 꼭대기 부분을 누르면, 튜브를 통해 내용물이 나가고, 스프레이처럼 작은 구멍을 통해 분사된다. 앞의 두 기구 모두 스프레이의 직경을 제한하기란 불가능하다.

[그림 5-8] 분무기(Atomizer)

2) 에어브러시(Airbrush)

이것은 전문가들이 쓰는 연필형의 기구이다. 한쪽 끝에(대개 원뿔형의 껍데기를 가진) 분출구의 밸브를 가지고 있는데, 꼭대기에 시작버튼이 있고 분출구 근처에 착색제를 담고 있는 작은 금속 컵이 달려있다. 주로 전기로 작동되는 공기 압축기나 이산화탄소 탱크에 의해 활성화된다. 에어브러시는 다양한 목적에 쓰이며, 가격도 몇 달러에서 몇 백 달러까지 다양하다.

과도하게 착색제가 묻은 경우에, 화장품이 마르기 전에 클렌징티슈로 빨아들임으로써 교정시킬 수 있다. 하지만 일단 건조되고 나면 표면을 다시 스프레이로 분사시킨 후, 즉시 빨아들이도록 한다. 눈의 안쪽구석, 코의 구석, 입 다문 선의 끝부분에서 착색제가 고인 경우 과도한 화장품을 즉시 브러시로 처리하거나 빨아들여주어야 한다.

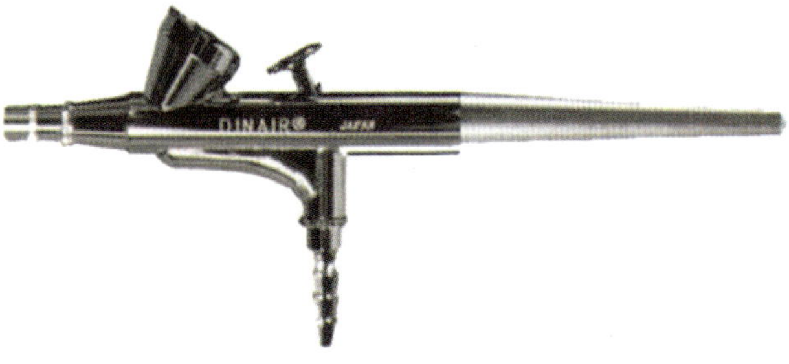

[그림 5-9] 에어브러시(Airbrush)

5. 화장품의 제거

자주 발생하는 일이지만, 색채가 적절히 배합되지 않거나 화장이 자연스러워 보이지 않을 때 또는 기본색이 너무 많이 도포된 경우에는 전체적으로 화장을 제거할 필요가 있다. 얼굴과 손 표면으로부터 화장품을 제거하는 데에는 다음과 같은 방법과 재료가 사용된다.

- 거즈패드(Gauze pad): 화장용 마사지 크림에는 4×4인치 크기의 거즈 패드가 권장된다. 거즈 패드는 보풀이 없고 흡수성이 좋아서 여러 가지 화장 과정에 유용하기 때문이다. 이 제품은 얼굴과 손에서 두꺼운 마사지 크림이나 잔유 크림(stay cream)까지 제거할 수 있도록 촘촘하게 짜였으며 표면 질감이 뛰어나다. 액체로 된 피부 표면 화장품을 매끄럽게 지울 때에도 사용된다.
- 마사지 크림으로 화장품 제거(Massage cream removal of cosmetics): 화장용 마사지 크림은 특수 용매제가 필요한 수지(resin-base)가 들어있는 화장품, 흡습성 불투명 리퀴드, 불투명 스프레이 화장품에 사용되며 모든 화장품을 피부 표면에서 화장을 완전히 제거할 때 이용된다. 마사지 크림으로 화장품을 제거하기 위한 첫번째 단계는 얼굴과 손에 마사지 크림을 충분히 발라 헤어라인, 눈썹, 속눈썹까지 잘 퍼지게 문질러주는 것으로 시작된다. 몇 분 동안 피부 표면에 마사지 크림을 적용시키면 화장품이 부드럽게 풀려 거즈 패드로 쉽게 제거된다. 마사지 크림이 남긴 윤활제 막을 제거하려면 장례용 용매제를 깨끗한 거즈 패드에 적셔서 윤활막이 전부 없어질 때까지 피부 표면을 살살 닦아준다.

  용매제로 화장품 제거(Solvent removal of cosmetics): 불투명 리퀴드나 불투명 스프레이 화장품 사용 시 화장품 제조사에서 제조된 용매제를 넣을 것을 요구하나 장례용 용매제를 써주어도 문제없다. 작은 부분에 한정적으로 적용할 경우, 용매제를 브러시로 발라주고 거즈패드를 가볍게 눌러서 화장품을 닦아낸다. 피부 표면에 화장품이나 기름기가 보이지 않을 때까지 이 과정을 반복해 준다. 새로 화장품을 적용시키기 위해 피부 바탕을 다시 다듬으려면 화장용 마사지 크림을 적용한다. 피부에 투명한 리퀴드 색소나 불투명 리퀴드가 충분히 흡수될 수 있도록 장례용 용매제로 조직에 남은 여분의 기름기를 완전히 닦아주어야 한다. 유성 파운데이션 위에 투명 또는 불투명 리퀴드 화장품을 바르면 화장품 색이 얼룩덜룩하고 불규칙하게 되며 상당량의 기름기 때문에 발라진 화장품이 밀려나갈 수 있다.

Ⅲ 화장도구 및 관리방법

1. 브러시

브러시는 시신메이크업을 하면서 아주 중요한 도구에 속한다. 브러시의 재질은 동물의 털, 천연모와 합성섬유로 만들어지고 있다. 동물의 털로는 낙타털, 담비, 오소리, 족제비털, 염소털이 주재료로 쓰인다. 완벽한 화장용 브러시는 화장술에서 사용하는 질과 용도에 따라 선별되어진다. 브러시에서 털은 탄력적이고, 쇠고리에서 튼튼하게 연결되어 빠지지 않아야 하며 목적에 맞게 사용해야 한다.

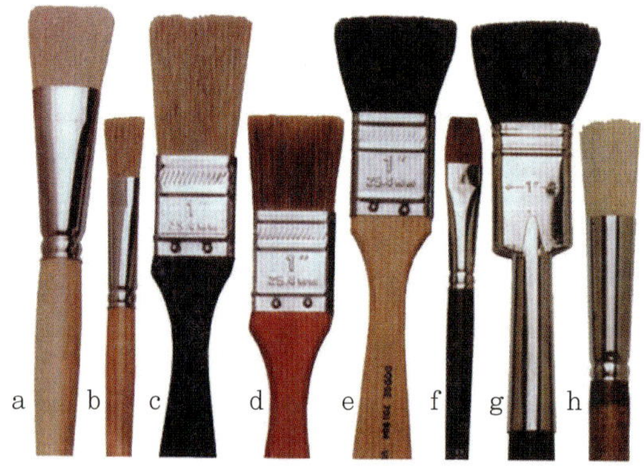

[그림 5-10] 각종 브러시 1

a. 1인치 크림 브러시(1″ cream spreader): 빠르고 손쉽게 크림을 바를 수 있게 해주는 흰색의 강모(뻣뻣한 털) 브러시이다. 점점 가늘어지는 강모로 부드럽고 동일하게 펴 바를 수 있다.

b. 0.5인치 액체화장품용 브러시(1/2″ liquid spreader): 좁은 부위에 액체 색소와 엷은 크림을 바를 때 쓰인다.

c. 1″ 반투명화장품용 브러시(heavy liquid spreader): 길고, 탄력성 있는 어린양 털로 만든 강모로 끈적끈적하고 빽빽한 액체를 바르는데 적합하다.

d. 1인치 염색제 브러시(1″ tint spreader): 숫소의 털로 넓은 부위에 액체 염색제를 바를 때 쓰도록 특별 고안되었다. 또한 가벼운 크림을 바를 때와 화장품 속에 '구멍을 메우는

(tamping)' 파우더를 넣을 때 사용될 수 있다.

e. 1인치 거친 점화 브러시(1″ coarse stippling): 검은 족제비의 털로 만든 브러시로 거친 모공을 표현해내기 위해 넓은 지역에 걸쳐 점화할 때 탁월하다.

f. 0.5인치 점화 브러시(1/2″ stippling): 붉은 담비의 털로 만든 납작한 브러시로 염색제를 브러싱할 때, 입주위의 거친 모공을 점화할 때 사용한다.

g. 1인치 미세점화 브러시(1″ fine stippling): 숫소의 털로 만든 완전한 강모로 이루어진 브러시로 넓은 부위를 점화할 때 뛰어나며, 화장 후의 표면의 작고 미세한 모공을 사실적으로 표현할 수 있다.

h. 0.5인치 거친 점화 브러시(1/2″ coarse stippling): 표준형의 납작한 하얀 강모 브러시로 거친 모공이나 깊은 주름이 특징적인 지역에 점화 시 사용된다.

[그림 5-11] 각종 브러시 2

a. 0.5인치 미세 점화 브러시(1/2″ fine stippling): 정교한 얼굴의 아주 미세한 모공을 표현할 때 특수하게 사용되는 브러시로 눈꺼풀 위에 점화할 때 뛰어난 효과가 있다.

b. 1.5인치 왁스 점화 브러시(1 1/2″ wax stippling): 끈적끈적한 화장 크림, 색소, 복구용 왁스를 점화할 때 사용하며, 소의 털로 만든 브러시이다.

c. 7/16″ powder dusting: 파우더를 잘 조절해서 바를 수 있고, 파우더의 마지막 손질시 사용할 수 있는 브러시이다.

d. 3/4″ powder dusting: 중간 크기의 파우더를 바르는 브러시로 왁스를 바른 부위에 마지막으로 활석가루를 바를 때, 일반적으로 파우더를 바를 때 사용한다.

e. 1인치 만능 브러시(1″ utility dusting): 납작하며 타원형의 모습의 브러시로 파우더를

바르는 목적에 광범위하게 사용될 수 있다. 왁스를 바른 부위를 제외하고는 모든 부위에 쓰일 수 있다.

f. 1″ powder tamping: 파우더로 구멍을 막는 일을 할 때 사용한다.

g. 1/4″ round tinting: 검은담비의 털로 만든 브러시로 탄력성이 있다. 제한된 좁은 지역에 액체 색소를 바를 때 사용한다. 정밀하고 꼼꼼하게 가장자리와 모서리 부분을 처리할 수 있다. 인간의 머리카락과 매우 비슷하여 눈썹이나 속눈썹 등을 복원할 때 대치 목적으로도 사용되기도 한다.

h. 3/4″ tinting: 옆에서 보면 납작한 모양의 강모 브러시로 넓은 부위에 액체 화장색소나 엷은 크림을 바를 시에 사용한다.

[그림 5-12] 각종 브러시 3

a. 3/4″ feature tinting: 붉은 담비 털로 만든 납작하고 털이 짧은 브러시로 눈, 입, 뺨에 화장색소를 바를 때 사용한다.

b. 1/16″ 미세 브러시(1/16″ fine lining): 가장 정교한 부분을 화장할 때 완벽한 컨트롤이 가능하다. 탄력성이 있으며 색소를 충분히 머금을 수 있고 전체가 강모이다.

c. 0.5인치 헤어라인 브러시(1/2″ hairline blending): 검은 강모 브러시로 끈적끈적한 성분의 화장품을 머리카락 경계부위와 눈, 관자놀이 근처에 바를 때 사용한다.

d. 1인치 헤어라인 브러시(1″ hairline blending): 머리 경계선 부위의 뚜렷한 상피 모공과 얼굴 주름에 화장품을 바를 때 사용한다.

e. 3/16″ 입술눈 브러시(3/16″ lip & eye lining): 붉은 담비 털로 제작한 털 부위가 짧은 브러시이다. 입술에 연지를 바를 때나 눈에 아이쉐도우를 바를 때 정확하게 가장자리를

컨트롤 할 수 있다. 사용하지 않을 때 플라스틱 덮개를 씌워서 브러시를 보호한다.

f. 1/18″ 입술 브러시(1/18″ lip lining): 가장자리가 날카로운 부위에 사용한다. 입술의 라인을 그릴 때나 명암을 줄 때, 강조할 때 아주 정교한 컨트롤을 할 수 있다. 매우 협소한 윤곽을 가진 부위에 바를 때에도 탁월하다.

g. 1/4″ 입술 브러시(1/4″ lip lining): 붉은 담비 털로 만든 강모로 입술라인을 그릴 때 사용한다.

h. 0.5인치 하이라이트 브러시(1/2″ highlighting): 부드럽게, 전체적으로 강조할 때 쓰이며 부드러운 숫소의 털로 만든 강모 브러시이다. 액체 색소와 엷은 화장크림을 바를 때 사용한다.

i. 1/4″ 정밀 브러시(1/4″ fine detailing): 닿기 어려운 협소한 부위에 화장색소를 바를 때 사용되는 강모 브러시이다.

j. 1/8″ 초정밀 브러시(1/8″ ultra-fine detailing): 숫소의 털 중에서 가장 미세한 부분으로 만들어진 브러시로 아주 정교한 작업 시 사용한다.

2. 파우더 퍼프(Powder puff)

파운데이션을 바르고 유수분 성분을 없애기 위해서 사용하는 도구이다. 소재로는 순면이 가장 적합하다. 퍼프를 이용해 파우더를 바를 경우에는 한개 보다 두개를 이용해서 파우더를 적당량 묻혀서 사용한다. 단 너무 힘주어서 누르지 말고 가볍게 발라 준다. 넓은 부위인 볼부터 시작해서 턱, 이마, 코, 눈가, 코 밑, 눈 밑 등의 순서로 눌러준다. 부위를 지나칠 수 있으므로 꼼꼼하게 발라 준다.

[그림 5-13] 파우더 퍼프

3. 스펀지(Sponge)

[그림 5-14] 스펀지

파운데이션을 펴 바를 때 사용하는 도구이다. 일반적으로 파운데이션을 펴 바를 때에는 손가락을 사용하는 경우가 대부분이나 손가락을 이용하게 되면 손가락의 온도에 의해서 파운데이션이 손상되게 되는 경우가 있을 수 있다. 얼굴 부위에 따라 적합한 스펀지를 사용하면 파운데이션을 잘 스며들게 하여 피부 표현을 깨끗하게 할 수 있고 뭉치지 않게 고루 펴 바를 수 있다. 코 측면, 눈 밑 등 좁은 부위는 삼각형 또는 사각형 스펀지를 사용한다.

4. 눈썹 수정가위(Brow scissors)

눈썹 수정가위는 눈썹을 수정하거나 속눈썹을 커팅할 때 사용하는 도구로 가윗날이 정교하며, 눈의 굴곡형태에 잘 맞는 것을 선택한다. 눈가에 사용하는 것은 눈썹전용 수정가위를 사용하도록 한다.

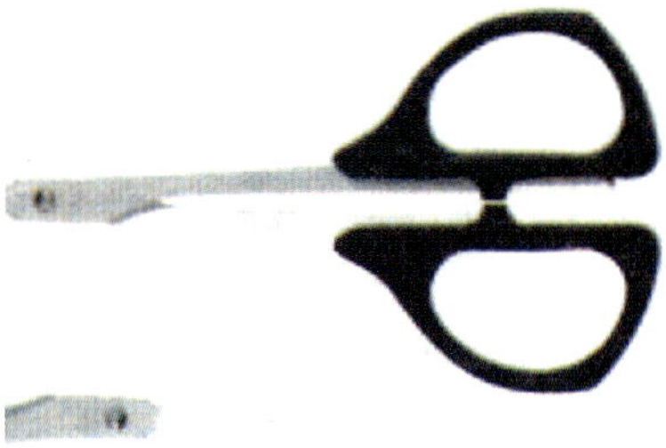

[그림 5-15] 눈썹수정가위

5. 스파츄라(Spaturas)

크림 또는 파운데이션, 립스틱 등을 덜어낼 때 사용한다.

[그림 5-16] 스파츄라

6. 솜(Cotton)

솜은 6 cm 정도의 길이로 자르고 물에 적신 후, 물기를 제거하고 사용하기 편리하게 떼어서 사용한다.

7. 면봉

면봉의 뾰족한 면을 사용하면 정교한 수정 시 용이하다. 한 번 사용한 면봉은 아까워하지 말고 버린다. 나무대(Wood Stick)에 탈지면을 즉시 말아 사용하는 방법도 있다.

8. 샤프너(Sharpner)

일명 연필깎이라 하며 립라이너 연필을 깎을 때나 기타 눈썹 그릴 때 사용하는 연필 등을 깎을 때 사용하는 도구이다.

9. 면도기

평면 면도기는 눈썹 수정용으로, 곡선 면도기는 바디용으로 사용한다. 요즘은 전동식 면도기가 많이 사용되고 있다.

10. 인조 속눈썹

인조 속눈썹은 여러 종류가 있으며 눈의 모양이나 메이크업의 특성에 맞게 사용하도록 하고, 인위적이지 않게 커팅하여 사용한다.

[그림 5-17] 인조 속눈썹

11. 속눈썹 풀

인조속눈썹을 붙일 때 또는 인조속눈썹을 한 올 한 올 붙일 때 사용한다. 검정색과 무색으로 나눈다.

[그림 5-18] 속눈썹 풀

12. 메이크업 가방(Make up Kit)

4단, 3단, 2단 등 다양한 사이즈로 메이크업 제품과 도구를 효과적으로 보관할 수 있는 단계 형태의 메이크업 전용 가방이다.

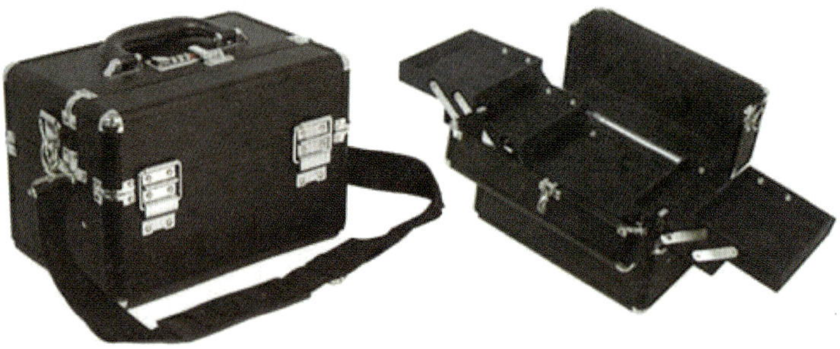

[그림 5-19] 메이크업 가방

도구 관리

브러시는 메이크업 후 티슈나 타월에 잔여물을 털어낸다. 완전 세척하는 방법으로는 전문가용 브러시 리무버를 사용해서 세척하거나 미지근한 물에 중성제를 한두 방울 떨어뜨린 후 깨끗이 씻어낸다. 그리고 마지막 행굴 때는 린스를 한 두 방울 떨어뜨려 헹구어 낸 후 마르기 전에 형태를 바로 잡아준다. 파운데이션이나 립스틱을 사용했던 브러시는 오일 성분이 있기 때문에 중성세제보다는 알코올 90° 로 세척하는 방법이 올바른 방법이다.

청결하지 못한 스펀지는 화장이 잘 스며들지 않게 하는 원인이 될 수 있으므로 언제나 청결하게 관리해야 한다. 전용클리너 또는 세제로 미지근한 물에서 여러 번 깨끗이 헹구어 낸다. 또는 가위로 사용부위를 제거하여 사용한다. 파우더 퍼프(분첩)는 언제나 뽀송뽀송한 상태가 되도록 자주 세척하여 사용한다. 중성세제를 한 두 방울 떨어뜨려 잘 문질러 세척하고 마르기전에 형체를 바르게 잡는다. 속눈썹 가위와 스파츄라는 알코올로 소독한다.

제 6 장

시신 화장의 준비과정

I 피부구조

피부는 표피, 진피, 피하조직 3층으로 구성되어 있다.

1. 표피

피부의 노출된 층으로 각종 환경에 적응하도록 강한 저항력을 지니고 있는 부분이다. 이 표면은 지속적으로 탈피되고 다른 세포에 의해 대치되는 세포들로 구성되어 있다.

2. 진피

표피의 30~40배 정도되는 실질적인 피부를 말한다. 섬유질로 되어 있으며 이 층에는 혈관과 림프관이 통과하고 그물처럼 엉켜있는 탄력있는 세포조직들이 있다.

3. 피하조직

피부의 기반이 되는 부분이다. 이 부분은 신체를 유연하게 하고 윤곽을 유지시켜주며 외부의 충격으로부터 내장기관을 보호하는 쿠션의 역할을 한다. 아울러 신체의 온도를 조절하는 중요한 역할을 한다.

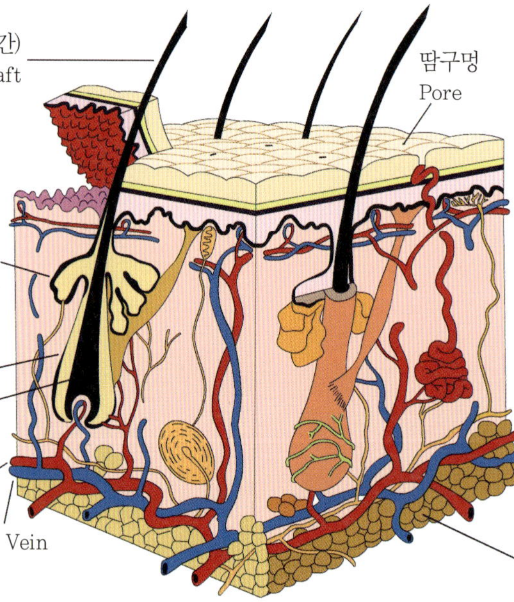

[그림 6-1] 피부의 구조

Ⅱ 피부색소와 사후피부의 종류

1. 피부색소

백인종과 밝은 톤의 황인종 피부를 비전문적인 용어로 서술하면, "전체적으로 핑크 톤을 띠는 밀짚 빛깔"이라고 할 수 있다. 모세혈관 내 혈액의 붉은 색에 의해 희미하게 노란 색이 강조된다. 피부색상의 전문적인 평가는 다음과 같은 피부색소를 포함한다.

- 검은 색소(melanin)는 모든 인종에 공통적인 색소이다. 멜라닌 생성으로 머리카락과 피

부에 어두운 색을 만든다. 이 색소로부터 만들어지는 피부색은 검정에서부터 갈색, 검갈색이다.

- 카로틴(carotene)은 피부의 노란 색소이다. 이 색은 지방조직의 색과 유사하고 프로비타민A와 같은 말이다
- 혈색소(hemoglobin), 산화 혈색소(oxyhemoglobin)는 표피층에 위치한 모세혈관에 존재함으로써 피부색에 영향을 주는 동맥과 정맥 내의 산화 혹은 산화되지 않은 붉은 피다.

피부내의 멜라닌 색소의 양은 개인마다 다르다. 흰 피부는 멜라닌 색소의 양이 매우 적다. 주근깨는 이 색소가 고르지 않게 분포됨으로써 나타나는 결과이다. 멜라닌은 사람이 햇빛에 지속적으로 노출되지 않으면 사라지는 특징이 있다. 살이 검게 타는 것은 태양의 자외선으로부터 심부의 조직을 보호하기 위해 색소세포들이 증가하게 되는 생리학적인 과정이다. 검은 안면색조는 이 색소가 풍부하게 있는 상태이다.

반면에 알비니즘이나 부분적 알비니즘은 멜라닌 색소가 완전히 혹은 거의 없어져서 나타나는 결과이다. 어떤 사람은 멜라닌이 완전히 없는 부분적인 반점(백반)이 피부에 나타나기도 하고 나이가 많이 들면 색소침착이 증가되어 작은 점들이 많이 나타날 수도 있다. 일반적으로 기미라고 부르는데 이는 주로 손이나 전완부에 많이 나타난다.

안면에 나타나는 카로틴 색소의 양은 건강상태, 영양상태, 나이에 따라 다르다. 이 색소의 양은 다양할 수 있지만, 절대적이지는 않다. 나이가 많이 들면, 피부는 더욱 반투명해지고, 노란색은 더욱 풍부해진다.

[표 6-1] 피부색소의 분류

인종에 따른 안면색의 분류	안색용어 그룹 분류
불그스름한(Reddish)	밝은(Light)
노르스름한(Yellowish)	중간(Medium)
갈색의(Brownish)	어두운(Dark)
	더 어두운(Darker)

헤모글로빈 색소는 피부의 색에 영향을 준다. 혈액에 산소 공급이 잘 되었을 경우 피부는 더 분홍색을 띠고, 산소 공급이 부족한 경우는 피부를 푸르스름하게 보이게 된다. 혈색은 사람마다 약간씩 다른데, 절대로 선명한 붉은 색은 아니다. 피부의 특성에 따라, 푸르죽죽하게 보일수도 있고 검붉게 보일수도 있고 누렇게 보일수도 있다. 핑크빛 안면에서는 약간 푸르죽

죽하게 보일 수 있다. 누런 안면에서는 약간 오렌지 빛으로 보일 수 있다. 매우 피부가 흰 사람에서, 붉은색은 매우 창백하게 보일 수 있다. 매우 혈색이 좋은 사람에서는 보랏빛으로 보일 수 있다. 푸르거나 보랏빛을 띠기 때문에, 백열등이나 난색의 조명에 비춰지게 되면, 이러한 색들이 원래의 색대로 표현되기는 어렵다.

안색을 좌우하는 그 밖의 요인

나이 – 나이가 들수록 피부는 더 활기가 없게 되며 더 칙칙하게 된다.

기후 – 햇빛의 많음 혹은 부족이 피부의 멜라닌 분포를 변하게 한다.

건강(육체의 상태) – 피부색의 불그스름의 정도는 표면의 모세혈관에서 혈액의 양에 의해 영향을 미친다.

유전적 특징 – 우리의 피부색은 우리가 태어나면서 가진 유전인자에 의해 결정되어진다.

2. 사후피부의 종류

1) 피부 변색

사후변화의 하나로 사망 후 피부는 혈액 양과 점도에 따라 옅은 빨강에서 검은색까지 다양한 변색이 일어난다(시반, 사후 20분 후부터 시작). 용혈에 의해 나중 사후 염색이 일어날 수 있다(사후 6시간 후부터 시작). 그 외 약물과 화학요법 약제에 의한 변색, 특정 질병에 의해 사전에 변색될 수도 있다.

- 황달로 인한 노란색에서 초록색으로의 변색(Yellow to greenish)
- 에디슨 병의 청동색(Bronze)
- 분해로 인한 초록색 변색(Green)
- 동맥의 유동체 주입에 의해 야기된 회색 변색(Gray)
- 자주색 – 사후의 얼룩, 타박상, 병원의 흔적
- 노란갈색 – 탈수

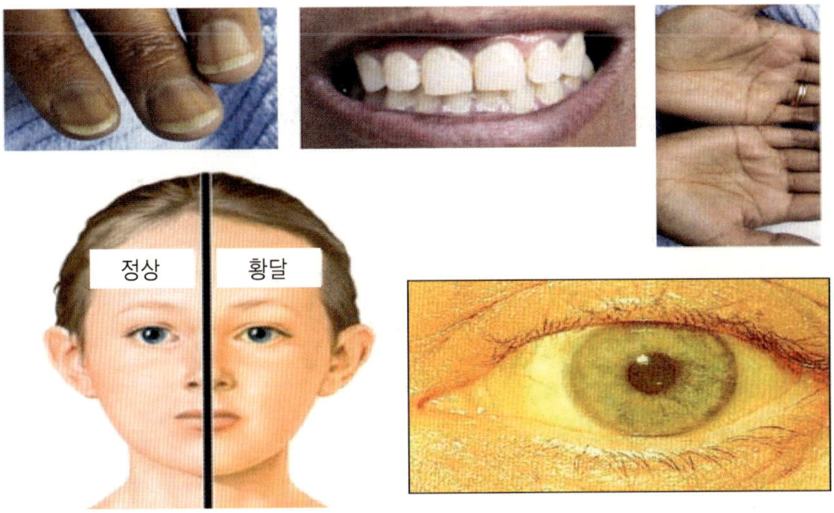

[그림 6-2] 피부 변색

2) 손상되지 않은 변색 피부(Unbroken but Discoloration Skin)

피부가 다양한 병리학적, 외상적 원인에 의해 손상되지는 않았지만 변색을 띠고 있을 수 있다. 이러한 원인으로는 알레르기 반응, 염증, 외상과 종양 등이 있다. 일반적으로 변색은 해당 조직에 혈류가 증가하거나 부종이 있어서 발생한다. 만약 이 부위가 보이는 곳(얼굴, 목 또는 손)이라면, 강한 동맥용액을 사용하여 부종이 더 이상 진행되는 것을 막아주거나 또는 표면 압박대를 이용하여 이 부위의 표백작용과 조직이 팽창되는 것을 감소시킬 수 있다. 페놀 액은 피부 밑으로 주입하여 보존, 표백 및 부종을 줄이는데 사용할 수도 있다.

3) 인설 피부(Scaling Skin, 각질화된 피부)

홍역(measles)과 수두(Chickenpox)와 같은 발진성 질병은 피부에 작은 피진(eruption)을 일으킨다. 건조된 피부와 광범위한 약제투약에 의해 얼굴과 손의 피부에 광범위한 인설이 발생할 수 있다. 어떤 것은 햇볕에 탔을 때처럼 피부가 벗겨지기도 한다. 가능한 한 벗겨진 피부를 모두 제거해야 한다. 이것은 이러한 부위에 화장을 잘 먹게 하는데 꼭 필요한 처치이다. 종종 면도기를 가지고 이러한 피부를 면도하기도 한다. 용매제를 발라주고, 문지르면서 최대한 너덜너덜한 피부를 제거해 준다. 이러한 부위에 마사지 크림을 발라준 후 용매제로 제거시킨다. 이것은 피부 조직편을 제거하는데 유용하게 이용된다.

벗겨지고 인설화된 모든 피부는 감염적 또는 전염적 상태라고 가정하고 처치해야 한다. 어떠한 작업을 하기 전 이러한 부위는 전체적으로 소독시켜야 한다.

4) 손상된 피부(Broken Skin)

손상된 피부의 세 가지 유형은 표피박탈(찰과상, abrasion), 수포(blisters), 피부의 손실(skin-skip)이다.

표피박탈은 단순히 피부가 벗겨져 있는 것을 말한다. 피부가 벗겨져 공기에 노출되고 건조되게 되면 갈색으로 변하게 된다. 표피가 박탈된 곳은 건조시켜주어야 하는데 화장품의 적용, 왁스 적용 또는 표면 풀 처치를 위해 필요하다.

수포(blisters)는 수분이 많이 함유한 표피가 볼록 올라와 있는 상태이다. 수포가 얼굴 부위에 있고 상태가 양호하다면 잠시 동안 얼굴에 보존젤을 발라준 후 화장품으로 처치해줄 수 있다. 수포는 2도 화상의 특징이다. 대부분 2도 화상의 처치법은 수포를 열어 물을 빼내는 것이다. 얼굴에 수포가 생긴 시신의 처치 시, 우선 날카로운 면도날로 너덜너덜한 피부조직을 제거한다. 이후 헤어드라이어로 건조시키거나 페놀을 사용하여 열려있는 수포들을 건조시키고 소독시켜 준다.

5) 박피(표피탈락, Desquamation, Skin-Slip)

박피란 피부의 맨 위층(외피)이 밑에 있는 진피로부터 분리되는 것을 말하며 부패의 징후이다. 모든 너덜너덜한 조직은 작은칼(scalpel)을 이용하여 벗겨낸다. 표피탈락에 의해 노출된 부위는 다음과 같은 방법이 권장된다.

- 국소적 소독을 시행하라.
- 수포가 존재한다면 열어서 배액시킨다.
- 모든 너덜너덜한 조직을 제거한다.
- 강처리액 또는 페놀액을 묻힌 표면 압박대를 탈락된 피부부위에 대어주거나 부검젤을 발라준다.
- 더 이상의 누수가 발생하지 않는다면 헤어드라이어로 건조시켜준다.

만약 표피탈락이 눈꺼풀 또는 안구와 근접한 지역에서 발생했다면, 솜을 이용하여 눈을 닫아준다. 강처리액 몇 방울을 솜에 떨어뜨려 눈 안에 넣어주고 풀로 눈꺼풀을 붙여준다. 피부가 잘 건조되었다면 화장품을 적용시킨다.

6) 욕창(decubitus lesions)

욕창은 지속적으로 압박받는 부위에 혈액이 충분하게 공급되지 못하여 발생된다. 욕창은 매우 크며 대부분 엉덩이, 발뒤꿈치, 무릎 부위에서 잘 보인다. 또한 이러한 곳에는 세균감염이 쉽다. 피부 손상이 있을 뿐 아니라 포도상구균의 감염에 의한 냄새가 날 수 있다. 피부손상부위의 처치 시, 항상 적당한 보호구를 이용하여 피부가 찢어지지 않도록 한다. 이러한 욕창 부위의 일반적 치료방법은 다음과 같다.

- 표면을 소독한다.
- 표면 시신위생처리 효과를 높이고 악취를 줄이기 위해 일시적으로 팩(pack)을 대어준다.
  - 부검젤을 욕창부위에 발라줄 수 있다.
  - 페놀액을 묻힌 압박대를 욕창부위에 대어준다. 욕창부위가 시신의 옆구리에 존재한다면 붕대로 감아줄 수도 있다.
- 비닐 의복(스타킹, 바지 등)을 입혀준다. 만약 엉덩이 부위에 플라스틱 의복을 입힐 수 없다면 커다란 기저귀를 입혀준다.
- 악취를 없애기 위해 비닐 의복 안에 파우더를 뿌려준다.

III 사전손질

얼굴과 손의 미용 처리 시, 고인의 사진은 매우 귀중한 자료가 된다. 시신분장사는 사진 속 얼굴 특징의 분석을 통해 얼굴선과 자연스런 특징을 강조하기 위해 색조 화장품을 어떻게 적용해야 할지 쉽게 알 수 있다. 만약 얼굴과 손의 피부를 전체적으로 화장품으로 가려야 할 경우, 불투명 화장품을 바른 후 나타나는 전체적으로 불분명한 피부 표면을 자연스런 선과 음영을 가진 얼굴과 손으로 정확하게 복원하기 위해 시신의 사진이 꼭 필요하다. 가족이 골라준 고인의 최근 두 세장의 사진을 통해 생전의 얼굴과 사후 고인의 얼굴 변화를 확실히 비교해 볼 수 있다. 사진을 이용할 경우, 사용하려고 하는 사진의 촬영 날짜를 고려하여 오래된 사진은 피하는 것이 좋다. 나이가 들어감에 따라, 얼굴 윤곽이 점차적으로 변하는 것(노화과정)은 일정 기간 동안 간격을 두고 찍은 사진 몇 장을 보면 쉽게 알 수 있다. 최근 사진은 남녀의 헤어스타일을 이해하는 데도 중요한 정보를 제공해준다. 사진을 확대 분석하면 맨눈으로 보이지 않는 특징적인 선, 주름살의 자세한 모양, 타고난 음영 등을 쉽게 확인할 수 있다. 사전 손질을 잘하는 것은 예술적인 화장에 있어 필수적이다. 장례식장에서 시신을 내보일 시에는 그 시신에 맞는 가장 좋은 모양새를 연출해내는 것이 필요하다. 너무 미화되어서도 꾀죄죄해 보여서도 안된다.

1. 씻기(Cleansing)

시신은 살균성 비누로 씻겨야 한다. 입과 눈도 씻겨야 하고 오염되어서는 안된다. 이후에는 상업용 샴푸나 살균성 액체 비누로 머리를 감겨준다. 부드러운 머리카락 빗은 먼지, 비듬, 혈액을 제거하는데 도움을 준다.

피로 엉킨 머리카락은 물에 녹이는 시신용 화학품으로 일정 시간동안 적셔준다. 만약, 이렇게 해서도 제대로 처리가 되지 않으면, 소량의 붕사(borax)를 물에 첨가하여 부드러운 헤어브러시로 몇 번 헹구어 내준다.

타월, 헤어드라이어, 가열된 빗으로 머리를 말릴 수 있다. 되도록 크고 성긴 빗으로 머리를 빗어야 한다. 빗을 때는 머리카락이 잡아당겨지지 않도록 가급적 끝에서 시작하는 것이 좋다. 소량의 머리카락이 떨어져나가는 것 정도는 감수해야 한다(조발을 수행하는 어떤 화장사들은 머리가 건조되고 난후에 롤러, 핀컬, 헤어스프레이를 사용하기도 한다.).

2. 크림 바르기(Creaming)

씻는 작업이 끝난 후에는 얼굴과 손에 마사지 크림이나 화장 오일을 바른다. 복원작업이 필요한 상황으로 인해 더욱 두껍게 발라야 할 필요가 있을 때는 석유 젤리(petroleum jelly)를 사용하기도 한다.

1) 마사지 크림, 용도

표준 마사지 크림은 흰색의 연화제(emollient; 피부를 부드럽게 하는 것)이다. 주로 지방성 알코올, 왁스, 기름, 글리세린의 혼합물로 만들어진다. 라놀린(Lanolin)은 많은 시신용 마사지 크림에 사용되는 바람직한 원료이다.

(1) 일반적인 용도

마사지 크림(또는 화장 오일)은 오일에 크림형 화장품이 녹아있는 것이다. 이렇게 하면, 화장품이 부드럽게 펴질 수 있고, 잘 섞이며, 화장품의 두께를 조절하기도 쉽다.

바르기 전에, 마사지 크림을 손바닥에서 데우도록 한다. 이렇게 하면, 오일이 부드러워지고, 낭비를 최소화할 수 있다. 때때로 조그맣게 화장품이 뭉칠 수가 있는데, 이때에는 손가락으로 피부를 문질러 섞어주어야 한다. 머리카락을 더럽히지 않도록 머리카락 경계선 부위에서는 조심스럽게 접근해야 한다.

(2) 화장 제거

모든 화장품(휘발성 페인트를 제외하고는)은 마사지 크림으로 제거할 수 있다. 적정량의 마사지 크림을 가하고, 그것을 이미 바른 화장에 혼합시킴으로써 화장을 엷게 만들 수 있다.

(3) 마사지 크림의 잔재를 용제로 제거하기

액체형 시신용 용제와 드라이클리닝 약품 이외에, 벤진(benzine), 나프타(naphtha), 의복 세정용 화학품, 상업용 용제들이 마사지 크림의 잔재 제거에 사용될 수 있다.

(4) 마사지 크림을 사용하면 안 되는 상황들

다음과 같은 상황이 우세할 시에는 마사지 크림을 바르면 안된다.

- 손바닥 위에서 화장품을 미리 섞거나, 데울 때. 오일형의 화장품이 발린 상태에서 후에 연속적으로 마사지 크림을 바르는 것은 중복화장이 되어 후에 파우더가 뭉치게 될 것이다.
- 머리카락이나 왁스를 바를 부위. 시멘트나 왁스는 건조한 표면에만 잘 붙는다.
- 액체형 화장품을 바를 예정일 때. 액체형 불투명 화장품은 건조한 표면에 발라지지 않으면, 제대로 흡착되지 않는다.
- 마사지 크림이 크림형 화장품과 혼합되는 일은 거의 없다. 만약 브러시로 화장해야 하는 곳에서 크림형 화장품이 너무 딱딱해서 브러시를 사용할 수가 없다면, 그것을 연화시키기 위해 소량의 마사지 크림이 사용될 수는 있다.

3. 여드름(blackheads)

작은 여드름은 어떤 상황에서나 노출되어 터질 수가 있다. 하지만 큰 여드름은 시신위생처리 작업 후나 메이크업을 하는 순간에 가장 잘 터진다. 만약 큰 구멍이 생겼다면, 구멍은 왁스로 막을 필요가 있다. 색깔만 검을 경우에는 제거하도록 한다.

4. 시신의 머리카락을 컬러린스로 물들이기

시신의 머리카락 색을 바꾸거나 원래의 생생하고 윤기 있는 머리카락을 만들기 위해 컬러린스를 사용하는 것은 장례지도사의 재량에 달려있다. 컬러린스는 간단하게 머리색을 바꾸는데 효과적이다. 린스를 머리에 바르기 전에 여러 번 희석시켜야 한다. 제조업체의 명시 사항을 준수해야 하는데 예를 들어 어떤 제품에는 샴푸를 하기 전에 바르라고 명시되어 있다. 좀더 영구적인 머리카락 착색제는 두발색을 좀더 짙게 만들 때 사용된다. 이 제품은 희석해서 사용하지 않고 장갑 착용 후 발라야 하며 샴푸하지 않은 머리카락에 바로 적용해야 한다. 명시되어 있는 만큼의 시간이 지나고 나서 머리카락에 샴푸를 하고 헹구어 말려준다.

5. 면도하기

남성 시신을 면도할 때 면도날에 의한 손상을 막기 위해서는 안전 면도날이나 전기면도날을 사용하는 것이 좋다. 안전 면도날로 면도 시 털이 나있는 방향으로 면도를 하다보면 문제가 발생한다. 전기면도날로 털이 자라는 반대방향으로 면도를 하는 것이 가장 효과적이다. 면도 후, 남은 까끌까끌한 털(stubble) 중 긴 것은 날카로운 가위(sharp scissor)나 이발용 가위(barber clipper)로 제거한다(만약 stubble이 시신위생처리 작업 전에 발견되지 않아 제거되지 못했다면, 시신위생처리 작업 후에 즉시 제거해야 한다.).

여성이나 아이들에서도 윗입술과 뺨 가장자리 쪽의 위부위에 솜털이 나 있으면 면도를 해줄 필요가 있다. 얼굴의 넓은 부위에 솜털을 가지고 있는 아기들도 있다. 만약 크림형 화장품을 바를 생각이라면 털을 제거하는 것이 좋다. 크림을 바르면 털은 납작하게 들러붙고, 파우더에도 들러붙게 될 것이다. 하지만 투명 염료와 스프레이 용액 같은 몇몇 화장품은 이러한 문제를 야기시키지 않는다.

6. 얼굴의 털 손질하기

별다른 지시사항이 없는 이상 귀 쪽의 털은 제거하는 것이 좋다. 이때는 주로 전기 면도날을 사용한다. 그 외에도 작은 가위(혹은 피부용 가위(cuticle scissor))로 제거할 수도 있다. 귀의 연골 윤곽 쪽의 털은 가위로 제거해야 한다. 경량의 왁스테이프는 보통 얼굴을 찌그러뜨리기는 하지만, 특히 털이 많고, 두껍고, 짙게 났을 때 손쉽게 털 손질을 할 수 있는 것으로 알려져 있다.

코털은 가위로 제거한다. 너무 길고, 거칠고, 헝클어진 눈썹 같은 경우도 가위로 제거한다. 눈썹 사이의 털 또한 제거해야 한다. 숱이 많은 눈썹은 가족들과 상의한 후에 손질하도록 한다.

7. 구레나룻과 관자놀이 다듬기

귀 위쪽의 구레나룻과 관자놀이 부분은 필요하다면 얇게 손질하도록 하고, 귀 위의 머리카락 경계선의 모양은 잘 가다듬어주어야 한다. 가위로 그 부위의 머리카락을 얇게 정돈할 때는 살을 베지 않도록 하기 위해 빗으로 머리카락 한 움큼을 머리로부터 들어 올리고 잘라준다. 더 잘라야 할 것인가를 보기 전에 빗으로 다시 빗어준다. 점점, 그 부위의 털이 가늘어져 뾰족해진다. 양쪽 귀 위의 만곡부위를 손질할 때는 양쪽을 번갈아 가면서 해야 하는데, 이렇게 해야 아치가 너무 올라가는 것을 막을 수 있다. 앞부분의 모발손질은 거의 필요하지 않다. 만약 손질이 필요하다면, 빗으로 머리카락을 들어 올리고 그 끝의 일부분을 가위로 자른다. 너무 크게 가위질을 하다보면 살을 도려낼 수도 있다.

8. 콧수염 다듬기

콧수염의 아래 자유경계면은 다듬어야 된다. 그리고 손질 시에는 전체 점막이 노출되도록 가위로 끝부분에서부터 중간으로 자른다. 겉 부위의 털이 너무 짧아지는 것을 막기 위해 자유경계면 전체부위의 털은 입에 수직으로 자르도록 한다. 제멋대로 자란 콧수염은 니코틴 착색하고 새로이 색을 입혀야 한다.

면도날 모양 콧수염의 위 가장자리는 양쪽이 각각 일직선을 이룬다. 만약 그 위에 미처 제거 되지 못한 털뿌리가 있다면, 면도칼로 처리하도록 한다. 어떤 사람에서는 콧수염의 두 반쪽간의 '역 Y형' 공간이 더 벌어져 있기도 하다. 만약 위경계부위에 털이 나있지 않고 듬성듬성한 부분이 있다면, 이때에는 눈썹 그리는 연필로 점을 찍거나 연필의 뾰족한 끝으로 짧게 수직으로 사선을 그어 그 자리를 메울 수 있다.

9. 외모잡기

1) 입

[그림 6-3]에서 보는 바와 같이 입의 넓이, 윤곽, 길이는 다양하다. 이러한 입에서 입술의 형태는 윗입술이 아랫입술보다 얇으며 더 길다. 입술 선은 입술의 두께를 결정하는데 도움을 준다. 아랫입술 점막은 일반적으로 윗입술 점막보다 두껍다.

[그림 6-3] 다양한 형태의 입모양

(1) 입 모양잡기

- 포섭 양쪽 끝에 탈지면을 감아서 면봉을 만들고 솜에 소독액을 묻혀서 구강을 감싸고 있는 점막을 완전히 소독한다.

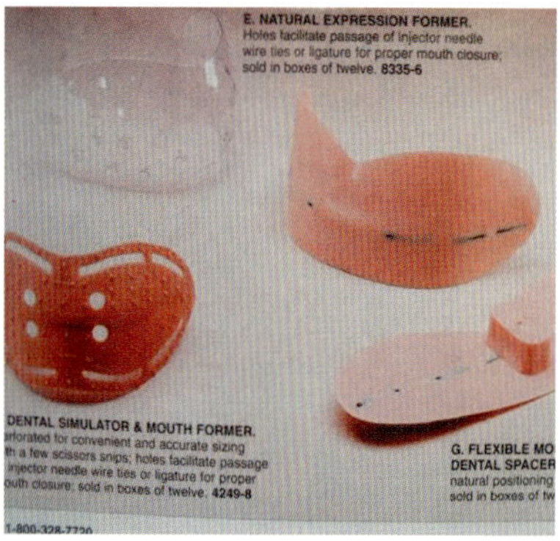

[그림 6-4] 플라스틱 입 교정기

- 의치를 끼울 때 정확한 위치에 고정 플라스틱 입 교정기로 대체해 주어도 된다.
- 이상적인 입 형태는 위, 아랫입술이 꽉 눌리지 않고 가볍게 닿아 있는 정도
- 코 입술 주름은 코의 양옆 부분에서 입 가장자리까지 연결된 부분으로 주름 모양을 잡으려면 코 입술 주름 선을 따라 볼 조직에 피하 주사를 놓는다.

(2) 인중

- 코 중격에서 시작하여 윗입술 중앙에 수직으로 내려오는 작은 타원형의 홈으로 손가락으로 원하는 형태를 만들어 주고 적당량의 회반죽 혼합물 주입하면 쉽게 교정할 수 있으며, 접착 유지 크림을 바른 탈지면 조각을 사용 할 수 있다.

2) 코

- 콧구멍 속을 면봉으로 훑어내고 콧망울 주위를 살균 스프레이로 문질러준다.
- 코털을 다듬어 정리하고 습윤제를 묻힌 면 거즈로 코 형태 자연스럽게 만든다.
- 화장하기 전에 면 거즈 제거하고 주입기로 회반죽 혼합을 넣어 형태를 바로 잡는다(모양 유지, 기도 막아 위나 폐의 내용물 넘어 오는 것 막음).

3) 눈

고인의 눈을 감겨서 잠을 자는 모습처럼 보이는 게 중요하다.

- 눈을 감기기 위해 눈 라인을 설정할 때 윗 눈꺼풀이 감긴 눈의 2/3을 형성하고 아래눈꺼풀이 감긴 눈의 1/3을 형성한다는 것을 알아두도록 하자. 즉, 위 눈꺼풀이 아래 눈꺼풀보다 2~3배 크다.
- 눈을 감기면 아래 눈꺼풀 자체는 거의 보이지 않는다. 눈을 감기기 전에 철저히 소독, 세척한다(면봉 처리된 핀셋으로 위, 아래눈꺼풀 닦아줌).
- 안구 캡 안에 소량의 접착유지 크림을 바르고 안구 쪽으로 안구 캡을 밀어 넣어 준다.
- 속눈썹과 눈썹에 소독 스프레이를 발라 준다(털이 똑바로 펴지고 자연스러운 형태로 배열되도록 도와줌).

4) 귀

- 소독 스프레이로 귀의 바깥 부분을 소독, 세척한다.
- 면봉으로 귓바퀴, 귀 뒤쪽 부위 및 귓불을 깨끗이 닦아준다.
- 귓불을 수정하려면 접착유지 크림을 바른 작은 탈지면 조각을 귓불 뒤쪽에 대어준다.

5) 손 모양 잡기

손은 감정을 표현하는 강력한 매개체이기 때문에 손 모양을 잡는 일에 주의한다.

- 손을 깨끗이 씻기는 것과는 별개로 부드러운 브러시와 비눗기 있는 물로 손톱의 표면과 아래를 구석구석 문질러줄 필요가 있다. 니코틴이 착색된 부위는 레몬주스나 5%의 sodium hypochlorite(세탁용 표백제)로 제거해주면 된다. 약품에 의해 착색된 부위는 그에 맞는 적절한 용제로 제거하도록 한다. 위의 과정이 끝나고 나면 손 표면에 마사지 크림을 발라준다(조직에 완전히 스며들게 함).
- 손톱이 부러져 있고, 그 손톱이 눈에 띄는 경우에는 셀룰로이드로 만든 모형 손톱을 들려진 손톱아래 삽입하고 고정시켜 준다.
- 손톱에 매니큐어나 락커 등을 발라준다.
- 손모양은 손가락이 손바닥 쪽으로 약간 구부러지게 공을 쥐고 있는 듯한 주먹을 만들어 준다.

제 7 장

파트별 시신화장

화장은 색조, 명도, 농도 등 모든 범위를 포함하여 모든 연령층과 남녀에게 적용시킨다.

I 피부색(안면색조)

1. 피부색을 연출해내는 화장 색소(물감)

피부의 색을 재현하기 위해 네 가지 화장색이 필요하다. 네 가지 색의 변화 즉, 하나 혹은 두세 가지, 색이 다 함께 혼합됨으로써 여러 가지 색을 창출해낼 수 있다. 흰색은 피부의 원래의 피부색과 비슷한 화장색(노란색, 붉은색, 갈색)과 섞어서 사용해야 한다. 흰색 화장색소는 (1) 노랑, 빨강, 갈색의 명도를 강조하기 위해서 (2) 표피를 통해 굴절되어 확산된 피부색을 보상하기 위해 필요하다. 짙은 갈색 화장색소는 어두운 안면색을 표현하는데 사용된다. 흰 피부의 흑인종, 몽고족들의 안면화장에서는 중간정도의 갈색이 사용된다. 갈색은 기본 화장품(fundamental compound)의 명도를 낮추고 또한 황색과 적색의 선명도를 '약하게'한다. 피부색이 검은 사람일수록 많은 양의 갈색색소가 사용되며, 많은 양의 적색과 황색이 기본 안면 색소(fundamental complexion colorant) 내에 포함되어야 한다. 얼굴색이 희거나 보통정도인 사람들의 화장에서는 갈색색소가 거의 사용되지 않는다. 그러므로 기본 안면 색소 내에 포함되어 있는 황색과 적색의 양도 매우 소량이다. 얼굴빛이 검은 백인종이나 흑인은 얼굴이 흰 사람들에서 사용되는 기본 안면 색소에 포함되는 적색과 황색색소의 양보다 훨씬 많이 사용된다.

[그림 7-1] 기본 안색 4가지색

1) 기초 색소와 혼합색소

여기서는 피부색을 연출해내는 화장 색조를 4가지 기초 색상으로 분류했다.

(1) 기초 색소(basic pigments)

① 흰색

- 이미 바른 안면 색조의 명암도를 높여줄 때(즉 밝게 할 때)
- 돌출부위를 강조하기 위해(주의: 시신 화장세트에서는 회색빛을 띠는 흰색(off-white)이 사용된다.)

② 황색

- 피부의 누르스름한 부위를 표현할 때
- 나이 든 시신의 피부를 투명하게 보이도록 표현하고 싶을 때
- 장식적 화장(ornamental makeup) 시에, 피부가 흰 여성의 입술에 바를 때, 빨강과 섞어 사용하기도 한다.

③ 빨강

- 단독으로도(파우더와 같이 사용 시에) 안면색조를 낼 수 있다.
- 볼이 불그스름하거나 혈색 좋은 사람의 안면색을 더욱 강조해준다.
- 난색지역을 표현해준다.
- 멀어지는 부위에 약간의 그림자 효과를 줄 수 있다.

④ **갈색**

- 어두운 톤의 피부를 표현할 때
- 패인 부위를 어둡게 표현할 때(특히 안구부위)

(2) 혼합색소(compounds)

혼합색소는 2개 혹은 그 이상, 또는 4가지 기초색상 모두를 섞은 색을 의미한다. 백인과 피부색이 흰 흑인들의 안면색조를 위한 혼합색소 내에서, 흰색이 90~95%를 차지할 것이다. 반면 피부색이 검은 흑인들의 안면색조에 쓰일 색소에서는 혼합물 중 흰색의 비율이 33~50% 밖에 안될 것이다. 백인들에게는 검정-갈색의 안면색조는 거의 쓰이지 않는다. 안면화장에 쓰인 혼합색소에는 2가지 종류가 있다

① 단일성(unitary): 시신의 화장에 쓰이는 거의 모든 안면색조 화장품들은 4가지의 기본색소(흰색, 황색, 적색, 갈색)의 혼합으로 구성되어져 있다. 화장품 생산업자들은 사용자가 일일이 이런 4가지 색소를 섞는 수고를 하지 않도록 여러 가지 종류의 복합 색소 화장품을 제공하고 있다. 이런 화장품을 '단일성 복합화장품(unitary compound)'이라고 한다. 이런 화장품을 적용하지 않는 안면 화장은 거의 드물다. 4가지 기초색소를 모두 섞은 혼합색소는 하나의 단위로서 단독으로 사용된다.

② 조화성(coordinating): 4가지 기초색소 모두의 정확한 비율을 제공하기 위해 2가지 혼합색소가 필요하다. 둘 중 어떤 것도 독립적으로는 안면의 색상을 표현해내기에 알맞지는 않다. 각각의 비율을 조절함으로써, 단일 색상을 얻을 수 있다. 예를 들어 빨간색만 바른다거나, '복숭아 색'이라고 적힌 화장품 또는 갈색이나 황색이 첨가되지 않고 보라색만 들어간 '연자주색(orchid)'라고 적힌 화장품, 갈색이 첨가되지 않은 '붉은-분홍(flesh-pink)'이라는 조화성 복합 화장품이 있다. 조화성 혼합색소(coordinating compound)는 주로 크림형 화장품으로 만들어진다(2개의 단일성 혼합색소를 섞어서 중간색상을 만들어 사용하는 예는 없다).

2) 안면색조 화장품의 색 맞추는 방법과 평가

시신분장사들에게 색을 맞추는 능력은 가장 중요한 요소 중의 하나이다. 색상들 간의 상호관계를 파악하면서 효과적으로 색을 섞고 맞추는 기술과 잘못된 점을 알아차리고 그것을 수정하는 능력은 화장사의 능력을 평가할 수 있는 항목이라 할 수 있다. 직접적으로 색을 맞추는 작업을 하지 않더라도 이미 생산되어 나오는 화장품의 구성이 왜 그렇게 되어 있는가를

알고, 적절한 화장품을 선택할 수 있고, 화장품을 바르는 순서에 대한 규칙을 제대로 안다면 그 화장사는 화장의 목적에 객관적으로 한걸음 더 다가선 것이다.

4가지 기초색소에 관한 내용을 프로젝트 형식으로 실험하고 복합물과 보충색소에 대한 내용을 소개하고자 한다. 실험적인 프로젝트로부터 추론된 결론들은 안면색소에 여러 가지 다양한 보충색소를 섞은 혼합물 뿐만 아니라 미리 준비해 둔 혼합물에도 즉시 적용될 수 있을 것이다. 화장품 타입이 투명이든지 불투명이든지, 액체형이든지 크림형이든지 간에 똑같은 결론이 도출될 것이다. 모든 프로젝트에 있어서 스파츄라(Spaturas)와 마사지 크림, 클렌징 티슈는 기본 준비물이다.

(1) 색상 연속(Color sequence)

한 가지 기초색소에 다른 색소를 섞음으로써(또는 그 과정을 반대로 하면서), 한 가지 색소의 다른 색소에 대한 영향력을 즉시 알아낼 수 있다.

- 마사지 크림을 전완부에 바른 후, 손바닥에 두 가지 기초색소를 검지와 중지를 이용해서 각각 찍어준다. 그리고 각각의 색소를 크고 짙게 원을 그려 발라준다. 처음에는 흰색 원과 갈색 원을 그려보자. 손가락에 묻은 색소는 제거하지 않는다.
- 손가락에 묻어 남아있는 색소의 양이 대강 비슷한지를 눈으로 확인한다. 그리고 나서 손가락에 묻은 흰색을 갈색원에 섞어주고, 다른 손가락에 묻은 갈색은 흰색원에 섞는다. 이제 손가락을 깨끗이 한다.
- 스파츄라로 조심스럽게 각각의 원을 동등한 정도의 구역으로 나누어주는 선을 만든다. 원래 흰색 원이었던 원이 위쪽 반을 원래 갈색 원이었던 원의 위쪽 반 색깔과 같아지도록 갈색을 첨가시킨다. 두 가지 색이 비슷해졌으면, 이번에는 원래 갈색 원이었던 원의 아래쪽 반을 원래 흰색 원이었던 원의 아래쪽 반의 색과 비슷해지도록 흰색을 첨가시킨다. 이 과정이 모두 끝났으면, 손바닥과 전완부의 화장품을 마사지 크림을 사용해 보고 지우고 남은 화장품은 클렌징 티슈를 사용해 닦아낸다.
- 적색과 황색, 갈색과 적색, 그리고 시간이 충분하다면, 흰색과 황색으로 위와 같은 실험을 반복한다.

기초색소를 섞었을 때 나타나는 결과

① 흰색에 미치는 갈색의 영향

갈색을 첨가함으로써 색이 어두워지는 효과는 흰색을 첨가함으로써 색이 밝아지는 효과 보다 훨씬 크다. 너무 어둡게 만들어진 색을 밝게 만드는 데에는 많은 양의 흰색이 사용된다. 이와 같은 사실 때문에 어두운 색을 수정하는 데에는 많은 양의 화장품이 낭비되게 된다.

위와 같은 사실로부터 너무 피부색이 검은 사람을 제외한 일반적인 모든 사람의 안면화장에서 갈색은 매우 소량이 사용되지만, 흰색은 매우 많은 양이 필요로 된다는 사실을 알 수 있다.

② 황색(또는 흰색)에 적색이 미치는 영향

밝은(즉, 명도가 높은) 색은 적색을 섞었을 때 곧 그 색이 사라진다. 그러므로 적색이 많이 섞인 혼합물의 색을 수정하려면 매우 많은 양의 황색(또는 흰색)이 필요하다. 따라서 수정을 위해 많은 양의 화장품이 소비된다.

위와 같은 사실에서 적색이 매우 강렬한 색상이라는 것을 알 수 있다. 시각적으로 볼 때에는 일반적인 안면 색에서 붉은 색은 거의 보이지 않는다. 그러므로 피부가 매우 검은 사람을 제외하고 일반적인 사람의 안면화장에서 사용되는 적색색소의 양은 매우 적다.

③ 적색(또는 황색)에 갈색이 미치는 영향

적색(또는 황색)에 갈색이 섞이게 되면 원래의 색이 거의 묻히게 된다. 짙은 갈색(dark brown)이 중간 갈색(medium brown)보다 이러한 효과가 큰 것은 자명한 사실이다.

위와 같은 사실로부터 매우 검은 피부는 다른 피부보다 적색과 황색의 비율이 많이 섞여 있다는 것을 알 수 있다. 갈색의 기름 재질 조화형 안면화장품을 바른 후에 색을 맞추기 위해서는 적색과 황색의 양을 더 늘려야 한다.

④ 황색이 흰색에 미치는 영향

황색은 명도가 높기 때문에 황색을 과도하게 넣은 혼합물의 색을 흰색으로 수정하는 것은 그리 어렵지 않다. 어떤 제조업자들은 소량의 흰색을 포함한 '황색'을 생산하기도 한다.

위와 같은 사실에서, 백인들의 안면화장품에는 황색이 주요색이 아니므로 매우 적은 황색이 첨가된다는 사실을 알 수 있다. 흑인과 황인종을 위한 화장품에는 황색이 더 높은 비율로 섞여 있다.

기초색소를 혼합하는 과정

4가지 기초색소를 명도가 높은 순서로 정렬해보면 ⓐ 흰색, ⓑ 황색, ⓒ 적색, ⓓ 갈색 순이 된다. 화장사들은 주어진 혼합물 내에 어떤 기초 색소가 섞여있는지를 알고 있어야 한다. '복숭아 색'에는 흰색, 황색, 적색이 섞여 있다. 갈색은 섞여있지 않다. '라즈베리 색'에는 적색과 갈색만 섞여있다. 이러한 사실은 라즈베리 색이 명도가 낮다는 사실로부터 추론해낼 수 있다. '담갈색'은 전체적으로 오렌지(황색과 적색의 혼합)색에 4가지 기초색소를 모두 함유하고 있다.

검은 피부는 밝은 피부보다 더 색을 맞추기가 쉽다고 결론내릴 수 있다. 짙은 안면 색에서는 난색(적색과 황색)을 더 파악해 내기가 쉽고, 명도가 높은 혼합물은 갈색을 소량 첨가함으로써 즉시 명도를 낮출 수가 있다. 반대로, 밝은 피부에서는 난색을 파악해내기가 쉽지 않고, 그러므로 난색의 비율을 맞추거나 균형을 맞추기도 어렵고 갈색을 얼마만큼 첨가해야 할지를 알기도 어렵다. 혼합과정에서의 자그마한 실수로 혼합물이 완전히 망쳐질 수 있다.

여러 색소들을 섞고 혼합하는 과정

기초색소나 혼합색소 또는 투명화장품이나 불투명화장품에 관계없이 화장품을 혼합하고 섞는 모든 과정은 가장 명도가 높은 색으로부터 시작해야 한다. 첫째 손에서 화장품을 섞을 때에는 가장 많은 양이 들어가는 색이 무언지를 고려하고 있어야 하고, 둘째 밝은 색소를 첨가하고 마지막으로 가장 어두운 색을 섞게 된다.

이러한 과정은 색소의 혼합물이 특성상 차감(빼기)의 성질을 가지고 있다는 것을 이해하면 쉽다. 즉, 명도는 두 가지 색상을 섞을수록 낮아진다. 더 많은 수의 색소를 섞을수록 그 혼합물은(색을 구분할 수 없는) 완전한 차감효과에 도달하게 된다.

차감 방법은 색상 조명과 비교될 수 있다. 만약 다른 색상의 조명이 또 다른 색상 조명 앞에 놓여 있다면, 두 가지 모두 색이 함께 통과될 것이고, 전체 빛의 양은 줄어들 것이다. 두 가지 색상 조명 간에 공통된 색이 존재하지 않으면, 통과하는 빛은 없다. 완전한 흡수만이 존재할 뿐이다. 이와 유사하게, 밝은 색에서 어두운 색의 순서로 화장 색소를 섞으면, 색소의 명도가 떨어지게 되고 다른 색으로 변화된다.

(2) 교정 시 색상 조절(Color control when Matching)

다음과 같은 방법으로 손바닥에 네 가지 기초 색소를 옮겨 담는다. 가장 높은 비율을 차지하는 색소를 혼합지역(hypothenar area)에 위치시킨다. 만약 만들고자 하는 혼합물의 명도가 높다면 흰색을 제일 먼저 옮기고, 혼합물의 명도가 낮다면, 황색을 제일 먼저 옮긴다. 남아있는 색소를 각각 손바닥의 다른 구역에 종이처럼 얇게 바른다. 첫째, 둘째, 셋째 손가락 끝에 색소를 위치시킨다. 만약 혼합과 정중에 색소가 모자라다면, 다시 종이처럼 얇게 바르도록 한다. 각각의 용기에 넣기 전에 스파츄라(Spatulas)를 깨끗하게 해야 한다. 전체 색소

덩어리에 적은 양의 색소를 더할 때에는 일련의 법칙을 따라야 한다. 각각의 색소가 얼마나 들어갔는지를 가능한 한 면밀히 평가해야 한다. 손등과 전완부에 있는 색소의 색에 근접해지도록 색을 만들어 내려고 노력해야 한다. 지금은 안면 색소를 만들어내는 것 뿐이므로, 이 시점에서 완벽하게 색상을 맞추는 일은 중요하지 않다. 스파츄라(Spatulas)의 끝으로 소량의 색소를 뜬다. 혼합과정 동안에 스파츄라(Spatulas)의 끝을 닦아낼 필요는 없다. 용기에 스파츄라(Spatulas)를 넣을 때에만 깨끗하게 하면 된다. 엄지손가락 아래의 두터운 부분(thenar eminence)에 혼합한 덩어리를 가져다 놓는다. 종이처럼 얇게 바르는 과정을 제외하고는 위와 똑같은 실험을 반복하도록 하자.

결론적으로 혼합 과정동안에는 처음부터 혼합물에 사용되는 정확한 색소의 양을 한 번에 맞춰 섞기보다 조금씩 맞춰 섞어 주는 것이 좋다. 그렇게 하면, 사용한 색소의 양이 과도하게 필요할 이유가 없으며, 수정할 때 낭비되는 시간을 절약할 수 있다.

예외 없이 모든 색을 맞추는 작업에서 가장 높은 비율을 차지하는 주요색(bulk color)은 준비해야 하는 양을 완전히 충족시킬 만큼 충분해야 한다. 섞어주는 색소들에 의해서는 양만 약간 더 증가될 뿐이다. 완벽한 색깔 맞추기는 매우 정확성이 요구되는 작업이므로, 원래 필요로 하는 양보다 약간 더 많이 준비하는 것이 모자란 듯 준비하는 것보다 더 좋은 방법이다. 화장품의 양이 부족해서 여러 번 섞다 보면, 정확하게 색상을 맞출 수 없기 때문이다. 색을 잘 맞추려고 긴 시간동안 노력하다보면 눈이 매우 피곤해진다.

색소를 용기로부터 꺼내어 주요색(bulk color)에 섞다보면 색소의 양을 잘 조절할 수 없게 된다. 설압자로 퍼 올린 화장품의 양이 얼마나 되는가를 정확하게 알기란 불가능하다. 작고, 국한된 변색지대를 가리기 위해 불투명 화장품을 혼합할 때, 정확한 색소 양의 조절이 필수적이다.

(3) 오류 바로잡기(Correction of Errors)

일부러 손바닥의 혼합물(기초색소)을 잘못 섞는다. 그리고 손등의 색과 같아지도록 수정한다. 손바닥의 혼합물에 적색을 소량 첨가한다. 그리고 다른 색소를 알맞은 비율로 첨가해서 색을 수정한다. 만약 이 작업이 성공적으로 완료되었다면, 다음 작업에 이 혼합물을 다시 쓰도록 한다. 하지만 실패했으면, 즉시 버리고 남은 혼합물로 대체하도록 한다. 결론적으로 혼합물 내에서 모자란 색이나 과도하게 많이 들어간 색을 찾기 위해서는, 처음에 어떤 색소가 사용되었는가를 되짚어 보아야 한다. 난색의 오류를 찾아내려면, 황색이나 적색 또는 두 가지 색소 모두가 얼마나 더 들어가야 하는지 아니면 덜 들어가야 하는지를 평가해야 한다. 종종 색소가 얼마나 덜 들어갔는가, 더 들어갔는가를 평가하기는 쉽지 않다. 명도에 관한 오류를 찾아내려면, 눈을 가늘게 뜨고 집중해서 보아야 한다. 이렇게 하는 것은 혼합물과 원래의 색깔에 어떠한 어둡기와 밝기의 차이가 있는가를 찾아내는데 도움을 준다.

만약 한 기초색소가 약간 더 들어갔다면, 그 색소를 제외한 나머지 모든 색소들을 알맞은 비율로 더 섞어준다. 이 말은 혼합물을 처음 만들 때 넣은 양과 동일하게 섞으란 말은 아니다. 이렇게 보충시키는 색들 역시 과도하게 들어간 색소를 제외하고, 밝은 색부터 어두운색 순서로 섞어야 한다. 반대로 기초색소가 약간 모자라게 들어갔다면, 몇 단계를 거쳐 점진적으로 수정을 해야 하는데 이때 또 다른 오류가 생기지 않도록 주의해야 한다.

만약, 두 가지 색소가 약간 더 들어갔다면, 나머지 기초색소를 알맞은 비율로 조금씩 섞어 균형을 맞추도록 해야 하는데, 이때에도 색소를 컨트롤 하는 일이나 섞는 순서가 중요하다.

만약, 한 기초색소가(특히 적색이나 갈색) 약간 많이 더 들어가게 되었다면 오류가 생긴 그 혼합물을 대량의 가장 밝은 기초색소와 섞도록 한다. 섞는 동안에 모자라는 색소를 약간씩 더 넣어준다. 만약 하나나 그 이상의 기초색소가 너무 많이 더 들어가 버렸으면(특히 적색이나 갈색색소) 혼합물을 버리고 다시 시작하는 것이 현명하다.

(4) 단일 안면색 평가(Evaluation of Unitary complexion)

백인종과 피부색이 밝은 흑인들에게는 베이지색, 짙은 살색 또는 담갈색 등의 단일성 복합화장품을 선택하도록 한다. 우선, 복합 화장품에 들어있는 난색들의 선명도를 비교해 본다. 그러고 나서 흰색 덩어리에 황색을 첨가함으로써 '크림색'이나 '레몬색'을 만들어 본다('레몬색'은 '크림색'보다 좀더 많은 양의 황색을 포함하게 될 것이고, 좀더 어두운 색소로서 사용해야 한다.). 혼합물에 적색을 첨가함으로써 '복숭아색'(누런 오렌지색, 오렌지색, 붉은 오렌지색)으로 바꾸어보자(오렌지색이나 붉은 오렌지색이 좀더 어두운 색으로 사용된다). 적절한 명도로 낮추려면 갈색을 첨가하면 된다. 적절한 색을 맞추려면 기초색소의 비율을 조정해야 한다. 시험적인 가이드라인에서는, 이런 단일성 복합화장품 내에는 90~94%의 흰색이 포함된다.

흑인들을 위한 단일성 복합화장품으로는 니그로 브라운, 이스트 인디언, 집시색 등이 사용된다. 가장 짙은 색의 복합화장품에서는 황색이 흰색 대신 주요한 색이 될 것이고, 그 양은 흰색에 비해 적게 사용하도록 한다. 일단, 각각의 혼합물들에서 어떤 색이 우세한 색인지를 평가한다(황색보다 적색 빛이 더 나는지, 적색보다 황색 빛이 더 나는지). 만약, 갈색을 첨가하고 나서 흰색을 섞어야만 하는 상황이 되면, 약간의 흰색색소를 첨가하도록 한다.

결론적으로 시험적인 가이드라인에서는 황색이 혼합물의 45~60%를 차지하는 주요한 색이라고 되어 있으나 혼합물의 명도에 따라 달라질 수 있다. 백인종과 피부색이 흰 흑인들에게 사용하는 안면화장품에는 적색이 더 많이 포함되는데, 이것은 갈색을 사용하지 않기 때문이다.

단일성 안면 복합화장품(unitary complexion compound)의 목적은 한 개인의 안색을 화장하는데 있어 전체적인 톤을 제공하기 위함이다. 이 화장은 단순히 혈색을 표현하기 위해 적색화장품을 사용하는 것과는 대조된다. 단일성 안면 복합화장품은 (불투명이든 투명화장품이든 모두) 단순히 피부색에 맞추려는 것이 목적이 아니다. 이 화장품을 바르는 데에는 다음과 같은 목적이 있다.

- 시신의 색을 밝게 한다.
- 죽음, 질병, 시신위생처리 작업 등으로 인해 잃은 시신의 색을 되찾아 준다.
- 장례식장 조명의 흡수 효과를 상쇄시킨다.
- 장례식장의 환경에 안면색조를 조화시킨다.

(5) 보충색에 대한 분석(Evaluation of the Supplementary Colors)

안면 화장품(complexion compound)이 화장 색상 결정시 최우선 고려사항이며, 보충색소(supplementary color)들은 두번째 고려사항이다. 보충색소들은 더 강렬한 선명도를 가지고 있으며, 색상의 범위도 넓다. 유성 성분의 시신용 색소는 '그림자를 만드는 색소(shading color'로 규정지을 수 있다. greasepaint는 '선을 그리는 색소(lining colors)'로 규명할 수 있는데 메이크업에서는 매우 소량만 사용되므로 일반적으로 작은 용기 내에 들어있다. 기초색소(basic pigments)는 보충색소의 목록에 포함되어 있다. 회색빛을 띠는 흰색(off-white)색소는 보충색소는 아니지만, 보충색소로서 사용할 수도 있다. 보충색소의 주요한 목적은 이미 화장한 안면의 색을 바꾸는 것이고 다음과 같은 사항들을 가능하게 한다.

- 시신 고유의 개인적인 안면색상을 포착해냄
- 장례식장의 환경에 맞게 조절가능
- 밝고 어둡게 표현함으로써 표정을 바꿈

안면 화장품(단일성과 조화성을 모두 포함해서)의 범위는 보충색소를 첨가시킴으로써 늘어날 수 있다. 조화성 화장품을 사용함으로써 다음과 같은 효과를 얻을 수 있다.

- 모든 단일성 안면 화장품과 같은 효과
- 안면 색을 얼룩덜룩하게 해주는 효과로서 나이 든 시신 피부의 다양한 톤을 표현할 때나 피부가 시신위생처리용 화학물로 인해 표백되어 버렸을 때 종종 이런 효과가 필요하다.
- 이미 바른 안면 색상과 왁스의 색을 쉽게 맞출 수 있다.
- 작은 변색부위를 가리기 위해 바른 불투명 화장품과 이미 바른 안면 색상을 쉽게 맞출 수 있다.

최근에는 보충색소들이 크림형으로만 나온다. 그리고 '유성의 조화형 화장품(oil-base coordinating compounds)' 시신용 키트에만 포함되어 있다.

보충색소를 사용하는 경우

① 황색

- 나이 많은 백인 시신의 안면 색을 전체적으로 창백하게 보이게 한다.
- 흑인종과 황인종 시신의 경우에는 안면 화장품에 황색의 양을 증가시켜야 한다.
- 장식적인 화장으로서 난색지대에 적색 색소를 바른 경우 이것을 수정할 때

② 적색(red)

- 전체적으로 불그스름한 안면 색을 만들 때
- 난색 조명에 의한 흡수 효과를 막으려면 안면 화장품 내에 적색을 증가시켜야 한다.
- 보통의 피부색을 지닌 시신에서 장식적 화장으로서 난색지대를 표현하고자 할 때
- 움푹 들어간 표면에 최소한의 그림자효과를 만들고자 할 때

③ 검정(black)

- 검은 피부의 시신에 deep flesh-pink와 dark-brown으로 완성해 놓은 피부 색조를 더 어둡게 표현할 때(검정색 단독으로는 사용해서는 안된다.)

④ blue-gray(중간 정도의 명도 약 6정도)

- 나이 든 시신의 입술에 바른 적색 기초색소를 흐릿하게(완화시키기) 하기 위해
- 왁스나 불투명 화장품으로 인해 모호하게 표현되어진 남성 시신의 면도 부위를 더 짙게 표현하고자 할 때

⑤ Off-white

- 안면 색상의 명도 레벨을 높이고 싶을 때

• 얼굴의 돌출부위를 밝게 표현하고자 할 때

⑥ medium-brown and Dark-brown

• 안면 색상을 더 어둡게 표현하고, 색의 선명도를 낮추고 싶을 때
• 그림자 부위를 나타내고자 할 때
• 어떤 종류의 조명에도 무난한 아이섀도 용도로 사용하고자 할 때
• 짙은 입술 색을 표현하고자 할 때 적색 기초색소와 섞어서 사용할 수 있다.
• 왁스나 불투명 화장품으로 반점이나 주근깨가 흐릿하게 되었을 때

장식적 목적으로 보충색소를 사용하는 경우

① 녹색(green) 약 6정도의 명도

• 머리카락색이 붉은 여성 시신에서 장식적 메이크업으로 아이섀도를 바를 때(하지만 난색 조명 아래에서는 사용하지 않도록 한다)
• 나이 많은 시신의 경우, 투명한 효과를 내기 위해 이미 가한 화장 위에 첨가할 수 있다.
• 너무 붉게 표현된 부위에 칠했을 때 따뜻해 보이는 갈색색상을 얻을 수 있다.

② 보라색(Purple) 약 6정도의 명도

• 피부색이 중간 정도인 시신에서 장식적 메이크업으로 아이섀도를 바르고자 할 때(하지만 난색 조명 아래에서는 사용하지 않도록 한다)
• 유아의 눈꺼풀에 연하게 바를 수 있다
• 나이 든 시신의 입술에 적색과 혼합하여 사용할 수 있다.
• 장식적 화장목적으로 루주를 칠할 때 적색색소와 섞어 purple-red 색상을 만들어 바를 수 있다.
• 왁스나 불투명 화장품으로 인해 흐릿해진 보라색의 반점부위를 다시 표현하고자 할 때

③ 파랑(blue) 약 7정도의 명도

• 피부색이 흰 시신에서 장식적 메이크업 목적으로 아이섀도를 바르고자 할 때(난색 조명 아래에서는 사용하지 않도록 한다)
• 황색과 섞어 녹색을 만든 다음, 염색 염료를 동맥을 통해 주입하여 얼굴색이 너무 붉게 표현된 시신에 아주 투명하게 바를 수 있다.

Ⅱ 하이라이트와 섀도

안색 화장(complexion color)을 하고 나서는 얼굴에서 밝게 표현해야 할 부분과 어둡게 표현해야 할 부분에 대해 고려하는 것이 중요하다. 하이라이트는 이미 시행된 안색의 색조보다 더 밝게 칠해져야 할 부분이다. 섀도는 이미 시행된 안색의 색조보다 더 어둡게 칠해져야 할 부분이다. 하이라이트와 섀도 사이의 급격한 대비는 피해야 한다. 점진적으로 자연스러운 경계가 이루어지게 하기 위해서 손가락으로 가볍게 두드리기 혹은 브러시로 점화하는 방법을 사용한다.

모양 수정은 남자보다 여자들에게 훨씬 많이 사용되어진다. 얼굴모양의 강조 혹은 강조하지 않음을 하이라이트와 섀도를 적절히 사용하여 교정하는 것이다. 시신의 얼굴을 오른쪽으로 눕혔을 때 광선의 최대량이 반사된다. 그 범위는 이웃면보다 더 환하고 밝게 나타난다. 이것이 하이라이트다. 하이라이트는 안색 색소보다 훨씬 하얀 색소를 포함하는 색소에 의해 인공적이게 창조(혹은 강조)할 수 있다.

조명의 직사광선을 받지 않는 최소 범위, 이 부위는 다른 부위보다 어둡게 나타난다. 이것이 섀도다. 섀도는 안색 색소보다 갈색색소를 많이 포함한 색소에 의해 인공적이게 창조할 수 있다. 사람들은 위로부터 조명아래를 정상적으로 관찰한다. 하이라이트와 섀도는 다양한 각도에서 얼굴의 자연스러운 두드러짐, 낮게 자리한 움푹한 곳, 함몰 그리고 표면에 낮게 반사될 수 있는 다양한 각도를 나타낸다.

[그림 7-2] 하이라이트와 섀도에 의한 확장과 축소효과

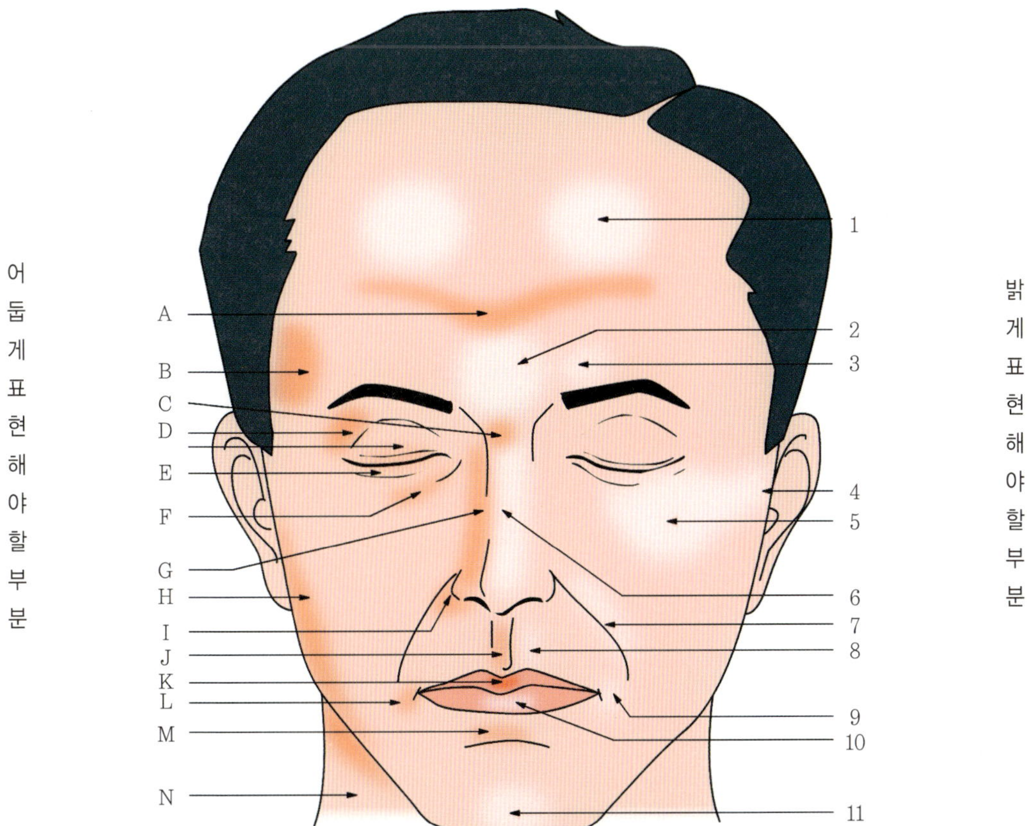

[그림 7-3] 자연적인 밝은 표현과 어둡게 표현해야 할 부분

평균 하이라이트와 섀도 범위(Normal Highlight and Shadow Areas)

하이라이트(highlight): 얼굴의 두드러진 부분이 하이라이트 부분이다.

1. 이마융기(Frontal Eminences)
2. 미간과 눈 위의 아치(Glabella & Superciliary Arches)
3. 눈썹아치(Superciliary Arches)
4. 광대뼈아치(Zygomatic Arches)
5. 광대뼈(Zygomatic Bones)
6. 콧등(Nasal Dorsum)
7. 코 옆주름(Nasolabial Folds)
8. 윗입술 위 피부의 중심면(Central Plane of the Superior Integumentary Lip)
9. 입술끝융기(Angulus Oris Eminence)

10 아래쪽의 입술(Inferior Mucous Membrane)

11. 턱의 융기(Mental Eminence)

섀도(Shadow)

A. 이마융기 고저사이(Between the upper and lower forehead eminences)

B. 관자놀이(Temples)

C. 코뿌리(Root of the Nose)

D. 안와(Orbits)

E. 위 눈꺼풀(Superior Palpebra)

F. 아래 눈꺼풀(Inferior Palpebra)

G. 경사진 눈꺼풀의 흠(Oblique Palpebral Sulcus)

H. 코의 옆면(Lateral walls of the nose)

I. 빰 옆면(Lateral Cheeks)

J. 비구(Nasal Sulcus)

K. 인중(Philtrum)

L. 위쪽의 입술(Superior Mucous Membrane)

M. 구각 홈(Angulus Oris Sulcus)

N. 아래 입술 아래 피부의 중심면(Central Plane of the Inferior Integumentary Lip)

O. 턱 밑(Submandibular Area)

고인을 비추는 조명이 자연광과 유사할 경우 자연스러운 하이라이트와 섀도가 나타난다. 그리고 투명한 화장을 하면 피부색과 얼굴의 인상이 자연스러워 보인다. 인위적 조명하에서는 하이라이트와 섀도 효과가 감소된다. 그러므로 화장품의 사용으로 음영의 효과를 인위적으로 주어야 한다.

1. 얼굴형에 따른 수정법

1) 타원형

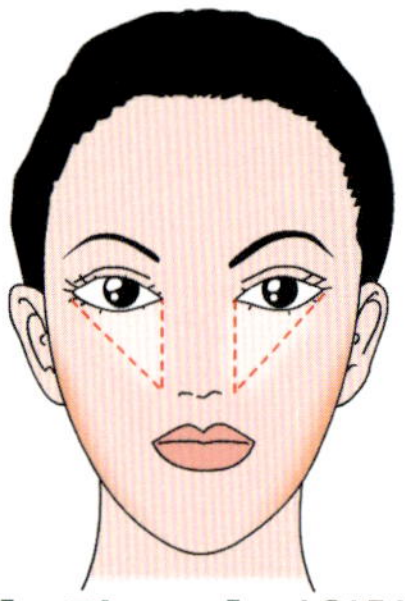

[그림 7-4] 타원형

균형 잡힌 얼굴이지만 약간의 입체감을 주기 위해서는 이마와 코에 하이라이트, 코의 섀도와 얼굴의 외곽에 섀도 컬러를 발라주면 입체감이 생긴다.

2) 둥근형

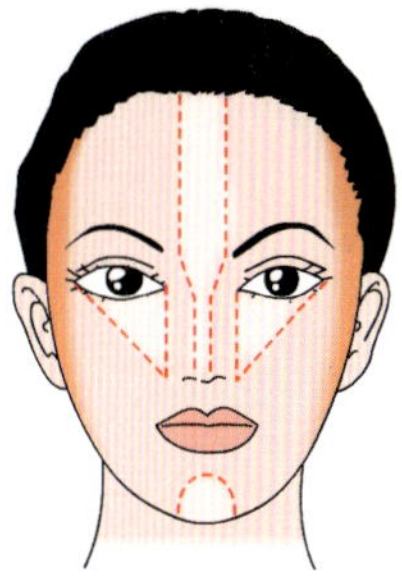
[그림 7-5] 둥근형

얼굴이 좀 짧은 편이며 뺨에 둥근 맛이 있는 얼굴이고, 한국인의 일반적인 얼굴형이다. 젊은 사람이나 얼굴에 살집이 있는 타입이다. 수정화장법으로는 측면 뺨들과 이중 턱은 어둡게 한다. 하이라이트는 아미와 코에 길게 넣어준다. 만약 턱이 매우 좁으면 턱의 가운데 부분을 밝게 한다.

3) 사각형

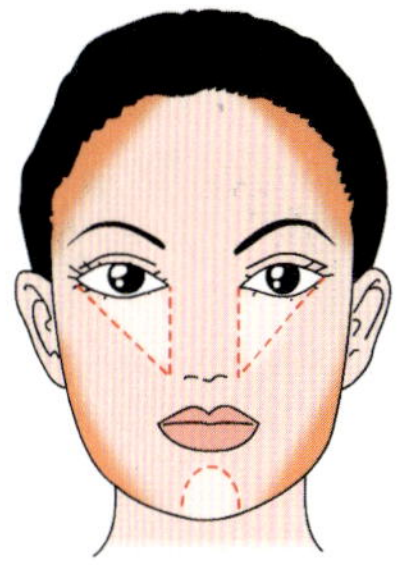
[그림 7-6] 사각형

얼굴의 폭과 얼굴의 길이가 거의 같은 정도이고, 얼굴 아래쪽이 나온 타입의 얼굴이다. 둥근 얼굴과의 차이점은 얼굴 밑이 뚜렷하게 옆으로 나와서 안정감이 있어 보이는 타입이다. 생김새 수정은 귓불에서 턱까지 섀도 컬러를 넣고 이마와 코에 하이라이트 컬러를 넣는다. 각진 부분 이마 양쪽을 어둡게 한다. 섀도는 턱의 바로 밑에 적용하면 안된다.

4) 긴 얼굴형

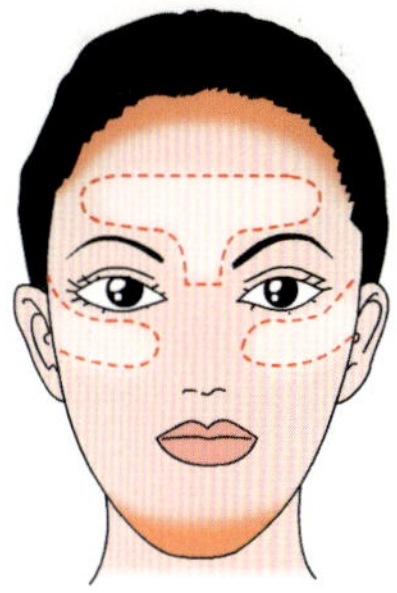
[그림 7-7] 긴 얼굴형

길고 좁은 얼굴형은 높고 두드러진 이마, 조금 네모나거나 각진 아래턱 윤곽 그리고 넓거나 좁은 턱으로 나타날 것이다. 생김새 수정은 아래턱 윤곽 부분, 턱 그리고 얼굴이 짧아보이게 이마의 위부분에 섀도 컬러를 적용한다.

5) 역삼각형

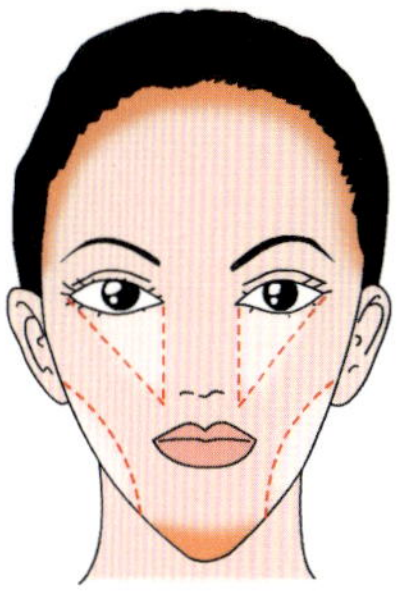
[그림 7-8] 역삼각형

이마가 넓고 턱이 좁은 얼굴형으로 얼굴의 폭 자체는 넓지만 하반부나 뺨에서 턱에 걸친 선이 홀쭉하고 가냘픈 얼굴형이다. 생김새 수정은 좁은 이마를 만들기 위해 관자놀이에 섀도 컬러를 적용한다. 이마가 좁아서 턱이 넓어 보이면 측면 뺨들은 턱에서 귓불까지 하이라이트 컬러를 적용한다.

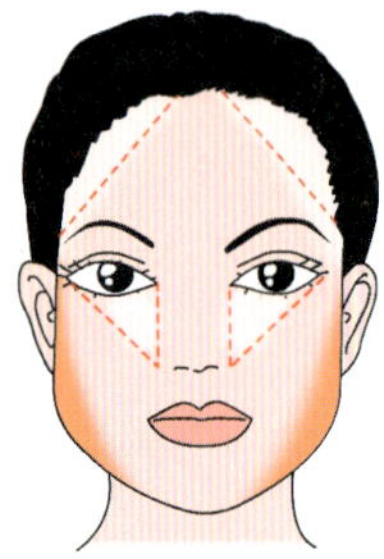

[그림 7-9] 삼각형

6) 삼각형

이마의 폭보다 턱의 폭이 굉장히 넓고 올라갈수록 이마는 좁아진다. 넓은 아래턱 윤곽은 각지고 뾰족하거나 둥글다. 뺨은 크고 통통하거나 중간이 볼록하게 나타난다. 턱은 넓고 이중 턱이 나타난다. 생김새 수정은 측면 뺨 들은 섀도 컬러를 적용한다. 관자놀이는 하이라이트 컬러를 적용하여 이마를 넓어 보이게 한다. 이중 턱은 섀도 컬러를 적용해서 덜 강조하도록 한다.

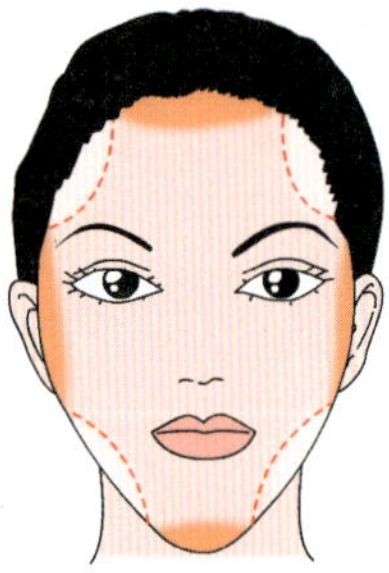

[그림 7-10] 마름모형

7) 마름모형

다이아몬드 머리모양은 광대뼈의 폭이 크고 동시에 위로 올라감에 따라 이마는 좁고 아래턱윤곽이 좁다. 턱은 좁고 뾰족한 경향이 있다. 생김새 수정은 측면의 뺨들과 관자놀이는 섀도 컬러를 적용하여 광대뼈의 두드러짐을 최소화한다. 턱의 표면을 밝게 해서 넓어 보이게 한다. 만약 그렇지 않으면 턱의 아래쪽 가장자리를 어둡게 해서 세로로 높이를 축소한다.

2. 코 형태에 따른 수정법

코의 음영을 주는 것은 코를 높여 보이려는데 그 기본 목적이 있다. 밝은 색 계열에 어두운 색을 두면 더 밝아 보이고 어두운 색을 더욱 더 어둡게 보이려는 명도대비를 이용하여 코 화

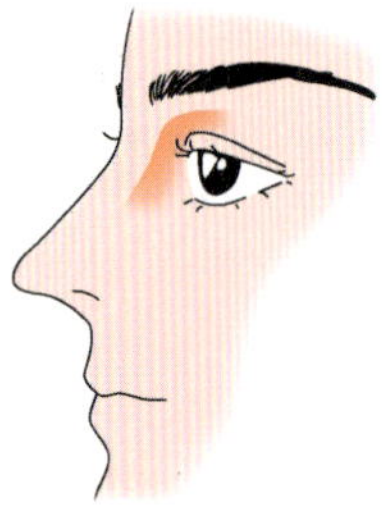

[그림 7-11] 코의 측면 음영점검

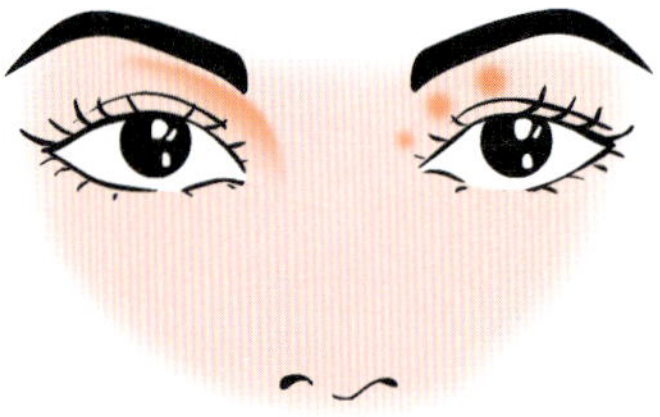

[그림 7-12] 코의 음영표현

장술에 응용한다.

1) 긴 코

코 길이가 너무 길면 얼굴 길이가 길게 보일 수 있으므로 짧게 보이도록 수정해야 한다. 연한 갈색 섀도를 양쪽 콧벽을 따라 짧게 홀 라인과 연결하여 적용한다.

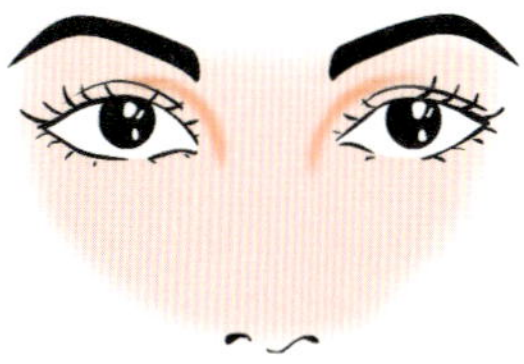

[그림 7-13] 긴 코

2) 짧은 코

코 길이가 짧은 코를 길어보이게 하는 방법은 중간 톤의 섀도를 코 길이의 2/3되는 지점까지 길게 적용한다.

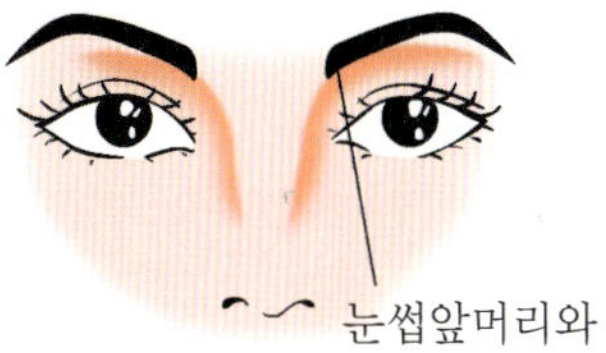

[그림 7-14] 짧은 코

3) 퍼진 콧망울

크고 넓은 코는 측면 벽과 날개에 중간 톤의 갈색 섀도를 적용하여 어둡게 한다.

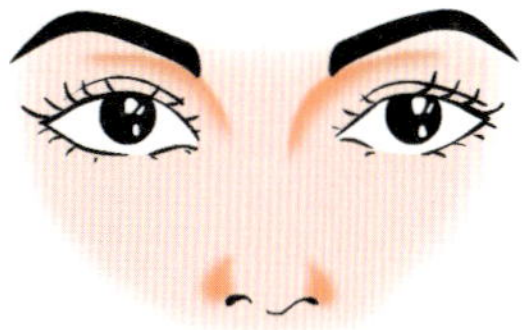

[그림 7-15] 퍼진 콧망울

4) 한쪽으로 치우쳐진 코

코의 중심선에서 안쪽으로 치우쳐진 콧벽 부분과 중심선에서 바깥쪽으로 치우쳐진 콧망울에 섀도 컬러를 적용한다.

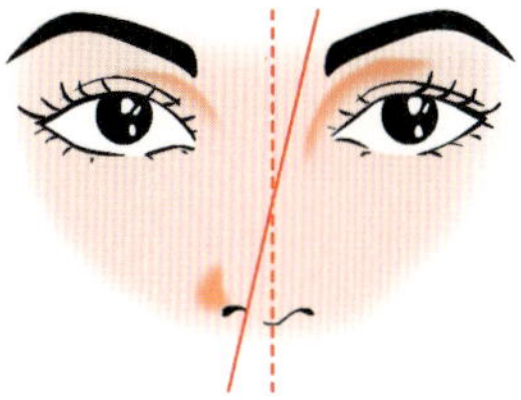

[그림 7-16] 한쪽으로 치우쳐진 코

5) 콧방울이 긴 형태의 코

콧벽을 따라서 섀도를 넣고 콧방울에 중간 톤의 갈색 섀도를 양쪽에 바르고 콧방울 가운데는 하이라이트를 넣는다.

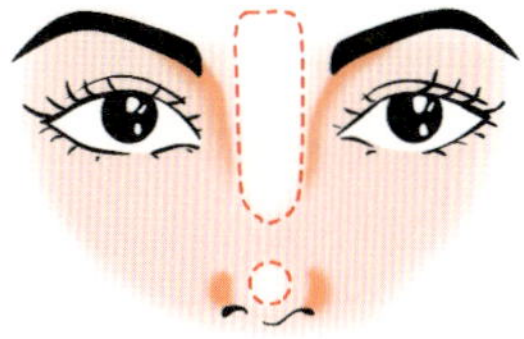

[그림 7-17] 콧방울이 긴 형태의 코

6) 코끝이 긴 형태의 코

콧벽을 따라서 섀도를 넣고 코끝에 따라 중간톤의 갈색 섀도를 끝에 바른다.

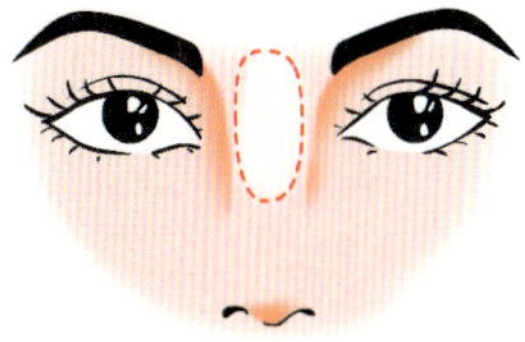

[그림 7-18] 코끝이 긴 형태의 코

3. 움푹 꺼진 곳 수정(Nasolabial Folds)

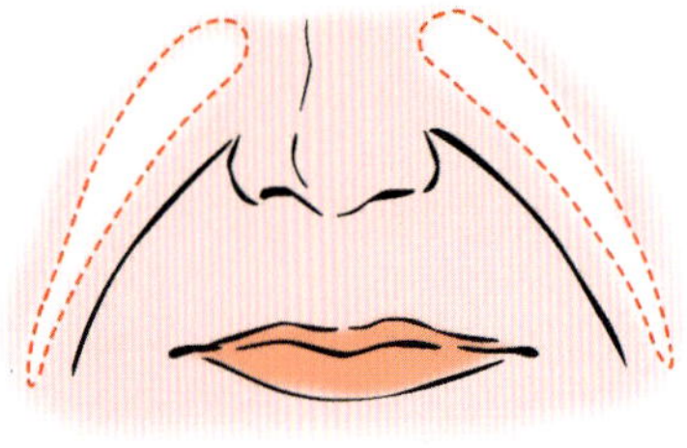

[그림 7-19] 움푹 꺼진 곳 수정

두드러진 광대뼈는 보는 이의 초점이 집중된다. 나이가 듦에 따라 움푹 패인 곳(비순주름)이 두드러지게 나타나는데, 나이가 들면 직립자세일 때 근육이 느슨해져 피부가 처져 보인다. 시신일 경우 누워있기 때문에 근육이 좌우로 이동되어 비교적 젊어 보인다. 움푹 패인 곳의 가장자리는 코 날개의 가장자리 위쪽으로 시작해서 비스듬히 내려간 입 꼬리 부분에서 불명확하게 끝낸다. 수정화장법은 비순고랑을 따라 섀도 컬러를 적용한고 하이라이트 컬러 적용은 비순주름을 따라 좁게 적용한다.

4. 뺨 함몰 수정 화장법

자연스러운 음영은 뺨에서 오목함을 만들어 준다. 수척해서 뺨이 움푹 들어간 것과는 구별해하며 수척한 사람들은 뺨이 '움푹 들어간' 경향이 나타난다. 지방층 소실로 인한 경우에는 회복기술학적 처치가 필요하다. 뺨 함몰의 경우 두 가지의 경우가 있다. 그러나 두 타입이 동시에 생기지 않는다. 첫번째, 뺨의 함몰부가 광대뼈의 가장자리 뒤에 숨어서 비스듬히 내려가며 턱 방향을 가리키는 형태이다(그림 7-20). 두번째, 광대뼈의 앞 가장자리에 숨어서 비스듬히 내려가며 턱의 각 방향을 가리키며 대략 입의 끝선에 같은 지점에서 불명확하게 끝낸다(그림7-21). 오목한 부분의 길이의 수정화장법은 매우 작은 양의 밝은 안색을 사용하여 부채꼴 모양으로 적용한다(그림 7-22). 광대뼈로부터 루주는 관자놀이를 향해 조금만 적용하도록 하고 얼굴의 아래쪽 부분은 적용하지 않는다. 광대뼈부분의 난색적용은 관자놀이를 향해 그리고 바깥 뺨 아래쪽으로 조금 희미해져야 한다.

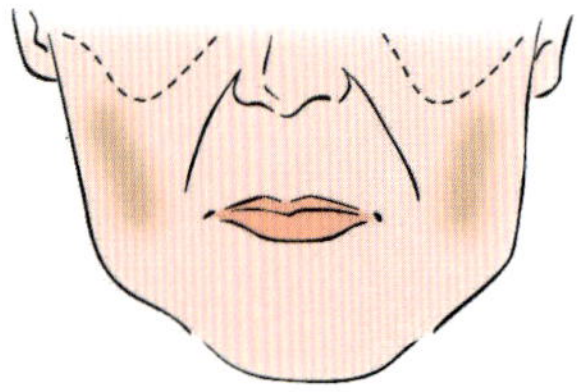

[그림 7-20] 뺨 함몰 1

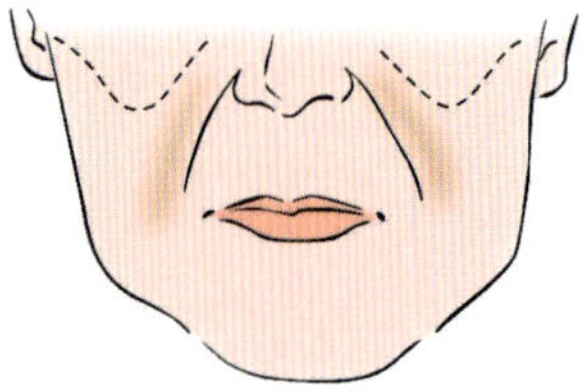

[그림 7-21] 뺨 함몰 2

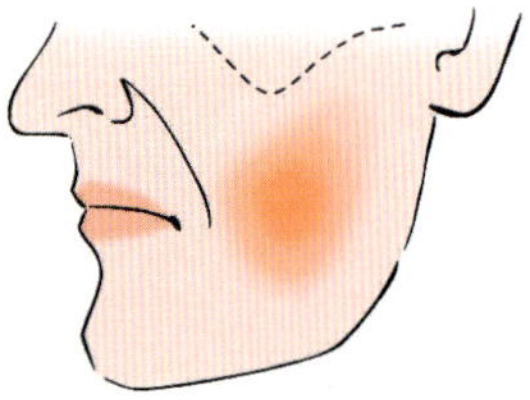

[그림 7-22] 뺨 함몰 3

III 난색 부위의 브러시 혹은 루징 (warm color areas blush or rouging)

1. 난색 부위

1) 얼굴의 난색 부위

난색이란 살아 있을 때 얼굴에서 색의 강도가 높게 나타나는 부분의 비율을 뜻한다. 즉 살아있는 동안 자연스럽고 불그스레한 피부표면의 범위로 정의된다. 안색 화장이 어느 정도 완성되었다고 판단되면 얼굴에 난색을 표현해준다. 얼굴의 여섯 가지 주요 구조물에는 아홉 군데의 난색 부위가 있다 난색 분포의 적용에는 자연스러운 혈색 또는 불그스레한 얼굴색 톤을 흉내 내거나 외부활동 또는 취미가 있는 사람의 썬탠한 피부 톤을 표현하는 것이 포함된다. 시신분장사는 처리를 시작하기 전에 얼굴색 특징을 완전히 파악해 놓아야 한다.

얼굴과 손의 난색 부위 붉은 피부 톤을 만들기 위해서는 표면 화장품이 반드시 필요하다. 살아있을 때의 표피의 불그스레한 색은 모세혈관으로 지나가는 혈액(헤모글로빈)이 표피의 반투명한 부분을 통해 보이는 것으로 사후에는 이러한 혈색의 소실로 창백하게 보이게 된다. 따라서 살아있을 때의 생생함을 표현하려면 표면 화장품의 필요성이 절실히 요구된다.

얼굴의 난색 분포를 분석하는 과정에서, 우리는 얼굴의 난색의 분포가 일정하다는 사실을 알게 된다. 즉 거의 모든 사람들이 일정 부위에 난색을 가지고 있다는 것이다. 따라서 시각적인 효과를 창조하기 위해 특별히 필요한 경우(얼굴이 넓게 보이게 하거나 작게 보이게 하는 것이 유리한 경우)가 아니라면, 얼굴 난색을 다르게 적용할 필요가 없다. 잠자는 듯한 효과를 만들어내기 위해서 얼굴 중앙과 난색을 띤 볼 부위가 두드러지도록 해주는 것이 좋다. 일반적으로 여성은 난색 부위—특히 볼 부분—에 색조를 강하게 한다. 이것은 일반적 자연스러운 모습과는 거리가 멀지만, 성인으로 살아가는 동안 인공적인 볼 색(cheek color)—화장을 한—에 익숙해져 있기 때문에 이렇게 하는 것이 오히려 친숙한 개인적인 특징을 잘 나타내게 할 수 있다.

유족에게 물어보면 일반적으로 고인이 좋아했던 얼굴용 화장품 종류와 색채 농도를 알 수 있다. 난색 분포의 적용 시, 자연스러운 혈색 또는 불그스레한 얼굴색 톤의 분포를 표현하거나, 외부 활동 또는 취미가 있는 사람의 짙게 선탠(suntan)된 피부 톤을 표현하는 것이 포함된다. 시신위생처리사 또는 전문 미용사는 처리를 시작하기 전에 각 개인의 얼굴색 특징을

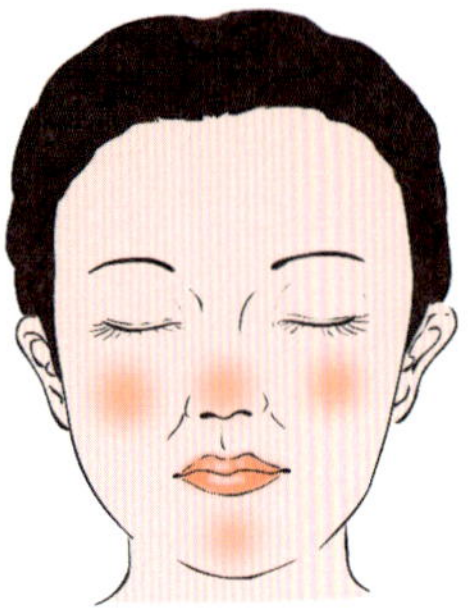

[그림 7-23] 난색부위

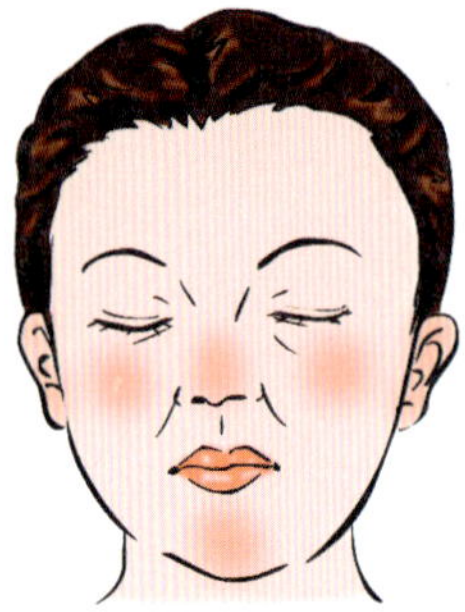

[그림 7-24] 난색부위

자연스러운 화장(Natural) 난색지역(Warm color areas)	장식적인(Ornamental) 난색지역(Warm color areas)
1. 점막	1. 점막
2. 귀와 코(동등한 정도로)	2. 뺨
3. 뺨	3. 귀
4. 턱	4. 턱
5. 남성의 이마	5. 코

완전히 파악해 놓아야 한다. 황달에 의한 변색, 질병에 의한 또는 비정상적 피부 상태 및 화장을 통한 복구 처리가 필요한 경우에는 두꺼운 불투명 화장품을 사용할 것을 권장한다. 불투명 베이스 컬러 사용 시, 얼굴에 난색을 표현해야 할 부위에 좀더 생기 있고 좀더 진한 붉은 색을 사용하라고 권고하는 이유는 이런 색의 밝기가 기본적인 안면 착색제와 섞일 때 다소 완화되기 때문이다. 얼굴의 화장을 성공적으로 마치기 위해서는 난색을 두 번 적용하는 것이 필수적이다. 각각의 난색 부위와 주변 조직이 점차적으로 섞이게 만들어 화장품 사용으로 인한 경계선이 눈에 띄지 않도록 해준다. 정확히 혼합되었을 때의 색은 단순한 살색보다는 가라앉은 분홍빛의 부드러운 빛으로 보이게 된다. 이러한 효과는 제한된 양만큼 난색을 사용하고, 주변 조직으로 완전히 펴주어 소멸 점에 이르러 완전히 사라지도록 섞어주어야 제대로 나타낼 수 있다.

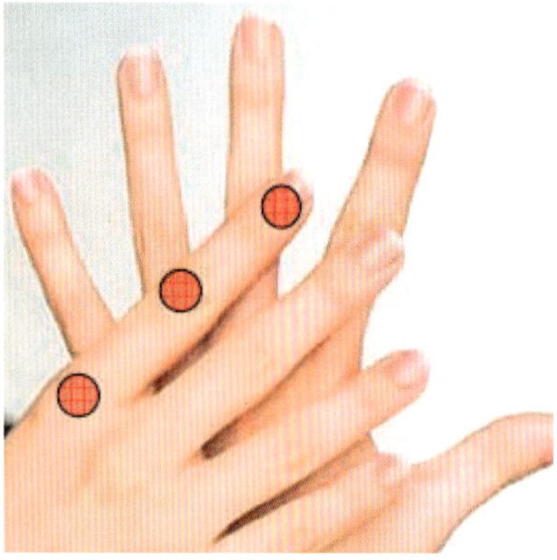

[그림 7-25] 손의 난색부위

2) 손의 난색 부위

손의 난색 부위는 손가락 관절, 손톱 그리고 손톱주위의 엷은 피부이다. 손에서 관절마디 부위마다 희미한 붉은 색으로 칠해주도록 한다. 장식적인 적색을 써도 되고 안면 색을 내는데 쓰이는 적색을 써도 좋다. 첫번째와 두번째 관절과 마디 사이의 패인 부위에는 화장을 하지 않는다. 손톱 주위의 손가락 끝에도 난색을 적용 하자는 의견이 있다. 손톱 또한 물들인다. 너무 광택이 나는 것을 피하기 위해 붉은색 용액을 사용할 수도 있으며, 투명 혹은 불투명 손톱 락커를 사용해 장식적인 효과를 줄 수도 있다.

2. 브러시(blush) 혹은 루징(rouging)

루주 적용과 색 선택은 시신화장에서 두 가지 중요한 단계를 구성한다. 일반적으로 같은 루주(장식적인 화장을 위한 혹은 자연스러운 화장을 위한 안색-빨강인지)를 난색 범위(입술 부위 제외)에 사용한다. 다른 난색 범위에서 적용받아진 것을 입술에 더 선명하게 적용한다. 용어 '루주'는 얼굴 그리고 손의 난색 범위에 사용되어진다. 용어 '입술-루주'는 오직 입술 색을 다양하게 하기 위해 적용한다. 작은 브러시는 반드시 입술에 색칠하는데 사용한다. 루주는 여러 가지 목표를 달성하기 위해 적용한다.

시신의 혈색을 회복시킨다.
혈색을 좋게 혹은 불그스름함을 위해 안색에서 빨강을 증가시킨다.
조명 혹은 관 안의 색깔과 조화시키기 위해 안색에서 빨강을 증가시킨다.
얼굴 그리고 손의 난색부분을 회복시킨다.
뺨 그리고 입술 모양을 수정한다.

루주의 유형은 각각 액체, 크림 혹은 파우더로 분류할 수 있다. 크림유형은 액체 혹은 파우더 루주보다 색상의 다양성 때문에 대중적이다.

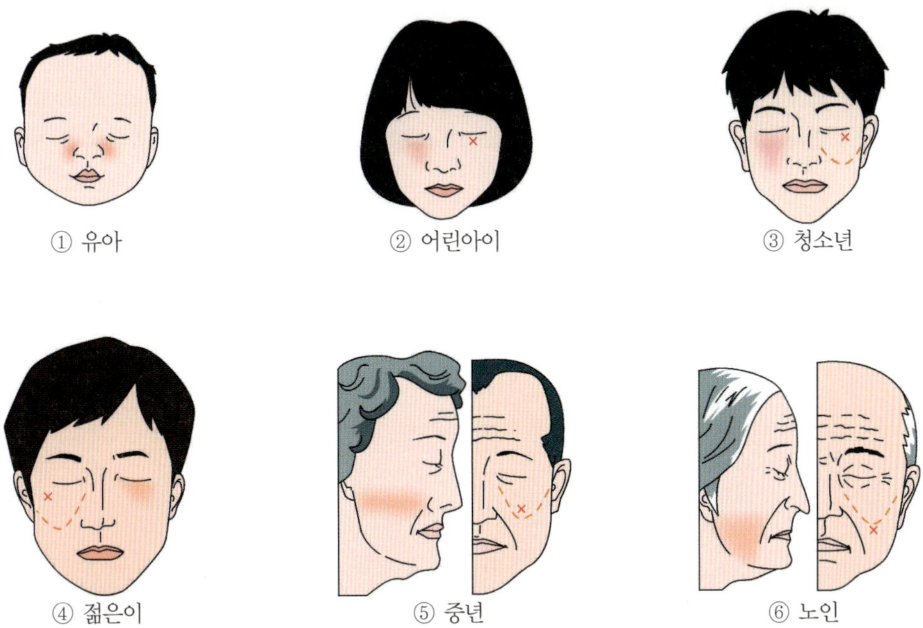

[그림 7-26] 나이에 따른 자연스러운 뺨의 난색범위

Typical Color Names

Youthful Tinting

Adult Tinting

Old Age Tinting

1) 뺨 루주 적용

(1) 자연스런 뺨 루주 적용

사람의 얼굴 중 뺨에서 매우 선명한 색 즉 홍조가 나타난다. 사망자에게는 이러한 현상이 나타나지 않는다. 사람의 안면 연구에서 모든 연령층의 3/4가 뺨에 불그스름한 것이 결여된 것으로 드러났다. 그럼에도 불구하고 '혈색'을 복구하기 위해 고인의 뺨에 불그스름한 색조를 더하는 것을 선호한다. 난색 조명 아래에서는 빛을 흡수하는 효과 때문에 안색에서 빨강의 증가가 필요하다. 또한, 관 안쪽의 색 그리고 장례 의복에 따라 안색에 쓰이는 빨강의 양의 감소 혹은 증가가 요구된다. 이렇듯 난색은 외부환경의 영향도 고려해야 하는데, 고인의 자연스럽고 최상의 모습을 재현하기 위해 분장사에 의한 인위적인 방법이 필요하다.

2군데의 난색지역을 가진 뺨은 칼라와 색조등급(tonal value)이 조심스럽게 균형을 이루도록 해주어야 하는 곳이다. 그림에서 보는 바와 같이 난색의 위치, 분포, 그리고 광택이 각각의 특정 나이 집단에서 다르게 나타난다.

① 유아의 자연스러운 뺨-루주

유아의 안색은 분홍색이거나 창백하기 때문에 뺨에 빨강을 적용한다. 색은 전체 뺨에 골고루 적용하고, 턱에도 부드럽게 색을 적용해야만 한다. 뺨의 중앙에 가장 두드러져 보이게 적용하고 점차 밖으로 나가면서 고르게 펴서 기본 안색으로 융화시키도록 한다. 만약 유아가 매우 '토실토실' 하고 특히 뺨이 매우 토실토실하다면 빨강을 양 코입술 주름 옆 뺨 위에 조금 증가시켜주도록 한다[그림 7-26 ①].

② 어린이의 자연스러운 뺨-루주

어린이는 주로 얼굴의 앞면 위쪽 부분에 분홍빛을 드러낸다. 볼 위의 난색 분포는 코의 양쪽 날개에서 근접한 부분에서부터 시작한다. 이후, 난색은 각 볼의 중앙으로 전달되고 그 다음 코 입술 주름(nasolabial fold)에서 아래로 가면서 융화되어 사라지게 된다. 붉은 착색제를 매우 균일하게 분포시켜주어야 하고, 코 입술 주름의 가장 위쪽 끝을 넘지 않도록 하면서 코에 가까이 가져가야 한다. 가시적인 경계선을 없애기 위해 칼라를 조심스럽게 패더링

(feathering)해야 한다.

③ 청소년

청소년의 전형적인 난색 분포는 뺨의 높은 곳에서 시작하며 아래 눈꺼풀에 도달하기 전에 사라진다. 중요한 것은 매우 강한 붉은 색상 등급(red color value)은 뺨의 중간 위 부분으로만 국한되고 그 지점 아래로 넘어서는 안된다는 것이다[그림. 7-26 ③]. 난색을 점점 융화시켜 사라지게 만들 때, 코입술 주름의 밑의 부분으로 펴져가면서 되도록 코에 가깝게 가도록 유지시키면서 사라지게 만들어주도록 한다. 모든 색상이 점차적으로 소멸되게 융화시키도록 하고 무엇보다 중요한 것은 얼굴의 양 측면의 색이 서로 대칭되도록 만들어 주어야 한다.

④ 젊은이

빨강의 범위는 광대뼈의 높은 부분에서 보이며 아래눈꺼풀 밑(난색의 가장 높은 경계가 됨)으로 사라진다[그림 7-26 ④]. 만약 안색이 불그스름하거나 혈색이 좋다면 안색 색조는 이 범위에 자동으로 새도한다. 과장된 컬러는 눈의 가장 바깥쪽 구석을 약간 넘어 연장시켜준다. 그것은 삼각형 형태로 아래로 펴져가 얼굴의 양쪽에서 고른 색조의 등급을 만들면서 코입술 주름의 맨 위 부분에서 사라지게 해야 한다. 강한 붉은 색상은 매우 절약해서 사용해야 하는데 과잉칼라를 제거하는 것보다 필요한 곳에서 붉은 색상의 터치를 첨가하는 것이 훨씬 더 효과적이기 때문이다. 가족으로부터 뺨의 불그스름함을 증가시킬 것을 요구받았다면 안색색소의 빨강을 증가시킴으로 해결해준다. 빨강의 진함은 눈 바로 밑에 전체 얼굴 위에 적용해야만 한다. 뺨 루주의 재적용은 불그스름한 안색이 달성되어진 이후에는 만들지 않도록 한다. 바꿔 말하면 안색 색소는 루주 적용보다 더 하이라이트로 적용해야 한다. 그리고 고인 안면은 자연스럽게 융화되어 보이도록 한다.

⑤ 중년

중년사람들의 뺨 위의 빨강 범위는 거의 뺨의 중앙에서 나타난다.[그림 7-26 ⑤] 옅은 빨강의 색조를 적용한다. 난색은 광대뼈 가장자리 아래에만 국한되어져야 하며 점차로 뺨 중간을 바로 넘어서는 지점까지만 연장되어야 한다. 난색의 적용은 귓불(earlobe)에서 연장되는 수평선이 뺨을 가로지르는 지점에서 끝나는 표준의 삼각형 패턴에서 행해진다. 어떠한 난색도 이상의 선 아래로 나타나게 해서는 안된다. 색상의 경계선을 보여주지 않으면서 적절한 수평면에서 끝내기 위해서는 이 선 약간위에서 융화를 시작하는 것이 좋다. 고른 분포와 색상의 균형은 자연스럽게 보이기 위해 얼굴 양쪽 측면에서 이루어져야 한다.

⑥ 노인

노인들에 있어 뺨 위의 빨강 범위는 광대뼈 가장자리 아래의 삼각형 영역으로 국한되어 각 뺨의 움푹 패인 곳(hallow)까지 잘 연장시켜주어야 한다. 삼각형의 끝은 턱뼈의 상연(upper margin)에서 끝내야 한다. 가장 생동감 있는 색은 뺨의 돌출 위보다는 오히려 뺨의 파인 곳에 위치하도록 색을 융화시켜야 한다. 이러한 뺨 색상이 노인에서 볼 수 있는 정상적인 특징이다. 이러한 노인의 색상 패턴이 성인 남자와 여자를 다루는 패턴과 다르다는 것을 고려하여 적용해야 한다. 뺨 루주는 어떤 다른 범위보다 덜 선명해야 하며, 조금 노란-갈색 색조를 가져야 한다. 사람들이 반듯하게 드러누울 때 근육은 아래로 향하는 대신 뒤쪽으로 느슨해진다. 그리고 양 뺨의 앞쪽 부분의 살찐 부분이 감소한다. 이러한 이유로 고인이 더 젊어져보이게 된다. 난색적용은 코 옆주름을 강조하도록 한다. 그리고 코입술 주름 모양을 그리는데 도움을 준다. 가족들이 뺨에서 빨강의 증가를 요구할 경우 색 경계가 생기지 않도록 주의하도록 한다. 손가락 혹은 브러시 점화는 안색 색조가장자리를 융화시키기 위해 도움을 줄 것이다.

뺨의 자연스러운 불그스름함은 젊은이로부터 중년에 그리고 나아가 노년으로 감에 따라 뺨의 색조는 감소되고 난색의 위치는 뺨에서 점점 더 멀어진다.

(2) 장식적인 효과를 위한 뺨 루주적용

장식적인 효과를 위한 뺨의 루주 적용은 모든 연령에게 적용할 수 있다. 미와 교정효과를 겸하고 있어 여성에게 특히 많이 사용된다. 장식적인 효과를 위한 뺨-루주 적용의 범위는 '자연스런' 효과를 위한 뺨 루주 적용과 혼합된 방향이다. 광대뼈에서 얼굴의 옆까지 측면은 장식적인 처리이다. 얼굴의 앞쪽 면은 빨강의 적용을 피해야 한다.

뺨-루주 적용의 목적은 '이상적인 얼굴형'에 가깝게 수정하기 위해서다. 얼굴형과 조화를 이루며 얼굴의 모양을 계란형으로 만들기 위해 강조 혹은 축소를 한다. 빨강 색소는 얼굴 적용에 따라 강조로 사용하기도 하고 혹은 축소하기 위해 shadow에 사용하기도 한다.

얼굴형에 따른 장식적인 뺨 루주 적용법

① 타원형(달걀모양): 이상적인 모양으로 이마가 달걀모양 굴곡인 턱보다 조금 더 넓다. 루주 적용은 광대뼈 측면부터 혼합해야만 한다.(그림 7-27A)

② 둥근형: 둥근 헤어라인 그리고 둥근 아래턱 윤곽과 함께 넓고 매우 굴곡진 모양이다. 루주는 뺨의 바깥 부분에서 관자놀이, 광대뼈를 거쳐 입 꼬리를 향해 적용하도록 한다(그

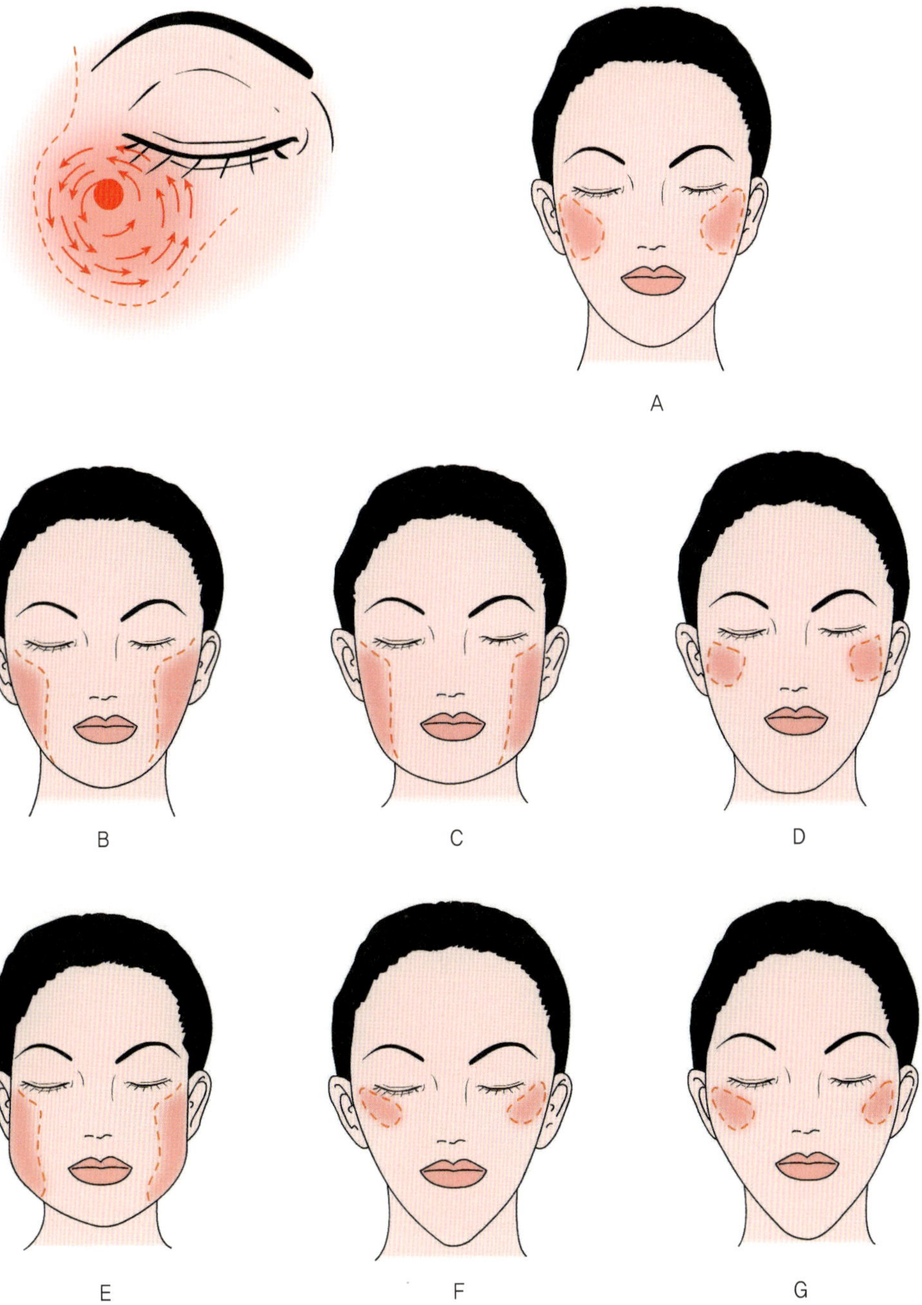

[그림 7-27] 얼굴형에 따른 장식적인 뺨 루주 적용

림 7-27B). 안색과 조화를 이루는 가장 어두운 루주를 사용해야만 한다. 뺨-루주 적용 시 둥근 패턴은 피해야만 한다. 왜냐하면 얼굴의 원형을 강조시키기 때문이다.

③ 사각형: 넓고 사각형모양의 얼굴은 상대적으로 이마에 곧은 헤어라인 그리고 아래턱 윤곽에서 직각도를 가지고 있다. 루주는 길어진 모양에서 광대뼈로부터 귀를 향해 그리고 아래쪽에서 shadow를 창조하기 위해 아래턱 윤곽을 아래로, 얼굴의 측면에 희미하게 적용한다(그림 7-27C). 만약 맨 끝의 넓이와 뺨의 아래쪽 부분에 직각도가 있다면 더 어두운 안색 색조를 옆에 더한다. 그리고 턱의 측면 가장자리로 확장한다. 만약 턱이 너무 넓지 않고 단지 사각모양이면 뼈 위에 더 어두운 색조를 적용함에 의해 각진 부분이 부드러워 보일 수 있다. 루주는 사각 혹은 곧은 방법으로 적용하면 안된다. 이것은 턱을 더 넓게 보이게 만든다. 루주는 귀 위에 최소로 해야만 한다. 루주는 턱 위를 피해 적용하도록 한다.

④ 긴 얼굴형(길고 늘여진): 길고 좁은 얼굴은 높게, 둥근 머리카락선 얼굴과 아래턱 윤곽에서 폭이 부족한 것으로 나타난다. 얼굴에 넓이를 얻을 목적으로 머리카락 스타일과 함께 루주칠보다 훨씬 뛰어날 수 있다. 루주는 광대뼈위의 원형적용을 제한해야만 한다. 그리고 뒤쪽 그리고 짧은 거리를 위해 위쪽 측면을 희미하게 한다. [그림 7-27D]가 요구는 색의 뾰족한 가장자리를 피하기 위해 조심히 혼합하는 것이다. 길어진 루주의 범위는 피해야만 한다, 특히 만약 뺨에 오목한 홈이 있다면 말이다. 오목한 뺨(그리고 관자놀이)은 표면위의 적용된 더 밝은 안색 색조의 적용과 함께 축소되어진다.

⑤ 삼각형: 삼각형의 모양은 좁은 이마 그리고 넓은 아래턱 윤곽 그리고 턱이 나타난다; 아래턱 윤곽은 네모 혹은 둥글다. 뺨-루주는 측면으로 희미해야만 한다. 그리고 광대뼈로부터 위쪽에 그리고 아래턱윤곽너머 아래쪽에 관자놀이로 조금 확장한다(그림 7-27E). 이것은 둥근 혹은 네모난 얼굴 유형위에 사용된 혼합과 유사하다. 만약 얼굴의 아랫부분에서 극단적인 너비가 있다면 더 어두운 안색 색을 아래턱 윤곽에 적용한다.

⑥ 역 삼각형: 역삼각형으로 분류되는 머리모양은 넓은 이마 그리고 좁은 아래턱 윤곽으로 나타난다. 턱은 상대적으로 넓적하고 혹은 좁은 턱의 아래쪽 부분이 네모거나 동그랗다. 루주는 광대뼈로부터 관자놀이를 향해서 위쪽으로 옮김으로서 희미해야만 한다; 얼굴의 아래쪽 부분에서 서로 가늘게 창조된 이래로 그것은 길어진 혹은 아래쪽으로 옮겨져야만 한다.(그림 7-27F)만약 턱이 극심하게 좁다면 더 밝은 안색 색조로 얼굴의 세번째 아래쪽으로 적용한다.

⑦ 다이아몬드: 다이아몬드 모양은 광대뼈를 가로질러 넓고 이마와 아래턱윤곽 둘 다 중간

이 점점 가늘어진다; 아래턱 윤곽은 가늘면서 좁고 뾰족한 턱이다. 루주는 광대뼈로부터 귀를 향해 뒤쪽으로 희미해져야만 한다(그림7-27G).루주는 뺨에서 오목한 곳에 혼합하거나 혹은 위쪽 혹은 아래쪽으로 확장해서는 안된다. 만약 이마 그리고 턱 가까이 아래턱 윤곽이 아주 좁다면, 안색 색조는 이 범위에서 더해서 적용한 것보다 몇 개의 단계로 더 밝아야 한다.

2) 이마(남성)

자연스러운 화장에서 코는 귀보다 선명하다. 만약 안색이 불그스름하거나 혈색이 좋으면 코의 아래쪽 부분은 선명성에서 귀보다 뛰어나다. 장식적인 화장에서 귀는 뺨보다 덜 선명하다.

효과적인 이마 난색적용을 위해서 색은 매우 옅게 적용한다. 각 눈썹위로 약 1/2인치의 넓은 난색 띠를 발라준다. 이곳에서부터 이마를 가로질러 위쪽으로 고르게 난색을 분포시키는데 헤어라인 위까지, 관자놀이 부위의 바깥쪽까지, 양쪽 귀 있는 부위까지 발라준다. 어떠한 경계선도 보이지 않도록 난색을 기본 안색으로 조심스럽게 융화시켜 나아간다.

3) 귀

얼굴부위에 걸쳐 미용화장 색조가 정확하게 배분된 후에는 귀부위에 주위를 기울어야 한다. 얼굴에 사용된 것과 똑같은 색조가 귀부위에도 적용되어야 한다. 난색은 양쪽 귀에 고르게 적용한다. 색상의 농도는 뺨에 적용되는 난색의 중간 정도가 되어야 하며 이는 대략 얼굴 양 측면에 인접해있는 색과 비슷한 등급이다. 나이가 많이 든 노인들에게는 너무 과다하게 색조를 적용시키지 않도록 해야 한다. 색조는 나이가 듦에 따라 감소한다. 귓불 부위를 제외하고는 귀와 얼굴이 맞닿는 부위에는 색조가 적용되어서는 안된다.

4) 턱

턱의 두드러짐을 표현하기 위해서 난색을 적용해야 한다. 작은 빨강의 투명한 점을 난색부위에 적용하고 특정한 결을 내는 브러시와 함께 분명한 색 경계를 제거하기 위해 안색 색조로 융합시킨다.

난색의 작은 터치는 턱의 중심에서 시작하여 점차 원을 그리면서 발라주면 정상적인 부드러운 윤곽을 만들 수 있다. 과도하게 색상을 주는 일을 피하도록 한다.

5) 코

코의 아래쪽 부분이 빨강과 함께 색칠하여야만 한다. 매우 작은 투명한 점은 맨 끝에 두어야 한다. 그리고 둥근 돌출부, 날개 그리고 비중격(columna nasi) 위에 혼합한다. 장식적인 화장에서 코의 아래쪽 부분은 모든 부위에서 가장 옅게 난색이 적용되어져야 한다. 그렇다고 해서 난색을 생략하면 안된다.

콧구멍: 작은 브러시로 양 콧구멍 내에 색을 적용한다. 코의 날개부분, 중격, 코의 양쪽 측면 및 콧날에 난색을 적용시킨다. 난색을 적용할 때는 너무 많이 사용하지 않도록 주의하고 주변 얼굴 조직에 융화되어 색상의 흔적이 아주 최소한으로 남게 한다.

Ⅳ 입술화장

시신분장사는 입술에 화장을 할 때 세 가지 형태의 표면을 모두 잘 다룰 수 있어야 한다. 자연스러운 입술, 변색된 입술 그리고 복원된 혹은 왁스가 발라진 입술이다. 입술점막 부분에 화장품을 사용할 때에는 입술의 자연스러운 모습을 그대로 유지하면서 화장품에 의한 문제가 발생하지 않도록 한다. 입술 화장은 입술용 브러시(좁고 납작한 입술용 브러시)로 해야 한다. 색조는 점차적으로 적용되어야 하며, 입술이 만나는 지점에서 너무 확연한 경계선이 생겨나게 해서는 안된다. 자연스러운 입술 화장품의 적용은 얼굴의 다른 나머지 부분에 사용된 것과 똑같은 난색크림이 사용되어져야 한다. 장식적인 입술화장을 위해 옅은 빨강에서부터 짙은 빨강 외에 다양한 색이 사용되어진다.

유족으로부터 특별히 고농도의 색조사용을 요청받지 않았다면 너무 선명한 입술색조는 피해야 한다. 대부분의 입술 특히 나이 많은 사람의 입술은 입술용 브러시로 수직 획을 그어 화장해야 한다.(입술연지가 입술라인 속으로 들어가도록) 수평 획을 그어 화장하고자 할지라도 적절한 화장을 위해 어떤 부분에서는 수직 획이 필요하다. 몇 가지 유형의 입술 착색 화장품들이 있다. 크림형 입술착색제, 리퀴드 입술착색제, 부드러운 연고, 불투명 리퀴드, 립스틱 등이다.

1. 입술의 기본 세 가지 라인

1) 인커브

입술을 줄여 그리는 테크닉이며 여성스럽고 귀엽고 부드러워 보인다.

2) 스트레이트 커브

립 라인을 직선적으로 표현하는 테크닉이며 강해보이고 딱딱해 보이며, 샤프하고 활동적이며, 이지적이고 세련된 분위기 연출이 가능하다.

3) 아웃커브

입술을 늘려 그리는 테크닉이며 성숙하고 섹시한 분위기를 연출한다. 입을 벌렸을 때 입술의 양 모서리가 연결된 형태로 나타나며, 립글로스를 덧바르면 입술이 더욱 풍만해 보일 수 있다.

[그림 7-28] 입술의 기본 세 가지 라인

2. 입술 표면선의 분장

입술을 그릴 때는 본래의 입술 라인을 기본안색 색조로 제거한다. 입술의 언더 베이스인 립크림을 바른 후 브러시의 끝 가장자리로 입술의 라인을 그린다. 만약 실수로 라인이 틀렸을 경우 손가락으로 표면을 두드려줌으로써 지울 수 있다. 납작한 평붓으로 베이스를 메우고 티슈를 이용해 유분기를 살짝 눌러 준다. 입술은 하나지만, 꼬리가 좌우로 있기 때문에 좌우 대칭과 위, 아래 입술의 비율에 주의해야 한다.

입술 표면이 열병으로 바짝 마르거나 균열이 나타났을 때 왁스를 입술에 발라 주는 것이 좋다. 입술의 왁스칠은 가장 최종적이면서 중요한 단계이다. 이 과정은 왁스 표면에 입술 선을 그려 넣어 입술 선을 이중으로 만들어 주는 것이다. 이 작업은 조심스럽게 가벼운 터치로 그려주는 매우 간단한 일이다. 입술 선을 조사할 때, 선들이 입술 중앙에서 입술 끝으로 가면서 더 밀집되어 있다는 것을 관찰하게 된다. 입술의 붉은 표면 막들에서 보이는 미세한 수직의 선들이 젊은이들에서는 두드러져 보이지 않으나 노인들에는 더 깊고 더 짙게 나타난다.

입술선과 주름들을 그리기 위해, 둥근 브러시 손잡이의 끝을 회전 연필깎이로 뾰족하게 만들어 준다. 매우 가벼운 수직 줄긋기를 사용하여 윗입술 중앙에서 시작하여 바깥쪽으로 가면서 섬세한 선들을 왁스 표면에 새겨 넣어 준다. 왁스 표면에 입술 선을 새겨 넣은 후에 더욱 매끄럽고 자연스런 윤곽을 만들어 내기 위해 선들을 그릴 때 발생한 융기들을 없애주는 것이 필요하다. 이것은 작은 브러시를 장례용 용매제에 담근 후, 오로지 브러시의 무게만을 이용하여 위아래로 발라주어 선들을 매끄럽게 해준다. 이 후 입술 화장품을 사용하기 전에 왁스가 단단해지도록 한다.

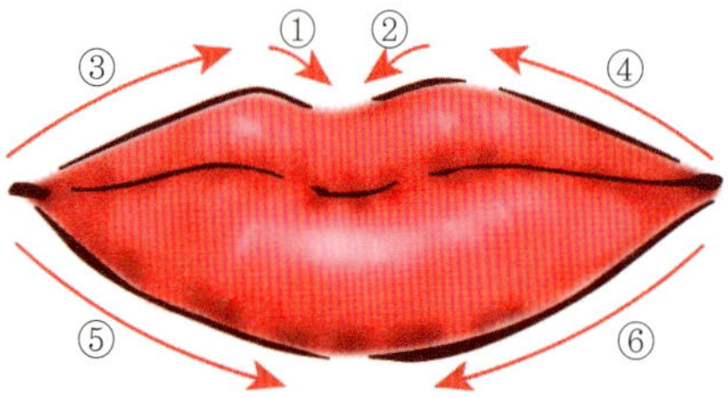

[그림 7-29] 입술 그리는 순서

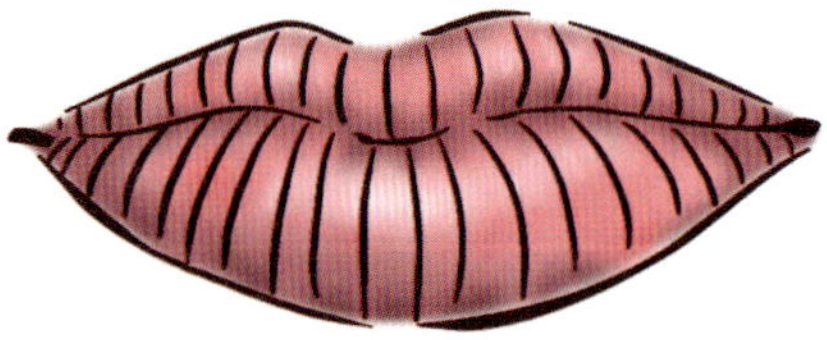
[그림 7-30] 입술 주름 그리기

3. 입술 수정 화장법

어떤 시신은 완벽한 입술 모양을 가지고 있지만 일반적으로 균형이 잡히지 않고 생김새의 변형이 생겨 수정을 필요로 하는 경우가 많다. 점막의 붉은색이 사라짐으로 인해 변색되므로 입술색 적용은 분장사에 의해 직관적인 판단이 필요한 부분이다.

1) 좁은 입술(길이가 짧은 입술)

입술 길이를 1~2 mm 정도 밖으로 그린다. 입술 산을 강조해 주며, 연한 생기나 펄로 확산한 효과를 낸다. 색조적용은 입술 코너 부위까지 색을 칠해서 더 넓게 보이도록 만든다.

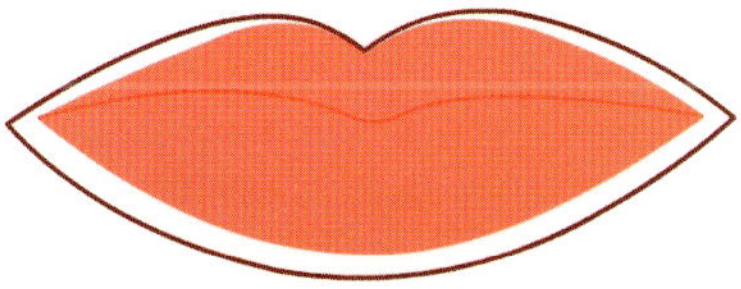

[그림 7-31] 좁은 입술

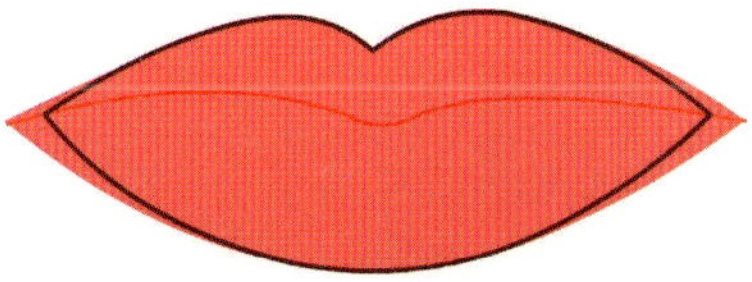

[그림 7-32] 넓은 입술

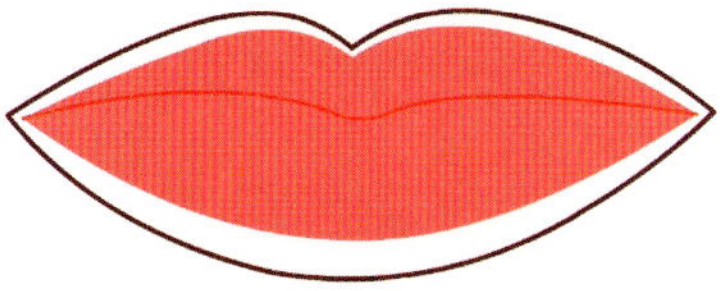

[그림 7-33] 얇은 입술

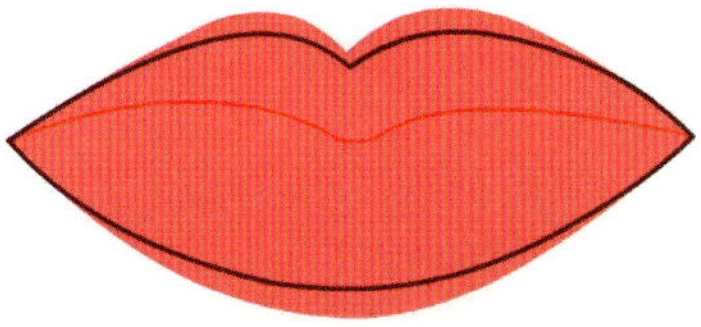

[그림 7-34] 두꺼운 입술

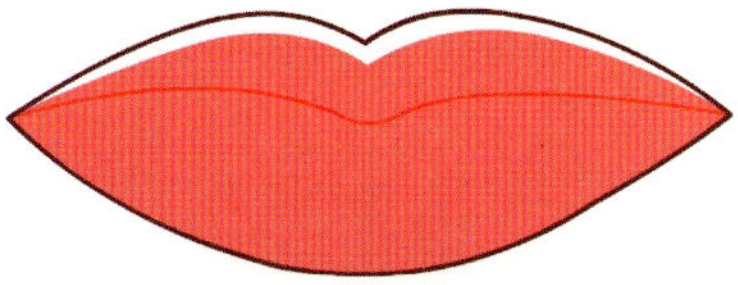

[그림 7-35] 윗입술이 얇은 경우

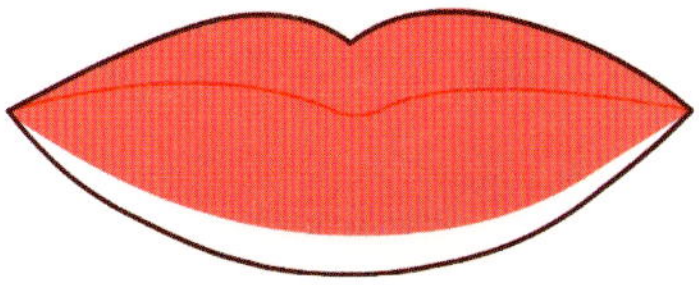

[그림 7-36] 아랫입술이 얇은 경우

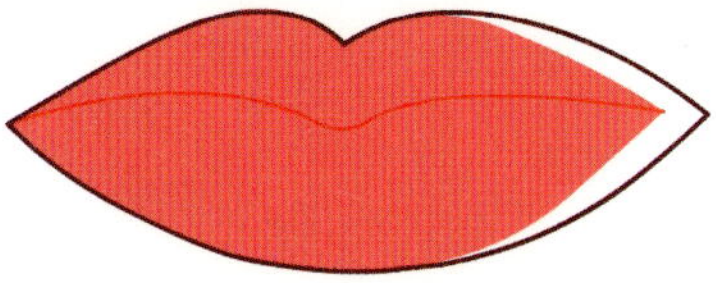

[그림 7-37] 한 쪽으로 치우친 입술

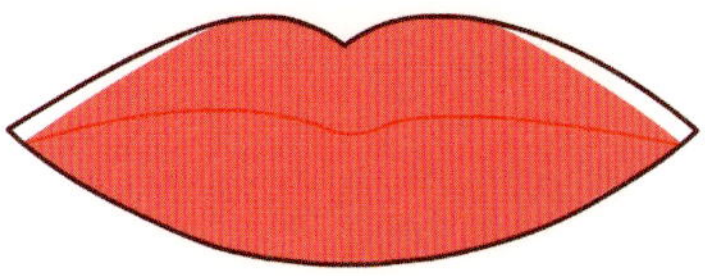

[그림 7-38] 양 끝이 처진 입술

2) 넓은 입술(입술 축소)

본래의 입술보다 1~2 mm 안으로 그린다. 색조적용은 입술코너까지 완전히 다 바르지 않음으로써 좀더 작게 보이게 만들 수 있다. 입술산은 완만하게 그려주고 입술 양 꼬리는 연결되지 않도록 한다.

3) 얇은 입술(세로 폭)

본래의 입술보다 1~2 mm 크게 그리며, 입술 양 꼬리를 붙여 크게 보이게 한다. 아웃커브를 응용한다. 색조를 입술과 얼굴이 합쳐지는 곳 이상으로 가볍게 덧씌워줘서 좀더 두툼하게 보이도록 할 수 있다. 입술의 바깥쪽은 강한 색으로, 밝은 색으로 입술이 다물어진 쪽을 칠해주는 것이 좋다.

4) 두꺼운 입술

파운데이션으로 본래 입술선을 깨끗이 감추도록 하며 립 라이너 펜슬을 이용하여 본래 입술보다 1~2 mm 작게 그린다. 색조를 입술의 끝까지 바르지 않게 해서 더 얇게 보이게 할 수 있다. 두꺼움을 덜 강조되어 보이게 하기 위해 다물어진 입술주위의 색조를 더 강하게 하고 바깥쪽으로 갈수록 연한 색을 칠하는 것이 좋다.

5) 윗입술이 얇은 경우

윗입술만을 아웃으로 크게 그려 준다. 입술선이 선명하지 않은 경우 파운데이션으로 깨끗이 도포한 후 1~2 mm 크게 그리고 입술 산을 강조해 그린다. 아래쪽 입술은 일반적으로 위쪽보다 조금 더 두껍다.

6) 아랫입술이 얇은 경우

아랫입술을 아웃으로 크게 그려 준다.

7) 한 쪽으로 치우친 입술

입술을 다문 상태에서 정상적으로 보일 수 있도록 한 쪽을 더 크게 그려준다.

8) 양 끝이 처진 경우

모든 메이크업은 상향선을 추구하므로 양끝을 올려 그려준다. 아랫입술이 윗입술을 받쳐줄 때가 안정적이다.

9) 노인의 함몰된 입술의 처리

때때로 나이든 사람의 입술은 아래쪽 턱과 치아가 소실된 경우가 많으므로 함몰된 경우가 많다. 이것은 회복기술학의 문제이다. 때에 따라 와이어(철사)를 이용하여 분리하거나 결합하여 턱을 조금 아래쪽으로 빼내주도록 한다. 노출된 입술은 얇게, 그러나 자연스러운 모양으로 색칠되어야 한다.

65세 이상의 노인의 경우 통상 난색의 노인용 크림의 적용에 더하여 적은 양의 갈색 혼합용 크림을 섞어주면 좀더 자연스러운 입술색깔을 나타낼 수 있다. 입술은 색조를 입술코너까지 완전히 다 바르지 않음으로써 좀더 작게 보이게 만들 수 있으며 반대로 좁은 입술은 입술코너부위까지 색을 칠해서 더 넓게 보이도록 만들 수 있다. 또한 두툼한 전체 입술부위는 색조를 입술의 끝까지 바르지 않게 해서 더 얇게 보이게 할 수 있으며 얇은 입술은 색깔을 입술과 얼굴이 합쳐지는 곳 이상으로 가볍게 덧씌워줘서 좀더 두툼하게 보이도록 할 수 있다. 입술의 물집은 때때로 고인이 임종직전에 입술을 깨물어서 생긴 것이다. 이것은 분장 전에 열어 물집 내의 액체를 빼내야 한다.

V 눈 화장

시신화장에 있어 눈, 눈썹 및 눈꺼풀의 화장은 가장 중요한 부분의 하나이다. 이것은 평화롭게 잠자는 듯한 모습과 같은 살아있는 모습을 만들어내기 위해 필요하다. 자연스런 모습을 얻기 위해 먼저 고려해야 할 것은 고인이 생존 시, 다른 사람들이 서 있는 상태(직립 자세)에서 가장 많이 보아왔다는 사실을 인지해야 한다. 이러한 직립자세에서는 눈썹의 돌출에 의해 (개인의 일반적 얼굴 형태에 크게 영향을 줌) 그림자 효과가 발생할 수 있다. 사망 후, 고인에 비춰지는 조명은 누워있을 때 얼굴 정면으로 비춰지므로 눈썹에 의한 그림자가 발생하지 않는다. 따라서 그림자 효과를 나타내기 위해서는 고인이 약간 기대어 있는 자세를 취해 주어야 한다.

1. 아이섀도

눈이 올바르게 감기었다면, 아래 눈꺼풀은 위 눈꺼풀에 닫히기 때문에 거의 보이지 않게 되므로 위쪽 눈꺼풀에 화장색을 적용한다. 색은 음영 안색 색소보다 더 진한 색을 사용한다. 색의 깊이는 나이, 안색, 그리고 조명의 색에 영향을 받는다.

1) 자연스러운 아이섀도

기본 안색 색조를 적용할 때, 눈 주변에 가볍고 고르게 기본 안색 컬러를 적용해준다. 아이섀도를 사용할 때는 아주 조금만 사용하는 것이 좋다. 눈꺼풀위의 자연스러운 음영을 위해, 갈색을 속눈썹 인근의 눈꺼풀 위에 적용하고 섀도크림을 위 눈꺼풀의 가운데에 바르고 이것을 눈꺼풀 전체에 펴지도록 가볍게 문질러준다. 이 지점을 작은 브러시 혹은 새끼손가락 끝으로 가볍게 쳐주어 섀도크림이 혼합되어져서 점차적으로 눈썹 아래 부위 속으로 사라지게 한다.

아이섀도의 착색 등급은 개개인의 나이와 안색에 의해 결정되며 가벼운 브라운, 짙은 브라운, 자줏빛, 가벼운 블루의 4가지 색상이 있다.

가벼운 블루는 주로 유아와 2살 미만의 아기를 위하여 사용된다. 자주색은 2살에서 10살까지의 어린 아이들을 위해 사용되며, 서른 살 미만 모든 여성들을 위해서 사용되기도 하는데 이는 젊고 여성스러운 모습으로 비추어지 때문이다. 브라운 색상은 10세 이상의 모든 남성과 35세 이상 또는 그 연령의 모든 여성들에게 사용되고 있다.

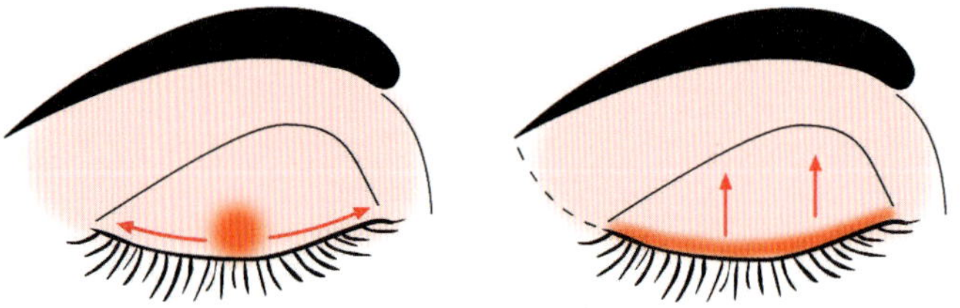

[그림 7-39] 자연스러운 아이섀도 적용방법

2) 장식적인 아이섀도

여성은 눈의 색을 보완하기 위해서 혹은 그녀의 눈을 더 크게(혹은 작게) 보이려고 더 진한 색의 아이섀도 화장품을 사용한다.

(1) 섀도칼라

넓은 얼굴을 좁아 보이게 하고 튀어나온 부분을 들어가 보이게 한다. 즉, 보다 좁게 하기 위한 컬러이다. 예를 들어 갈색, 회색, 암갈색 등의 색상이다.

(2) 하이라이트 컬러

실제보다 넓고 크게 보이고자 하는 부분에 사용한다. 즉, 보다 넓게 하기 위한 컬러이다. 예를 들어 흰색, 아이보리, 은회색, 펄핑크 등의 색상이다.

(3) 악센트 컬러

청색: 어느 피부에도 무방하며 눈은 또 fut하고 산뜻하며 밝든 이미지와 시원함을 부여한다.

갈색: 눈이 나온 경우에 적합하며 세련된 이미지를 준다.

녹색: 다갈색 피부에 어울리며 건강한 인상을 준다.

보라: 흰 피부에 어울리며 우아하고 안정되며 성숙한 이미지를 준다.

분홍: 흰 피부에 적당하고 귀여운 이미지를 준다.

2. 눈썹 그리기

눈썹이 잘 형성되어 있을 때는 눈썹을 그려줄 필요가 거의 없다. 이때는 단순히 끝이 뾰족한 머리빗을 사용하여 가볍게 눈썹을 가위로 다듬어주기만 하면 된다. 눈썹의 선이 자연스럽지 못할 때에 비로소 바르게 그려주는 일이 필요하다. 이러한 상태는 오랜 동안의 질병, 노화, 화학요법 혹은 제대로 손질하지 않아서 발생할 수 있다.

모든 화장품 및 눈썹 그리기 등의 적용은 시신위생처리를 다 한 후에 하는 것이 좋다. 눈썹을 다듬기 전에 마사지 크림을 눈썹 주변의 표면에 문질러 준다. 이것은 포셉에 의해 피부가 상처를 받거나 작은 상처 부위가 갈색으로 변색되는 것을 막아주기 위해서이다. 눈썹을 좀더 연장해서 그리고 싶다면 눈썹 펜슬을 이용하면 된다. 아무것도 없는 상태에서 눈썹을 만들어주기 위해 눈썹 펜슬을 사용할 필요가 있는데 이런 경우에는 정상적인 눈썹의 형성 상태와 눈썹의 만곡을 잘 알아야 자연스러운 눈썹 모양을 만들 수 있다. 우선 이러한 눈썹 형태로 선을 한 줄 그려주고 여기에 두께와 윤곽을 점차적으로 만들면서 눈썹의 모양을 완성시켜줄 수 있다.

1) 눈썹 모양에 따른 이미지

(1) 표준 눈썹: 가장 일반적이고 안정적이다.

(2) 짧은 눈썹: 눈이 둥글게 보인다.

(3) 위로 올라간 눈썹: 산뜻해 보이고 이지적이다.

(4) 직선적인 눈썹: 젊고 싱싱한 느낌을 준다.

(5) 아치형 눈썹: 눈이 작게 보이고 우아한 느낌을 준다.

2) 얼굴형에 따른 눈썹모양

(1) 둥근형: 눈썹을 약간 치켜 올라간 듯, 각지게 그려준다.

(2) 장방형: 눈썹을 일자가 되게 수평으로 그려준다.

(3) 삼각형: 눈과 상관없이 크게 그린다.

(4) 역삼각형: 눈썹을 둥글게 그리되 눈썹 꼬리 부분을 약간 내려준다.

(5) 사각형: 눈썹을 둥글게 그려서 각이 진 느낌을 없애고 부드러운 이미지를 부여한다. 활 모양으로 그린다.

(5) 마름모형: 눈썹머리를 강조한 직선으로 그려주고 눈썹 끝을 약간 올려준다.

[그림 7-40] 다양한 눈썹 형

3) 눈썹의 수정

많은 시신분장사들은 눈썹을 조절하거나 바꾸기를 원하지 않는다. 그러나 고인의 외모를 더 좋아보이게 만들기 위해 필요하다면 수정해 주도록 한다. 눈썹이 너무 길거나 숱이 많아 원하는 이미지를 연출하기가 힘들 때, 혹은 아래쪽 눈썹이 많이 자라나 있으면 청결한 느낌을 받기가 힘들기 때문에 눈썹의 수정을 요하게 된다. 털을 제거하거나 색을 더하고 길이를 연장하거나 짧게 하여 모양을 바꿔준다.

눈썹 수정방법은 기본 눈썹을 설정하고 나머지를 제거한 뒤, 눈썹 밑꼬리부터 머리를 향해 정리하고(A), 다시 눈썹 위꼬리부터 머리를 향해 정리시켜준다(B).

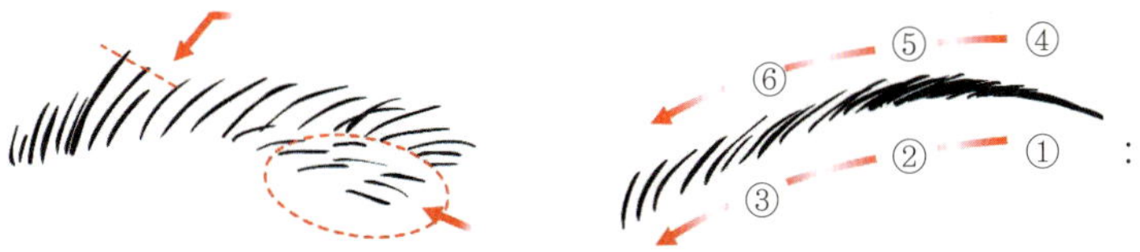

[그림 7-41] 눈썹의 수정

4) 아이브로우 펜슬 사용

눈썹은 그 색상에 따라 이미지가 변하게 되는데, 대부분 모발이나 눈동자 색깔, 혹은 색조화장의 톤에 맞춘다. 검정색 연필의 사용은 피하도록 한다. 이는 검정색은 적용하면 너무 주목을 끌게 되기 때문이다. 2개의 요소가 눈썹 펜슬의 효과에 영향을 미친다.

첫째, 지나친 사용을 하지 않도록 한다. 둘째, 적절한 색상을 골라야 한다. 모든 경우들에 있어 똑같은 색만을 사용하기 보다는 개개인의 특징에 따른 정확한 색을 사용한다. 짧고 빠른 가벼운 손놀림으로 자연스런 눈썹 방향을 따라 그려준다.

눈썹 펜슬을 이용하는 목적은 눈썹을 진하게 하기 위해 사용하는 것이라는 것을 명심한다. 즉 눈꺼풀의 피부를 그려주기 위해 사용해서는 안된다. 눈썹 펜슬을 가볍게 눈썹에 칠해주면 화장 파우더의 흔적들을 효과적으로 제거할 수 있다.

5) 인조 속눈썹 붙이기와 심기

인조 속눈썹은 효과적으로 잃어버린 속눈썹을 회복시켜주는 역할을 한다. 사람의 원래 속눈썹에 크기와 결을 증가시켜 자연스럽고 풍성하게 보이게 하기 위해 적용되어진다.

(1) 인조 속눈썹 붙이기

- 인조 속눈썹 밑에 접착제를 바른 후 잠시 기다렸다가 마르기 직전에 붙이도록 한다.
- 인조 속눈썹을 유연하게 잘 오물려 준다.
- 눈의 끝에서부터 시작하고 원래의 속눈썹 바로 위쪽에 붙여준다.

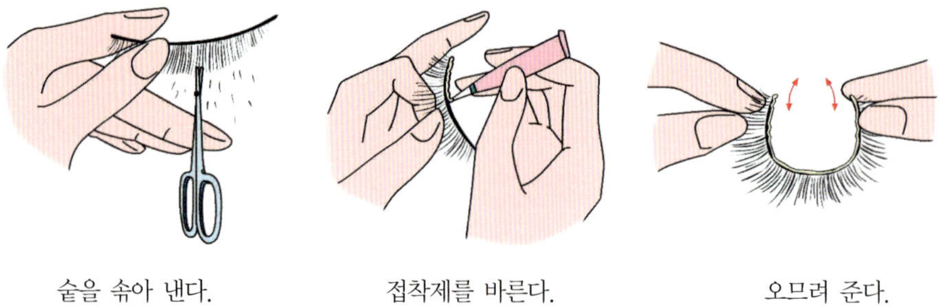

[그림 7-42] 인조 속눈썹 붙이기

(2) 인조 속눈썹 심기

- 시신분장사에게 가장 편안 위치에서 작업한다(시신의 옆 또는 위쪽).
- 고인의 속눈썹을 깨끗하게 한다.
- 인조 속눈썹의 길이를 알맞게 잘라준다.
- 인조 속눈썹의 뿌리부분에 전용 접착제를 바르고 원래의 속눈썹이 비어 있는 곳을 찾아 속눈썹을 심어준다.
- 속눈썹을 다듬고 중간보다 양끝을 더 짧게 만든다.

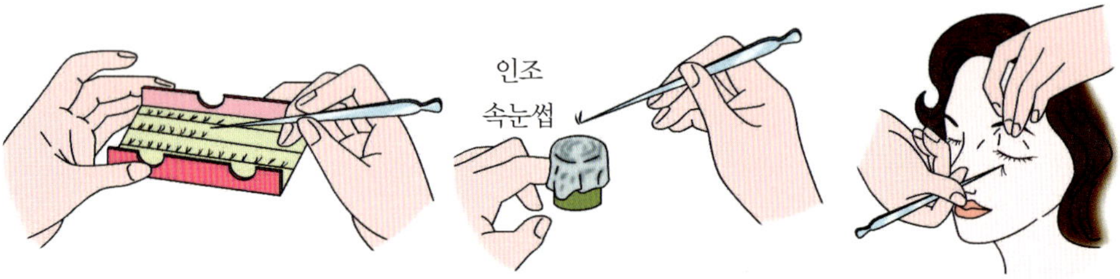

[그림 7-43] 인조속눈썹 심기

VI 파우더 적용

1. 시신 파우더

시신화장에서 파우더는 보통 건조와 화장을 조화롭게 하기위해 사용된다. 건조형(drying)이나 색조형(tinting) 파우더는 오일이나 글리세린이 함유된 화장품을 건조시키고 정착시키기 위한 마지막 단계에서 사용된다. 일단 이렇게 완성되고 나면, 더 이상의 화장은 불필요하다. 정상적인 피부는 특징적으로 약간의 윤기가 있어 보인다.

화장의 마무리 단계에서 사용하게 되는 파우더는 이러한 윤기를 없애준다. 이러한 윤기없는 마무리는 전형적인 장식적인 화장의 전통이 되어왔지만 이런 마무리는 화장을 하지 않은 사람에서는 찾아볼 수 없다. 윤기있는 효과를 내고 싶다면 남은 파우더를 젖은 티슈를 사용해 찍어내어 제거해주면 된다. 이렇게 함으로써 발라놓은 화장을 건조시키고 고정시키기 위해 사용했던 파우더 중 필요 없는 여분을 없앨 수 있게 된다. 이렇게 하면 화장한 조직이 좀 더 윤기 있어 보인다.

대부분의 분장사들은 압축파우더보다 오히려 가루파우더를 사용하는 것을 좋아한다. 가루파우더는 조절하기가 쉽고 여분을 제거하기가 쉽기 때문이다. 압착된 파우더를 사용 시, 적당하게 패드로 파우더를 문질러 주며 초과된 파우더는 털어 내준다. 이후, 적당히 얼굴 위에 가볍게 쳐주는데 이때 문지르지 않도록 한다.

2. 파우더 적용

모든 화장품은 파우더의 적용을 요구하지 않는다. 단지 오일성분의 화장품은 다른 매개물은 증발에 의해 마르지 않게 된다.

비록 파우더의 적용의 중요한 방법이 있을지라도, 가장 실질적인 방법의 영향을 받은 것을 주변상황에 포함한다. 파우더는 풍부하게 적용하는 것이 결코 아니다. 적은 양을 점진적으로 사용한다. 어떤 화장품 재료는 더 빨리 마르는 시간을 다른 파우더보다 더 요구한다. 즉, 초과 된 것을 털어버리고 몇 분의 시간을 확보한다.

1) 파우더 퍼프 적용

비록 파우더 퍼프의 사용이 파우더의 양을 최대한으로 줄일 수 있더라도 파우더 퍼프 적용은 논리적으로 파우더의 적용 중에 혹은 고인의 얼굴위에 'touching up' 화장 중에 가장 실용적인 방법이다. 적용의 의미는 사고가 일어날 수 있을 때 보호하는 것을 요구한다. 이것은 파우더 할 때 화장용 가슴받이, 수건, 혹은 티슈를 고인의 목과 얼굴 주의에(그리고 또한 손아래에) 둠에 의해 예방하기 위한 지혜이다.

파우더는 얼굴에 퍼프를 가볍게 두드려 적용한다. 파우더 퍼프를 스며들게 해서 전체 얼굴에 충분한 파우더를 지원할 수 있게 해야만 한다. 파우더 퍼프로 얼굴을 문지르지 않아야 한다. 파우더 적용 후 작은 찌꺼기 가루는 즉시 제거해야만 한다. 적용된 안색(크림)화장으로 결을 낸 브러시와 함께 남는 파우더를 제거하기 전에 융합해야만 한다.

2) 파우더의 브러시 적용

비록 어떤 분장사는 오히려 브러시와 함께 파우더의 적용을 진행하는 것을 좋아할지라도 작은 양을 적용하는 것이 가장 큰 가치가 있다. '섬세한' 왁스 혹은 외상 범위는 작은 접촉을 가능한 보증한다. 반면에, 퍼프 혹은 브러시 적용은 브러시 결을 낸 것을(화장에서 파우더를 점각 혹은 왁스 표면위에) 보증한다. 당연히 브러시 적용은 고인위에 실행할 수 없다.

비록 어떤 분장사들은 납작한 브러시를 오히려 좋아할지라도 파우더 브러시는 둥근 끝을 사용한다. 표면위에 브러시를 떠있게 함으로서 파우더의 작을 양을 떨어뜨리기 위해 손가락으로 쇠고리(목)를 가볍게 두드린다. 파우더는 손바닥 안에 그것을 회전(rolling)시켜서 브러시위에 가져와야만 한다; 파우더 브러시는 보통 얇고, 부드러운 털로 구성이 된 이후에 끝을 손바닥 혹은 용기로 찌르지 않아야만 한다. 털이 부서지면 그리고 그것이 만약 얼굴위에 박힌다면 제거하는데 성가시게 된다; 표면 위를 불투명 화장품 혹은 왁스와 함께 덮어서, 부서진 털의 찌꺼기를 표면을 일그러뜨린다.

사용하기 전에 부서진 혹은 느슨한 털을 위해 파우더 브러시를 점검하는 것이 현명하다. 발견은 브러시를 얇게 해서 빨리 만들 수 있다 그리고 몇 분 동안 손가락을 가볍게 쳐서 털을 서서히 돌린다. 털이 쉽게 제거되어진다.

3) 파우더의 분무기 적용

파우더의 최소 양을 사용할 시에는 파우더 분무기가 효과적이다. 파우더는 연한 안개처럼 분무기로부터 불어서 만들어진다. 파우더 분무기는 코와 입의 의학 스프레이 기구와 모양이 비슷하다. 유리병으로 공기를 보낼 고무나 플라스틱 관을 가지며 파우더가 흘러나갈 방향을 마련해줄 분사구도 가진다. 매우 얇게 왁스를 적용할 때 매우 효과적이다. 만약 초과된 파우더가 있다면 파우더 브러시와 함께 털어낸다

3. 파우더 제거

1) 불필요한 파우더의 제거

파우더를 적용한 후(그리고 목적을 달성했으면) 초과된 것은 파우더 브러시와 함께 제거해야만 한다. 파우더 퍼프의 반대면 또한 같은 목적을 위해 사용한다. 파우더 제거 시 특히 입의 구석, 눈의 안쪽 구석 그리고 코의 양 옆에 있는 코의 주름에는 조심히 적용한다.

결을 낸 브러시, 점각 브러시, 혹은 상업용 유아 헤어브러시(3인치 길이) 등이 불필요한 파우더를 제거하기 위해 사용되기도 한다. 브러시 중 몇몇은 파우더가 적용된 화장품을 융합시키는데 사용한다. 이러한 브러시는 특히 얼굴에 수분을 줄때 그리고 빽빽한 크림 화장품(투명 혹은 불투명)을 적용할 때 유용하다. 왁스 표면위에 유사한 수분효과를 주기 위해 브러시를 사용하기도 한다. 왁스 회복을 위해 손바닥에서 제공한 많은 파우더를 브러시로 가져와야만 한다. 자주 브러시를 왁스 찌꺼기를 제거하기 위해 용해제에 담겨야만 한다. 아니면 다른 브러시를 대신으로 사용해야만 한다. 그다음 활동을 할 수 있다.

잔여 파우더를 브러시에서 제거한다. 적당한 터칠 브러시를 피부위에 사용한다. 만약 파우더가 초크처럼 보이거나 혹은 작은 얼굴선 안에 집중된다면 너무 많이 적용되어진 것이다. 파우더 초과는 깨끗한 브러시로 계속해서 사용하거나 혹은 솜으로 범위를 가볍게 두드림으로서 제거할 수 있다.

2) 털로부터 파우더의 제거

머리카락에 붙이는 파우더는 몇 가지 방법으로 제거한다. 작은 솜 스펀지(지혈제가 있는)를 용해제에(드라이클리닝 용액 등) 적신다. 머리카락을 신속하게 깨끗이 한다. 짧은 털(눈썹, 속눈썹, 짧은 구레나룻, 혹은 수염)은 마스카라 브러시와 함께 깨끗하게 해준다. 경우에 따라서 용해제가 없이 하도록 한다. 사용 후에는 반드시 브러시를 깨끗하게 닦아내야만 한다. 만약 속눈썹이 매우 더럽다면, 작은 낙타털 브러시 혹은 마스카라 브러시를 용해제에 적셔

제거하도록 한다.

어두운 갈색 눈썹연필은 눈썹과 속눈썹의 파우더 흔적을 제거하기 위해 사용한다. 만약 어둡게 표현하고자 한다면, 눈썹연필을 손가락 사이에 데우거나 따뜻한 물에 담근 후 사용하도록 한다. 주걱은 속눈썹을 위해 사용한다('Final Grooming'에서 덮여진다).

VII 손 화장

손과 손가락을 처리하는데 이용되는 화장 절차는 얼굴을 처리하는데 사용된 것과 똑같은 정도의 화장 기술이 요구된다. 살아있는 동안 심지어 잠을 자는 동안에도 손은 단단하게 굳어있는 형태로 있는 경우가 거의 없다. 약간 안으로 굽혀진 손가락과 함께 전체적으로 봤을 때 공을 쥐고 있는 듯 볼록한 모양이 가장 편안하게 보이는 손의 모양이다. 이러한 손의 모양을 자세히 보면 엄지와 집게손가락이 자연스럽게 평행되어 만나며 평화로운 휴식 상태를 나타내는 우아한 반타원형 모양을 나타내게 된다. 손에 화장품을 적용하기 전에 최종 클렌징과 매니큐어 처리가 완료되어야 한다.

손과 손가락의 난색 부분들을 처치하고 자연스런 지문과 특징들을 정돈시키는 일은 장례 화장술에서 매우 중요하다. 손바닥, 손가락 끝, 각질(cuticles), 그리고 엄지손가락의 안쪽 표면들이 살아있는 사람에서의 난색 영역이다. 사후에는 이러한 특징적인 난색이 사라지게 된다. 생명이 없는 조직에서 자연스런 생생한 피부색을 나타내고 싶다면 손가락 끝에서 손톱 그리고 표피주위에 자연스러운 분홍을 적용하도록 한다.

1. 손 화장 순서

손은 얼굴만큼 집중을 받는 곳이기 때문에 손에 화장을 적용하여 본래의 모습으로 회복시켜야 한다. 시신분장사의 선호에 따라 투명이든, 반투명, 혹은 불투명 화장품을 사용할 수 있다. 만약 액체 화장품을 사용한다면 화장을 적용하기 전에 손을 청결하게 해야 한다. 크림 화장품을 적용한다면 마사지 크림을 크림 화장 전에 적용하여야 한다.

- 밑칠을 먼저 적용한다.

- 손가락 관절에 난색을 적용한다.
- 그리고 손의 기타 난색 범위에 루주를 적용한다.
- 갈색 크림 화장을 전체 손위에 적용한다.
- 파우더는 건조시키기 위해 그리고 화장 톤을 낮추기 위해 적용한다.
- 여분의 파우더를 제거한다.

2. 손톱 매니큐어

손톱 매니큐어는 손톱에 적용하는 색조로서 정의된다. 매니큐어는 손톱에 색상을 나타내어 사후 잃어버린 색을 보완하고 손톱 끝을 보호해주며, 손톱을 청결하게 보이게 한다. 투명한 액상 적색소는 생전에 매니큐어를 바르지 않았던 시신에 사용할 수 있다. 이는 건조 후에도 번쩍거림이 없으며, 우아하고 섬세한 붉은 색상을 표현하기 때문이다. 어떤 가족들은 생전에 항상 썼었던 이유로 손톱매니큐어를 요구할 수도 있다. 손톱은 타원형, 원형, 네모난 형, 뾰족한 형이 있다. 타원형은 가장 이상적인 형태의 손톱이다. 손톱의 형태에 따라 원형은 손톱을 타원형으로 보이도록 양옆을 남기고 손톱이 가늘고 길게 보이도록 칠한다. 네모난 형은 개성있고 현대적인 느낌을 주는 손톱형으로 손톱을 가늘게 보이도록 양옆을 남기고 칠한다. 뾰족한 형은 손톱 끝이 뾰족하지 않게 손질한다.

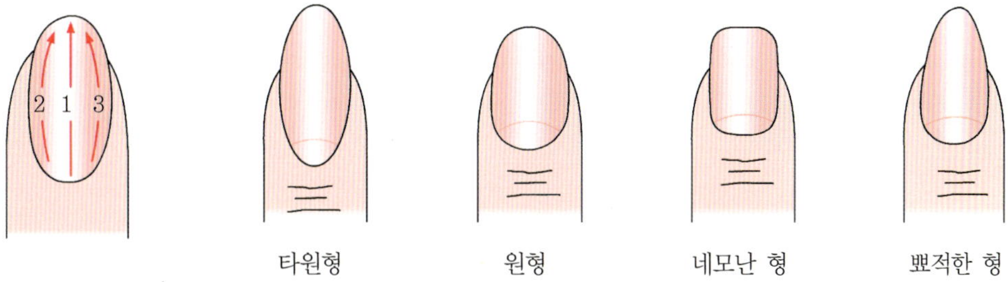

[그림 7-44] 매니큐어 바르는 순서와 손톱모양

3. 손톱 복원

심하게 찢어졌거나 손상된 손톱 전체를 복구하는 일이 필요할 경우에는 인공 손톱을 부착하는 방법으로 쉽게 처리할 수 있다. 플라스틱으로 만들어진 이러한 보철(prosthetics)은 화장품 코너에서도 쉽게 구입이 가능하며 어떤 것들은 접착제가 들어있는 도구가 완비된 형태로 나오기도 한다. 대부분의 시신분장사는 손에 인공손톱을 붙이기 위해 강력 접착제를 이용한다. 이 때 표면은 건조되어져 있어야 하며 모든 이물질이 제거된 상태이어야 한다. 모든 부러진 손톱과 피부 부스러기들을 정돈하고 소작제(cauterant chemicals)를 묻힌 솜으로 손가락 끝을 감싸준다. 이러한 외부 팩은 가능한 한 오랫동안 (완전하게는 다음날 아침까지) 대어주도록 한다. 소작(cauterization)이 완료된 후에 솜 팩을 없애고 손톱 밑을 깨끗이 닦아주고 표면에 붙어있을 수도 있는 솜 섬유들을 제거해준다. 클렌징 처치(cleansing treatment)가 끝난 후, 깨끗한 리퀴드 밀폐제(sealer)로 표면을 봉해준다. 이러한 처치를 통하여 건조되고 단단한 기초를 만들어 화장이 잘 적용될 수 있는 토대를 만들어 줄 수 있다. 고급 솜을 이용하여 손톱의 표면 윤곽과 완전히 일치하도록 그 위에 덮어준다. 솜 위에는 리퀴드 밀폐제를 2~3번 칠하고 완전히 마르도록 기다린다. 인공 손톱을 정확한 형태로 정돈하고 강력 접착제로 손톱에 단단하게 붙여놓는다. 손톱 래커(lacquer)를 사용하기 전에 접착제가 완전히 굳기를 기다렸다가 화장 마무리를 해준다.

Ⅷ 헤어스타일 복구(hairstyling)

헤어스타일의 기본을 익히는 것은 시신분장사에게 매우 유용한 일이다. 이것은 새로운 서비스의 하나로 머리 손질하기는 자전거 타기를 배우는 것에 비유할 수 있다. 처음에는 부족하지만 시간이 지날수록 자연스러워진다. 인내심이 가장 중요하다고 할 수 있다.

1. 머리 스타일 결정하기

시신의 머리 스타일을 결정하는 가장 좋은 방법은 사진이나 자화상을 참고하는 것이다. 이런 자료들을 사용함으로써 만전을 기할 수 있고 원하는 헤어스타일을 얻을 수 있을 것이다. 만약 사진을 구하지 못한다면, 유족들에게 몇몇 간단한 질문을 함으로써 머리를 성공적으로 다듬을 수 있는 정보를 얻을 수 있을 것이다.

1) 염색여부

어떤 시신은 기본적으로 머리카락에 염색약으로 물들여져 있을 수도 있다. 질병으로 인해, 시신의 머리카락 색이 없어져 있을 수도 있다. 모든 색깔이나 염색약이 묻은 부위가 모두 자라버렸을 수도 있다.

2) 머리카락의 길이

스타일을 내기 위한 머리카락의 길이가 적당한지 확인한다. 질병으로 인해 시신의 머리카락은 일반적인 손질을 받을 수 없을 정도의 길이일 수 있다.

3) 앞머리의 종류

무한히 많은 형태 중에서도 일반적으로 세 가지 정도 타입의 앞머리가 있다. 이마를 모두 가리는 앞머리(full bang), 옆으로 넘긴 앞머리(side bang), 나뉜 앞머리(parted bang)가 그것이다. 보통 일반적인 코스로 대화를 나누다 보면 가족들이 원하는 앞머리 스타일에 관한 정보를 얻을 수 있다. 예를 들어, "그녀의 앞머리는 언제나 이마를 모두 가렸어요, 하지만 너무 무거워 보인다거나 편평한 것은 아녔어요." 또는 "그녀는 언제나 앞머리를 옆으로 넘겼어요, 하지만 심하게 웨이브가 있지는 않았어요." 종종 앞머리를 해본 적이 없는 시신도 있다. 그런 경우에는 머리카락을 얼굴 뒤로 넘겨야 할 것이다.

4) 양 옆 머리카락의 위치

머리카락을 얼굴쪽으로 향하게 함으로써 부드러운 구성효과를 얻을 수 있다. 머리카락을 뒤쪽으로 빗어 넘기면 훨씬 개방적이고 멋지게 늘어진 듯한 외관을 연출해낼 수 있다.

5) 웨이브

이것을 물어봄으로써 써야 하는 roller(파마할 때 끼우는 봉)의 크기와 복합정도를 알 수 있을 것이다.

2. 머리 손질하기

머리카락을 손질하는 일은 매우 간단하고, 때로는 연습을 필요로 한다. 오랫동안 병을 앓은 사람은 적절한 머리 손질을 받기가 불가능하기 때문에 적절한 스타일을 내기 위해서는 머리 손질이 필요하다. 유족들과 처음으로 면담하는 자리에서, 머리를 자를 필요가 있는지 없는지를 파악하여 만약, 머리를 잘라야 한다면 얼마만큼의 머리를 손질해야 하는지 결정한다. 거의 보통 2인치 이상을 자르는 일은 드물다. 머리 손질을 시작하기 전에 머리카락이 깨끗이 씻겨 있는가를 확인해야 한다. 먼지나 기름으로 더러워져 있는 머리카락을 성공적으로 정돈하기란 거의 불가능하기 때문이다. 머리를 적절히 손질하기 위해서는 전문가용 가위와 빗이 필요하다.

머리카락을 자르는데 쓰이는 가위는 4번째 손가락(약지)을 고정된 날에 끼워 넣고, 휘어진 받침대위에 새끼손가락을 가져다 놓고 쓰는 방법이 가장 이상적인 방법이다. 엄지손가락을 움직이는 날에 끼우고, 가위의 중심나사 위에 2번째 손가락을 위치시킨다. 이렇게 2번째 손가락(검지)을 가져다 놓음으로써 머리 손질동안 더 자연스러운 조절이 가능하다. 머리가 아직 축축할 동안에, 머리카락을 세부분으로 나눈다(그림 7-45).

일단 제 1부위의 한 중간에서 1, 2인치 정도 범위내의 머리카락을 한 움큼 쥔다. 그것을 두피로부터 잡아당기면서 2번째와 3번째 손가락 사이에 넣는다. 의도하고 있는 길이보다 약간 짧게 자른다. 그렇게 하는 이유는 머리카락은 마르면 수축하고, 탄력성을 잃는 경향이 있기 때문이다. 이렇게 표준적인 길이로 자르고 나서 다음 머리를 한 움큼 잡는다. 또 이미 자른 머리카락의 가닥들을 골라 길이를 비교해 보면서 자른다.

고르게 자르고 있음을 확신하기 위해, 두피에서 같은 각도로 머리 자르는 분위기를 계속

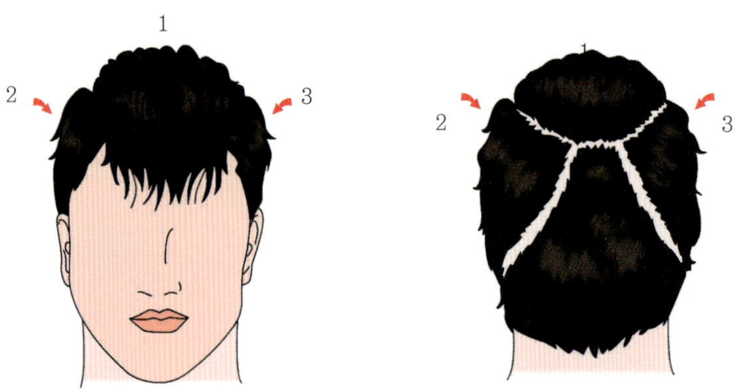

[그림 7-45] 머리 손질하기

유지해야 한다. 길이를 맞춰가면서 각각의 부위를 잘라 나간다. 거의 보통 앞서 잘랐던 방식대로 자르게 마련이다. 머리를 2번 정도 잘라본 다음부터는 머리 자르는 일에 매우 익숙해질 것이다.

커팅 방법에 따른 분류

- 테이퍼링: 두발 끝으로 갈수록 점차적으로 붓끝처럼 가늘고 자연스럽게 커트하는 방법이다.
- 시닝: 두발의 길이는 줄지 않고 전체적인 숱만 감소시키는 것이다.
- 슬리더링: 가위를 사용하여 머리숱을 쳐내는 것이다.
- 트리밍: 이미 형태가 이루어진 두발선을 최종적으로 정돈하는 것이다.
- 클립핑: 튀어나오거나 삐져나온 두발을 잘라내는 것이다. 보통 상한 모발 끝을 클리퍼나 가위를 이용하여 잘라낸다.
- 싱글링: 45 각도로 빗을 대고 올라가면서 하부머리는 짧게, 상부 머리쪽으로 갈수록 길게 하는 방법이다.

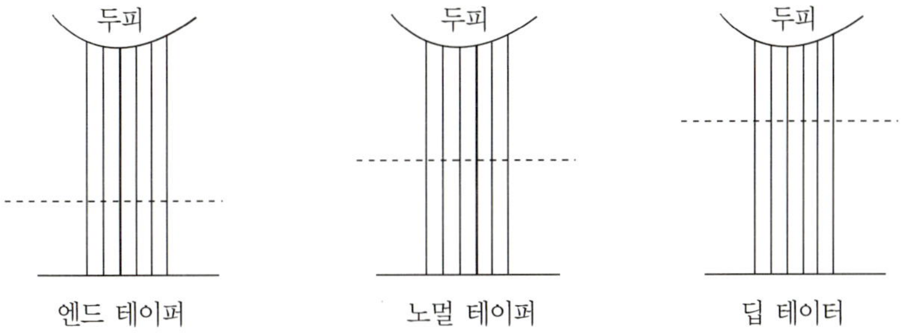

[그림 7-46] 테이퍼링 커팅 법

3. 염색

시신의 머리카락 색을 바꾸거나 더 생생하게 만들기 위해(집에서 쓰는 것 같은) 염색약을 사용하는 것은 시신분장사의 재량에 달려있다. 흰 머리카락을 염색할 때 더욱 효과적이다. 염색약을 바르기 전에, 마사지 크림 등으로 머리카락 경계선 부위의 피부를 잘 커버하도록 한다.

염색약을 바를 때, 시신의 머리를 아래로 하고 가능하다면 테이블을 기울여 발쪽이 머리

쪽보다 더 높이 있도록 한다. 희석된 염색약을 머리카락에 붓고, 필요하다면 여러번 적용한다. 마지막으로 깨끗한 물에 머리를 헹구고 말려준다.

컬러린스와 염색약에 관한 배경 지식은 편하게 사용하기 위해서 반드시 필요하다. 헤어컬러링은 헤어 블리치와 헤어 틴트로 나눌 수 있다.

1) 헤어 블리치(Hair bleach)

헤어 블리치는 두발의 자연적, 인공적 색조를 전체적으로나 부분적으로 탈색시키는 기술이다. 헤어 블리치의 목적은 두발 색을 단순히 원하는 색조로 옅게 탈색하는 것과 좋아하는 색조로 두발을 염색하기 위해 탈색하는 것으로 나눌 수 있다.

헤어 블리치는

① 자연적인 두발색을 전체적으로 탈색시켜 준다.

② 두발을 특정한 색조로 탈색시켜준다.

③ 두발에 부분적인 탈색효과를 주어 무늬를 만든다.

④ 틴트한 두발색이 마음에 들지 않거나 너무 진한 경우에 이것을 제거시켜준다.

⑤ 블리치나 틴트 시술을 받은 두발에 진하게 부분적으로 얼룩이 졌을 때 이것을 바로잡아 주는 등의 역할을 하며, 헤어 라이트닝이라고도 한다.

2) 헤어 틴트(Hair tint)

헤어 틴트는 두발의 자연적인 색에 인공적인 색을 착색시키거나 블리치된 두발에 인공적인 색을 착색시키는 것을 의미한다. 헤어 틴트는 두발을 다양한 색상으로 변화시켜서 미용화과를 적극적으로 진일보시키는 방법이라고 할 수 있다.

일시적 헤어틴트는 모발의 바깥부분만 코팅해주므로 모발색이 오래 지속되지 않으며 1~2회 샴푸로 없어진다. 일시적 헤어트리트먼트의 대표적 제품은 컬러린스와 컬러 스프레이이다. 컬러린스(color rinse)는 임시적으로 사람의 머리카락을 강조하거나 색깔에 변화를 주는 데에 쓰인다.

컬러린스를 바르기 위해, 시신의 머리카락을 약간의 물로 적셔준다. 이 과정을 통해 머리카락이 너무 빨리 색을 먹고, 얼룩지는 것을 방지해 준다. 물은 린스가 부드럽고 고르게 머리카락으로 스며들도록 하는 역할을 한다. 컬러린스를 두피의 뒷면에 바르고 헤어라인(머리 경계부위) 쪽으로 작업한다. 모든 부분이 물들 때까지 손가락 끝으로 마사지를 해준다. 만약 바른 후에 린스의 색이 조금 어두워 보인다면, 마른 수건으로 머리를 세게 문질러 준다. 이렇게 하면 약 1/3의 색깔을 없앨 수 있다. 여전히 색깔이 어둡다면, 분무기로 머리를 적시고 수건으로 문질러 준다. 이렇게 하면 더욱 색이 옅어질 것이다. 색이 알맞게 나오면, 웨이브나 세팅로션을 사용하지 않고서도 즉시 머리를 말 수 있다. 컬러린스가 머리에 사용할 물질의 거의 전부라고 할 수도 있다. 만약, 웨이브 로션을 사용한다면, 때때로 린스와 같이 사용되었을 때 머리에 너무 많은 기름기가 흐를 수도 있다.

영구적 헤어틴트는 영구적인 색을 내는 염색약으로 일상적으로 머리를 감더라도 씻기지 않는 머리카락을 만들 때에 사용된다. 가장 좋은 방법은 시신이 살아생전에 사용하던 상품을 구하는 것이다. 이렇게 하면 실수할 여지가 줄어든다. 영구적인 머리 색상은 바르는 방식이 약간 다른데 대개 과산화수소처럼 활성화시켜주는 물질이 필요하다. 이 과산화수소를 겉면에 쓰인 지침에 따라서 염색약과 섞는다. 섞고 나서, 그 용액을 즉시 발라야 한다. 염색약이 과산화수소에 의해 일단 한번 활성화되고 나면, 그 용액은 15~20분 이내에 써야만 한다.

3) 다양한 염색 효과

다양한 염색 효과를 위해 헤어코팅, 부분염색, 전체염색을 할 수 있다. 헤어코팅은 머릿결을 보호하고 윤기를 주는 역할만 하는 무색 코팅과 색까지 입힐 수 있는 유색 코닝이 있다. 만약 시신의 머리 뿌리 쪽만 염색해도 된다면 부분 염색을 할 수 있다. 이 과정은 예전에 염색된 머리의 끝부분과 새로운 색깔을 섞이게 해야 하는 과정이다. 염색약은 머리의 뿌리 쪽에만 적용한다. 부분염색을 '브리지'라고도 한다. 전체염색은 시신의 머리카락 전체가 염색되어져야 할 때, 머리 전체에 바르면 된다. 이런 경우에는 미리 염색된 부위와 섞이도록 신경 쓸 필요가 없다.

일단 한번 용액을 바르고 나면, 헤어드라이어를 사용한다. 절대 뚜껑이나 플라스틱 덮개를 씌워선 안된다. 드라이어는 색깔을 내는데 필요한 열기를 제공할 것이다. 체온이 없기 때문에 드라이어는 꼭 필요하다. 일단 한번 드라이를 시작하면, 머리카락과 용액은 어두운 색으로 변한다. 색을 내는 단계의 일부이므로 놀라서는 안된다. 얼마동안 용액을 발라두어야 하는지 염색약의 포장용기에 쓰인 지침을 읽어본다. 그만큼 시간이 흐른 뒤 온도를 1/3로 낮춘다. 왜냐하면 드라이어로부터 나오는 열은 원래 몸의 온기보다 훨씬 강하기 때문이다. 부가적인 열을 추가하면, 반응의 속도가 빨라질 것이다.

과정이 끝난 다음에 시신을 테이블위에 뒤를 향해 눕힌다. 그리고 머리는 테이블의 배수구

끝에 놓고 발끝은 올린다. 머리카락에 샴푸를 칠하고 완전히 씻어낸다. 시신이 테이블위에서 잘 보존되게 함으로써 염색약을 씻어낼 때 그것이 몸속으로 들어가는 것을 막을 수 있다. 이렇게 함으로써 몸을 다시 한 번 씻겨야 하는 시간을 절약할 수 있다. 만약 어떤 용액이라도 테이블에 남아있다면, 그것은 옷을 얼룩지게 할 것이고 그 얼룩을 제거하기란 거의 불가능하기 때문에 주의를 기울여야 한다.

4. 가발

치료를 위해 화학요법 또는 방사선 치료의 광범위한 이용이 머리카락이 없는 시신의 수를 급격히 증가시키고 있다. 오늘날에는 저렴한 가격으로 자연적으로 보이는 전체 가발(wigs)들과 부분 가발(pieces)들을 이용할 수가 있다.

가발쓰는 요령

- 본래의 머리카락을 젤이나 무스로 곱게 빗어 넘겨 뒤쪽에서 핀이나 고무줄로 고정시켜준다.
- 앞쪽부터 가발을 머리에 씌운 다음 들뜨기 쉬운 곳은 실 핀으로 움직이지 않게 한다.
- 완전히 고정한 후 드라이나 세트기를 이용해 원하는 디자인으로 연출한다.

머리카락 보충이 필요한 경우에는 인공적이거나 진짜 머리카락 다발을 머리카락 대용품으로 사용할 수 있다. 머리카락은 고무풀, 뜨거운 왁스, 또는 표면 복구용 왁스를 이용하여 붙여준다. 이 중 고무풀이 가장 단단하게 붙여줄 수 있다. 머리카락을 붙여 줄 때에는 최소의 머리카락을 사용하는 것이 좋다. 이것은 적은 양이 많은 양보다 붙이기가 쉽기 때문이다. 짧은 구레나룻을 만들어 줄 때 밑에서 위쪽으로 그리고 머리의 머리카락을 다시 만들어 줄 때에는 머리카락이 자라는 반대방향으로 붙여준다. 일단 머리카락을 다 붙여주고 난 위에는 잘라서 단정하게 만들어 주어야 한다. 머리카락이 살짝 빠진 곳에는 연필을 적셔서 살짝 스케치 하여 주면 된다.

제 8 장
왁스와 화장

양질의 복구용 왁스를 이용하여 실제 피부의 특성에 가까운 굴절력을 표현해 낼 수 있다. 왁스는 여러 가지 타입의 왁스, 오일, 전분(녹말), 염료 및 어떤 경우에 있어서는 향료를 포함하여 구성된다. 전분은 불투명하게 하는데 적합하며 단단한 지속성과 밀착 고정도를 통제하는 역할을 한다. 양질의 복원 왁스는 피부에 대하여서는 빛이 굴절되는 특성에 가깝게 되고 체온에서 따뜻해지면 유연한 가소성을 가지며 이것을 차가운 조직에 묻히면 온도가 변화함에서도 원상을 유지하여서 쉽게 모양을 맞춰 만들 수 있게 한다. 엷게 적용했을 때도 벗겨지거나 수축되지는 않으며, 여러 화장품들과도 쉽게 혼합되고 많은 크림 또는 파우더 화장품들을 적용한 어떤 표면에서도 잘 받아들일 수 있게 해준다.

왁스류는 반고체의 유성물질인 그리스의 특성을 가졌으며 습기있는 조직에는 점착하지 않는다. 따라서 시신의 차가운 조직보다는 작업자의 손가락과 도구에 더 쉽게 점착하는 것이다. 건조하고 딱딱한 조직에만 들러붙는데 손바닥에서 데우면 부드럽고 유연해진다. 이들 왁스류를 확실히 다루기 위해서는 손가락과 도구들을 반복적으로 깨끗이 닦아내고 물, 마사지크림, 석유류의 젤리 또는 상업적으로 통용되는 왁스 희석제 등으로 엷게 발라줘야 한다.

피부복원을 위하여 쓰이는 왁스류는 서로 다른 점도로 제조되어 있다. 각 타입은 여러 가지 색깔로써 구별하여 효력을 나타내게 되는데 특별히 규정된 용도로 고안된 것일지라도 그 각각은 그것이 어떤 환경적인 조건 또는 특별한 작업상의 테크닉에 부합시키는 것이 필요할 때 다른 것을 대신하여 사용할 수 있다.

I 복원용 왁스

1. 왁스의 종류

1) 소프트타입(통상 '표면복원용'이라함)

피부복원용 중에서 가장 부드러운 왁스인 소프트는 단지 엷은 두께의 왁스가 적용되어야 할 부위 즉 레이저 화상부위, 봉합된 절개부위, 까진 상처 부위 등의 작은 표면 복원용으로 사용된다.

[그림 8-1] 표면복원용 왁스

[그림 8-2] 왁스의 색
pink/red/dark brown tan/straw/light brown

2) 미디엄(중간)타입(통상 '복원용' 또는 '피부-외과수술용 왁스'로 명칭)

이것은 소프트보다 좀더 단단한 왁스로서 복원용으로 만들어졌으며, 따뜻한 주위 환경 하에서 좁고 국부적인 표면복원처리용으로 사용되어질 수 있다(대부분의 제조업체는 미디엄 타입의 점도를 가진 왁스를 펌 타입(가장 단단한)으로 대신하여 생산한다.)

3) 펌 타입(통상 '상처 충전제'로 명칭)

단단한 왁스인 펌 타입은 외관 모습의 복원과 대강(大腔) 즉 큰 구멍 부위와 절개부 복원의 표면처리용으로 만들어졌는데 이의 성공적인 사용을 위해서는 완전히 시신위생처리된 조직에서 바구니그물모양의 봉합이 선행되어야 한다. 이것은 다른 왁스들과 같은 점착성은 없으나 체온에 의해 부드러워진다.

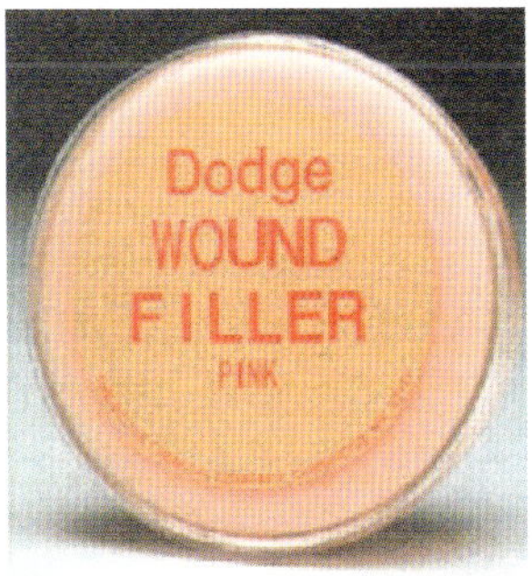

[그림 8-3] 깊은 상처충전 왁스

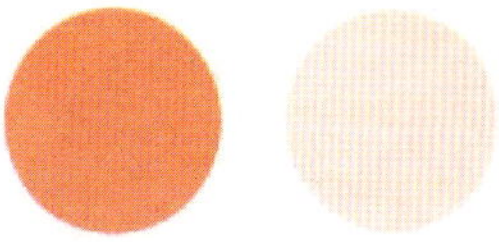

[그림 8-4] 왁스 색 dark pink/pink

4) 단단한 펌 타입(modeling wax)

가장 단단한 왁스인 펌 타입은 얼굴 모형을 재건할 때 쓰인다. 체온으로 부드러워지지만 만들고 나면 복원 형태를 그대로 유지할 만큼 단단해진다.

[그림 8-5] 모델링왁스

[그림 8-6] 왁스 색 pink

5) 입술왁스

매우 부드러운 입술용 왁스류는 입속의 점액질 막 위를 표면 처리되거나 입술을 구분하여 교정하기 위하여 사용된다. 입술왁스는 매우 유용하게 쓰이며 약한 붉은 빛을 띠는 색조 계통이다.

① 반투명 립 왁스

이 타입은 색상 범위가 좁으나 립 왁스 중에서 가장 점착성이 높다.

② 불투명 립 왁스

이 타입은 전분성분을 가졌으며 색상 범위는 좀더 넓으나 점착성이 덜하다. 그러나 융통성이 있어 유용하게 쓰인다. 점막부위에 적용되는 왁스는 입술화장품으로 색상이 입혀지고 점막부위 주위의 잔여분은 얼굴 안색으로 받아들이게 된다.(가끔 필요할 때 루주크림을 왁스와 혼합시킬 수 있다.)

[그림 8-7] 립 왁스

[그림 8-8] 왁스 색
light pink/dark pink/pink

2. 왁스에 대한 온도 변화

왁스 복원 처리를 할 때 실내 온도가 한 가지 타입의 왁스를 선호하게 되는 이유가 될 수 있다. 겨울에 너무 가열되었거나 여름에 에어컨으로 조절되지 않은 고온의 실내와 같은 매우 더운 환경은 부드러운 왁스를 끈끈하고 취급하기 어렵게 만든다. 이러한 환경에서는 표면교정을 수행하기 위한 최상의 선택은 미디엄 즉 중간 정도의 점도를 지닌 왁스를 사용하는 것인데 단단한 점도의 것은 외관 모습과 깊은 구멍의 복원용으로 가장 좋다(온도가 매우 높을 때 왁스의 융점에 대한 기록은 없다.)

또한 겨울에 적당하지 않게 너무 부실하게 데워졌거나 여름에 에어컨으로 서늘하게 냉각된 방과 같은 추운 환경에서는 단단한 왁스를 취급하기가 어렵다. 이때는 부드러운 점토의 왁스로 표면교정처리를 최상으로 하고 중간 즉 미디엄 타입을 외관 모습과 깊은 구멍의 복원용으로 사용한다. 정상적으로 쾌적한 온도 하에서는 어떤 타입의 왁스도 의도한 목적에 맞게 사용될 수 있으나 왁스류는 부드럽게 또는 단단하게 하는 기술적 적용에 따라 그 상호간에 서로 교환되어 사용 가능하다.

3. 왁스 점토의 변환

모든 왁스류는 손바닥 처치에 의해서 부드럽게 될 수 있다. 적은 양은 주걱으로 눌러 이기고 뒤집고 패면서 작업하고, 많은 양은 그것을 양손의 손가락과 손바닥 사이에서 굴려서 부드럽게 반죽시킬 수 있는데 이들은 역시 따뜻하게 함으로써 부드럽게 될 수 있다. 왁스의 색깔은 반죽시킴으로 바뀌게 되는데 색상은 전분의 재분배에 따라 밝게 된다.

왁스는 마사지크림 즉 백색석유 젤리 또는 크림화장품과 혼합시켜 더욱 유연성을 높일 수 있다. 소량의 마사지 크림으로도 점착성을 증가시킬 수 있다. 그러나 너무 많이 사용하게 되면 왁스의 끈적끈적한 점착성을 높여 그 자체로 취급하기가 어렵게 되고 그 표면에 대한 화장품의 적용을 받아들일 수 없게 되는 것이다. 크림 화장품과 혼합시키는 것 역시 왁스를 부드럽게 해주기 때문에 이런 목적을 위해서는 아마도 굳은 왁스타입을 선택하는 것이 가장 좋은 방법이 된다. 평상시 특별한 상황이 아니라면, 왁스를 왁스용매제와 혼합시키는 것은 권장되지 않는데 이러한 혼합은 향후에 바람직하지 못한 결과를 야기시킬 수 있기 때문이다.

오늘날 왁스류는 가열되거나 불꽃으로 녹일 필요가 없다. 광범위하게 왁스 복원처리를 할 때 거기에 적용되는 왁스는 근처에 가열램프, 큰 전구 또는 머리건조기를 위치시킴으로써 유연함을 유지시켜줄 수 있다. 중간 중간 간헐적으로 따뜻한 압력을 가하는 것 역시 필요하다.

왁스는 건조파우더(활석), 전분(옥수수전분 등) 또는 염료파우더(만약 색상이 요구 될 때)와 혼합시키면 단단하게 굳게 된다. 이 때 어느 정도의 점착성의 희생이 따르게 되는데 어떤 종류의 왁스들은 적당한 점착성 손실이 바람직하고 그 외 다른 것들은 점착성의 손실을 만회하기 위하여 적은 양의 백색 석유 젤리로 재조정 해준다.

왁스는 냉각시키면 굳게 되는데 적은 양은 찬물에 담구는 방법을 사용한다. 차가운 날씨에서는 그 용기를 바깥 창 턱 위에 놓아 둘 수 있다. 작업하는 동안에는 왁스를 간헐적으로 얼음물로 눌러 냉각시켜준다. 또한 광범위한 복원작업 중에는 왁스를 손바닥에서 제거하여 필요로할 때까지 옆에 놓아두도록 한다. 머리건조기의 찬바람도 어떤 경우에 있어서 도움이 될 수 있다.

II 왁스와 안면화장

이미 발라놓은 화장색에 왁스의 색을 맞추는 일은, 아무것도 바르지 않은 피부색에 왁스의 색을 맞추고 나서 그 두 표면들에 화장품을 바르는 일보다 훨씬 간단하다. 어떤 종류의 화장품은 (1) 왁스 위에 적용될 수 있고, (2) 어떤 것은 혼합될 수 있으며, (3) 또 어떤 것은 왁스

처리 전에 변색되고 눌린 부위에 밑칠한 것을 감추는 용도로 적용될 수 있다. 투명 및 반불투명화장품은 오일을 매개로 하여 왁스 위 또는 왁스와 혼합하여 적용될 수 있는데 수용성 타입은 효과적이지 못하다. 단지 하나의 액상 피부화장품 즉 교상체(콜로이드)만이 만족스럽게 왁스 위에 적용될 수 있다. 부유현탁액 또는 용액은 효과적이지 못하다 불투명, 휘발성, 액상 페인트는 왁스와 혼합될 수 없으나 왁스의 밑 또는 위에는 적용시킬 수 있다. 수용성 타입 사용 시 사전에 왁스 위 액상 밀폐제를 적용하도록 한다. 점착성이 없이 푸석거리거나 덩어리로 응고된 파우더 화장품들은 왁스와 혼합될 수 있으나 케이크 타입 즉 덩어리로 응고된 것이 물 대신 솔벤트와 같이 적용되지 않는다면 점착성 없이 푸석한 즉 루주 타입 파우더만이 왁스위에 적용될 수 있는 것이다.

같은 화장품일지라도 왁스표면에서와 피부표면에서 각각 어떻게 나타날지를 예측하기란 쉽지 않다. 게다가, 어떤 투명 화장품은 왁스 표면에 잘 발라지지 않는다. 때로는 맨얼굴에 바르는 것 보다 왁스 표면위에 다른 매체를 대체시켜 놓고 바르는 것이 더 편리할 수 있다.

발라놓은 화장색(안면 색조나 난색지대 화장 시)에 왁스의 색 맞추기를 선호하는 화장사들이 있다. 색을 완벽하게 맞추려고 애쓰는 대신 표면에 부족해 보이는 색소를 더해줌으로써 색을 맞추게 된다.(막상 왁스를 발라보면 색이 약간 다르게 보일 수 있기 때문에)

위의 방법을 사용하게 된다면, 왁스의 색을 발라놓은 화장의 색보다 약간 더 엷게(덜 선명하게) 만들어 놓는 것을 추천한다. 선명도를 높이는 일은 별 문제가 안 되지만, 선명도를 낮추는 것은 어렵기 때문이다.

1. 색깔 왁스색 선정과 색 만들기

피부복원을 위한 왁스는 다수의 여러 가지 색상으로 제조된다. 모든 장례화학용품회사가 같은 숫자의 색상들을 공급하는 것은 아니며 이들은 상호 연관되는 색상들의 도식화된 연속 시리즈를 고안하려고 노력하고 있다.

왁스류는 백색(또는 아이보리), 밀짚색(또는 엷은 황색 또는 자연색), 살색(밝은 색, 중간 및 어두운 색), 분홍색, 황갈색, 담갈색, 갈색(밝은 색 및 어두운 색), 회색(빨강이나 노랑이 많이 섞인 따뜻한 색), 붉은 색(밤색 또는 적갈색)과 자줏빛 심홍색 등의 라벨을 가지고 있다.

이러한 여러 가지의 왁스들은 왁스처리 대상물의 빛깔에 근접하게 하기 위해 상호간 서로 혼합될 수 있다. 살결의 색상이 적용된 후, 그 외관 모습에 가장 근접한 왁스가 선택된다. 두 번째 색상은(즉, 그것이 밝으냐 어두우냐에 따라 필요할 경우) 첫번째 것과 혼합되며 불그스름한 계통의 색깔들은 따뜻한 색조의 투광을 위해 제조된다. 피부로 비유될 수 있는 것은 부드러운 용적의 왁스로 이루어지는 반면 엷고 거친 왁스표면은 색상을 떨어뜨릴 뿐 아니라 정확한 일치시킴을 불가능하게 한다.

백색(또는 아이보리)은 일반적으로 색조가 없는 색깔로 간주되는데 이것은 다른 왁스 색깔을 밝게 하는 용도와 화장품과 혼합하여 사용하는데 주로 사용되고 있기 때문이다. 이같은 경우 굳고 단단한 타입의 것이 권장된다. 밀짚색깔의 왁스는 엷은 황색의 색조를 가지는데 이는 코카시언 인종과 밝은 피부의 니그로(그리고 몽골인)의 살갗에 있어서 레이저로 태운 곳, 절개 봉합 부위, 까진 상처 부위 등과 같은 사소한 표면복원을 위한 훌륭한 색조로 흔히 사용된다. 이것이 넓은 부위의 복원에 사용되었을 때에는 적용 후 왁스색상의 개조가 필요하게 될 수 있는데 이것은 사전에 화장된 피부에 맞추기 위함이다. 여기에는 반불투명 및 동격의 크림화장품이 권장된다.

피부의 색과 비슷하게 맞춰서 나온 왁스도 있고, 여러 색을 섞어야 하는 왁스도 있고, 화장품과 섞어서 사용하는 왁스도 있다.

대표적인 왁스 색 이름

white(ivory)	suntan
straw(natural)	light brown
light flesh	dark brown
medium flesh	gray(a light warm gray)
deep(dark) flesh	yellow(pale or canary)
pink	red(light or maroon)
tan	purple

1) 단색 사용하기(one color matching)

① 밀짚색 왁스(straw color wax)

옅은 황색을 띤다. 날카로운 자국이나 봉합된 절개부위, 작은 열상, 벗겨진 부위 등 작은 면적의 복구 시에 유용하다. 사용되는 화장품에 따라 많은 양의 왁스 복구작업 시에 사용되기도 한다. 이 색깔은 대다수의 백인들의 피부에도 효과적일 뿐만 아니라, 밝은 피부색의 흑인과 동양인에서도 또한 효과적일 수 있다.

② **다른 색**(other colors of wax)

피부색이 검은 백인, 몽골인, 피부 톤이 어두운 흑인들의 안면 화장색과 거의 흡사한 색의 왁스를 가지고 있다. 색이 약간 틀려지는 것은, 왁스표면에 안면색조 화장품을 발라서 수정할 수 있다.

2) 두 가지 색 사용하기(two color matching)

단색의 왁스만으로는 이미 발라놓은 안면의 화장색을 내기가 충분하지 못한 경우에, 두 가지 색의 왁스를 섞어서 사용할 수 있다. 첫번째 왁스의 색은 발라져 있는 화장의 색과 최대한 비슷해야 한다. 두번째 왁스는 첫번째 왁스의 색을 보다 더 밝아 보이게 할 것인지, 어둡게 할 것인지, 누렇게 할 것인지 붉게 할 것인지 덜 선명하게 혹은 더 선명하게 할 것인지에 따라 결정된다.

두개의 왁스를 섞을 때에는 주가 되는 색에 다른 색을 섞어주도록 한다. 주가 되는 왁스는 더 옅은 색이어야 한다. 그리고 시신에 바르기 전에 주가 되는 왁스에다가 더 어두운(혹은 더 선명한) 색의 왁스를 섞는다. 대다수의 백인과 피부색이 희거나 중간정도인 흑인, 몽골인종에서의 안면색은 위와 같은 과정으로 잘 맞출 수 있다. 바르고 난 뒤에 색이 약간 차이가 난다면 색소를 표면에 덧발라서 교정하도록 한다.

만약 복구해야 하는 구역 중에 난색지대가 포함되어 있다면(그리고 이미 안면 색조 화장품이 발라져 있는 상태라면), 붉은 화장품을 그 표면에 두드리듯이 발라줄 수 있다(하지만, 붉은 색의 입술용 왁스가 발라진 입술에는 이렇게 하면 안된다.).

3) 여러 색 사용하기(multi-color matching)

여러 색의 왁스를 섞는 것은 주로 넓은 범위의 복구작업 시에 이루어진다. 다색 왁스 작업에 숙련된 화장사들은 이 작업이 '문제 있는(어려운)' 케이스를 해결하는데 있어 광범위한 선택의 폭을 제공한다고 말한다.

왁스의 기본 색(즉 흰색, 황색, 적색, 그리고 갈색)은 손쉽게 구입할 수 있다. 이 왁스들은 (혼합물의 형태로) 수많은 안면화장에 사용될 수 있다. 그 범위는 오직 갈색의 함량에 의해서만 제한된다. 대부분의 화장사들은 미리 여러 색을 혼합해 놓은 왁스로 시간을 절약할 수 있다고 말한다.

안면색의 타입에는 여러 가지 변이가 있을 수 있기 때문에 다음의 과정들은 단지 시범적으로만 생각하도록 한다. 오직 화장사 자신만이 문제에 대한 환경의 영향을 평가할 수 있으므로 색을 선택하는 일은 화장사의 선택에 따라 달라진다. 앞서도 여러 번 언급했듯이, 색깔에 약간의 차이가 있는 것은 왁스 표면위에 색소를 가볍게 두드려 줌으로써 교정할 수 있다.

2. 왁스 전에 적용되어진 화장 밑칠

찰과상의 밑조직, 건조된 피부-벗겨진 범위, 혹은 화상을 입은 조직은 표면 복원용 왁스적용 전에 밑칠을 한다. 표면 윤곽 회복을 위해서는 너덜너덜한 조직을 제거하고 밑칠 적용을 해야 한다. 액체 화장 밑칠을 이용하지 않는다면 불투명 크림 화장품을 사용하거나 혹은 왁스위에 외부적으로 적용한다. 가장 많은 만족하는 화장밑칠의 유형은 빨리 마르는 불투명 액체이다.

1) 밑칠 색

밑칠 색은 안색에 가까운 색을 선택한다. 가능하지 않다면 조금 더 밝은 것이 효과적이다.

2) 밑칠의 적용

작고 부드러운 브러시는 스프레이를 제외한 화장 밑칠의 어떤 유형에도 사용할 수 있다. 빨강-검은담비 입술-브러시 혹은 작은 낙타털 브러시를 하도록 한다. 신중한 적용은 필수적이며 가장자리 처리는 특별히 주의를 해야 한다. 만약 불투명 크림화장품을 사용한다면 브러시와 함께 조심히 파우더를 적용한다.

3) 왁스 색

밑칠 위에 적용되어진 왁스는 적용된 안색에 더 가까운 색이어야 한다. '담황색' 왁스는 많은 코카시안인, 밝은 네그로인 그리고 몽골사람에서 유용하게 사용된다. 적용 후에 왁스 표면 위에 작은 수정을 할 수 있다. 색조없는 왁스(아이보리 혹은 하얀색)는 가벼운 복원을 위해 드물게 사용된다.

4) 밑칠 위에 왁스 적용

왁스는 스패츄라를 사용하여 얇게 펴 발라주도록 한다. 화장 밑칠이 지워지는 일이 일어나지 않도록 조심해서 펴 바른다. 왁스를 적용할 범위의 중간부분으로부터 큰 왁스 덩어리를 펴 바름으로서 굴곡을 자연스럽게 표현해야 한다. 모서리 부분은 가장자리를 향해 점점 가늘어지도록 한다. 만약 너무 작게 왁스를 적용한다면 적은 양으로 반복하여 작업하고 너무 많이 왁스를 적용하였다면 철사 끝 모형 기구를 이용하여 다른 방향으로 이동시킨다.

3. 왁스 위 화장 적용

복원용 왁스는 본래 유지같은 재료 때문에 모든 화장이 왁스 표면위에서 만족스럽게 적용되지 않는다.

1) 화장을 위한 왁스표면 조절의 방법

① 왁스 표면의 얇은 막(firming time): 표면위의 화장 적용 전 본래의 밀도로 되돌리기 위해 왁스 건조를 시켜주어야 한다. 왁스 용매를 왁스표면에 '윤'을 내기 위해 사용하려면, 화학품의 완벽한 증발이 이루어지고 난 후 사용하도록 한다. 건조 시간은 10에서 15분 동안 이루어진다.

② 왁스 표면의 파우더(dusting with powder): 왁스표면의 얇은 막이 조금 기름지면 마른 파우더를 사용하여 건조시킨다. 1분 혹은 2분 후에 초과한 파우더를 제거해준다. 촉촉한 티슈로 닦아 약간의 잔류물을 제거해준다. 반면에, 작은 불투명 크림 화장품(마사지 크림 베이스를 요구한다)을 사용한다면, 파우더 안한 조금 기름진 표면이 필요하다.

③ 왁스 위에 적용된 액체 표면 풀(liquid sealer applied over wax): 불투명 액체 화장품은 표면에 액체 표면 풀을 먼저 칠하지 않는 한 적용할 수 없다. 다른 불투명 화장품의(액체 혹은 크림) 적용을 위해 규칙적으로 표면 풀을 왁스 위에 적용한다. 이 작업은 왁스의 모서리의 부서짐을 최소화시켜준다. 표면 풀 적용 전에 피부결(모공, 주름살)을 표현해야 한다.

④ 왁스 표면 위에 화장적용의 기술: 왁스의 건조한 표면 위에 화장품 사용은 신중할 필요가 있다. 손가락 혹은 브러시를 사용하여 화장 적용 시 왁스 표면을 가로질러 손상을 입힐 수 있기 때문이다.

a. 왁스 위 액체 화장적용: 부드러운 브러시는 왁스 표면 위의 액체 화장의 적용을 위해 사용한다. 납작한 반 인치 빨강 검은담비 브러시는 이 작업 시 우수하다. 만약 콜로이드를 사용한다면 작은 손가락 두드림으로 좋은 효과를 기대할 수 있다. 솜 혹은 스

펀지와 함께 사용은 피하도록 한다. 파우더는 콜로이드 파운데이션 혹은 투명한 색료로 왁스 위에 적용된다.

b. 왁스 위 크림 화장 적용: 크림 화장은 왁스 표면위에 두드려 적용한다. 유연성이 있는 일반적으로 검지를 사용한다. 적용 전에 따뜻하게 하기 위해 손바닥위에 데워 부드럽게 해주며, 점진적인 적용에 의해 만족스러운 결과가 나온다.

크림 화장품 마사지 크림을 섞어 부드럽게 사용할 수 있지만 너무 많은 양을 섞게 되면 적용이 어렵게 된다. 브러시로 점화하여 피부결을 자연스럽게 표현한다.

c. 왁스 위 파우더 화장 적용: 색조 혹은 색소 파우더는 안색을 내기 위해 사용되어진 왁스색과 조화를 이루어야 한다. 표면을 매끄럽게 하기 위해 마사지 크림을 적용하고 파우더 적용을 한다. 마른 루주는 파우더의 적용 후에 사용하도록 한다.

4. 왁스와 함께 혼합된 화장

변색이 없는 경우 분장사는 투명 크림 화장품(혹은 색소 파우더)을 왁스와 함께 손바닥에 데워서 안면 색을 위해 사용한다. 투명한 액체 화장은 왁스와 함께 혼합할 수 없다. 수성물질은 유지와 같은 왁스의 성분과 함께 섞일 수 없기 때문이다. 오직 콜로이드 파운데이션, 시신 전용 파우더 부유(라놀린과 함께) 그리고 휘발성의 색료만이 만족스럽게 왁스 표면위에 적용되어질 수 있다. 왁스와 불투명 화장품을 섞어 사용하면, 피부와 왁스의 표면을 쉽사리 덮어버릴 수 있으므로 굳이 색을 맞출 필요가 없다.

'거친 상태로' 원형을 만든 후에 통상 왁스를 손가락으로 매끈하게 한다. 미끄러지듯 자유롭게 움직이도록 하기 위해 물 또는 적은 양의 마사지 크림 또는 백색 석유 젤리 등을 발라주는데 여기서는 마사지 크림이 가장 유용하게 사용될 수 있다. 이는 크림 화장품들이 사용되어야 할 때 마사지 크림이 기초크림으로 사용되기 때문이다.

석유젤리의 경우 잔존물을 제거하는데 쓰이는 클로로포름 또는 아세톤과 같은 한 종류의 솔벤트가 최종 다듬기 작업에서 쓰이지 않는다면 문제점을 야기시킬 수 있다. 최종 연마와 다듬기는 솔벤트와 브러시(넓은 부위의 경우 보푸라기 조면이 섞여 있지 않는 가제)로 수행할 수 있다. 여기의 브러시는 통상 붉은 담비 털로 된 0.5인치의 편평한 것을 사용하는데 구조상 볼록한 면을 흉내내어 본뜨기 위해서는 브러싱하는 방향들과 충분한 압력을 대비시켜서 작업 표면 위를 가로질러 끌면서 작업하게 된다.

이 때 브러시가 미끄러지게 할 만큼만의 적은 양의 솔벤트를 사용해준다. 표면흠집들은 불빛의 위치를 바꿔줌으로써 쉽게 발견할 수 있는데 확대경 즉 돋보기도 가치 있게 사용된다. 조그맣게 눌린 부위는 작은 구슬모양의 왁스덩이를 그 부위에 놓고 브러시로 눌러 표면형 상대로 맞춰서 빠르게 채워준다. 과다하게 채운 것은 철사 끝 모양의 기구로 방향을 대비시키면서 왁스를 가로질러 부드럽게 끌어서 없애준다.

만일 장례용 왁스 솔벤트를 이용할 수 없다면 트리클로로메틸렌, 클로로포름 또는 에테르 등이 대신 사용할 수 있다. 여기에 사용된 솔벤트는 화장 분장작업을 가정하여 반드시 증발되어야 하는데 너무 많은 솔벤트가 사용되면 왁스가 화장품을 받아들이는데 있어 너무 끈적이는 점착성을 가질 수 있기 때문이다.

가장 크고 심각한 문제점은 왁스의 엷은 표면적용의 경사진 가장자리에서 발생한다. 가장자리는 아주 많은 주의가 기울어지지 않는다면 떨어져 나갈 수가 있게 되기 때문이다. 그래서 브러시로 매끄럽고 부드럽게 하는 것이 도움이 되며 액상의 광택 없는 밀폐제도도 이 문제점을 최소화시킬 수 있다. 그러나 이 작업 뒤에는 이 밀봉제를 감추기 위해서 짙은 화장이 되어야 한다.

III 왁스와 입술화장

1. 입술 왁스의 적용

입술 왁스의 작은 양을 손바닥에 덜어 데워서 사용한다. 위쪽 입술의 왁스처리는 '큐피트' 화살 모양으로 형태가 나타나도록 적용한다. 이 꼬불꼬불한 곡선은 여성에게 훨씬 강조되어진다. 입술의 볼록한 효과를 유지하기 위해 그리고 자연스러운 곡선을 만들기 위해 입술 중간에 왁스를 더 둔다. 입 주변에 특징 표현을 잘 파악하여 적용해야 한다.

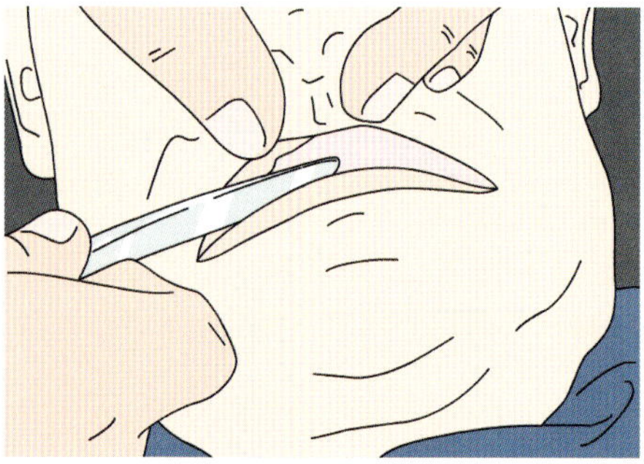

[그림 8-9]

손바닥으로부터 왁스의 작은 양을 주걱의 모서리 끝 위에 들어올린다(그림 8-9). 위쪽 입술의 아래쪽 가장자리에서부터 적용을 시작한다. 턱을 아래쪽으로 민다. 위쪽 그리고 아래쪽 입술에 분리한다. 위쪽 입술의 아래쪽 가장자리 조금 아래에 왁스의 자리를 둔다. 왁스를 위쪽으로 주걱의 끝과 함께 위쪽 입술의 자연스러운 굴곡 형태를 위해 매우 적은 압력을 사용해서 펼친다.

[그림 8-10]에서 왁스는 아래쪽 입술에 적용한다. 순서는 위쪽 입술 형태에서 사용한 것과 같다. 내리누른 턱은 차츰 줄어드는 왁스를, 끝의 선을 흉내 내어 위쪽 입술 밑에 부드러운 형태를 위해 둔다. 중간을 볼록하게 만들고 윤곽 주의를 아래쪽 입술의 표면위에 유지되어진다.

입술 모서리의 선을 자리잡게 하기 위해 마사지 크림의 충분한 양을 작은 브러시의 강모로 적용한다(그림 8-11). (엄지 그리고 집게손가락 사이에 브러시 강모가 쓰임에 의해 끝-모서리가 형태 된다) 브러시의 뾰족한 모서리를 왼쪽에서 오른쪽 입 구석으로 입술 모서리의 선을 따라 지나간다. 자연스러운 선의 윤곽이 수립될 때까지 순서를 반복한다.

왁스위에 수직 입술 선을 나타내는 것은 입술 왁스에서 매우 중요한 단계이다(그림 8-12). 절제되고 약한 터치를 해서 자연스러운 수직선이 나타나게 한다. 수직적인 입술 선은 입술 중간에서 더 멀리 떨어질수록 주름 간격이 좁아지도록 한다. 수직적인 입술선 그리고 주름결을 복원하기 위해 둥근 손잡이의 입술 브러시 끝을 뾰족하게 한다(주걱 모서리를 용해제와 함께 축축하게 해서 사용할 수 있다). 매우 얇은 수직 기법 사용은 위쪽 입술의 중간부터 시작한다—입의 구석에서 선을 새긴다. 아래쪽 입술을 같은 순서로

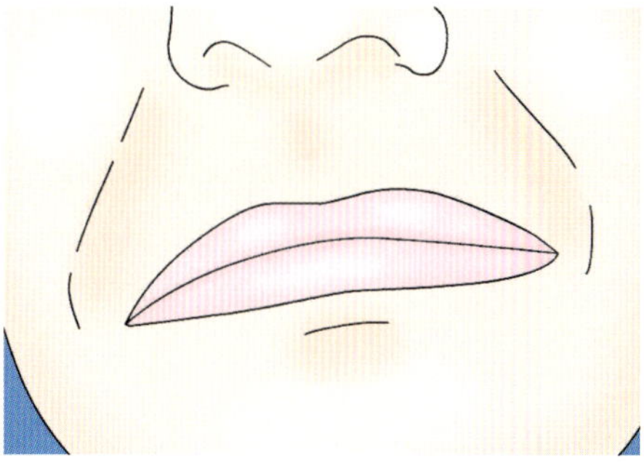

[그림 8-10]

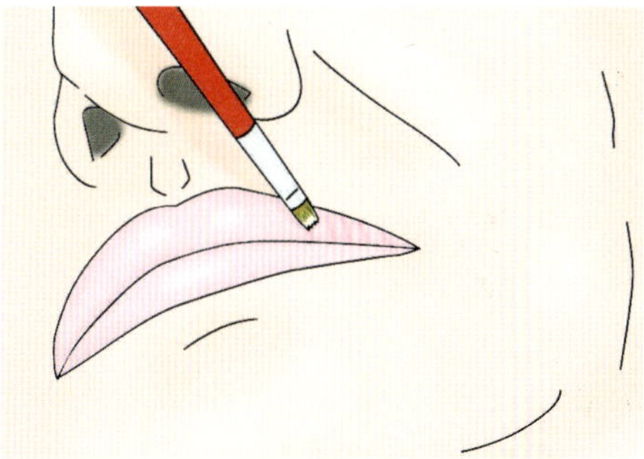

[그림 8-11]

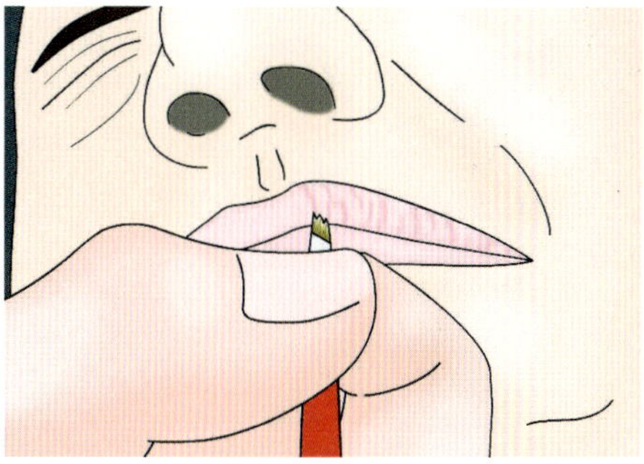

[그림 8-12]

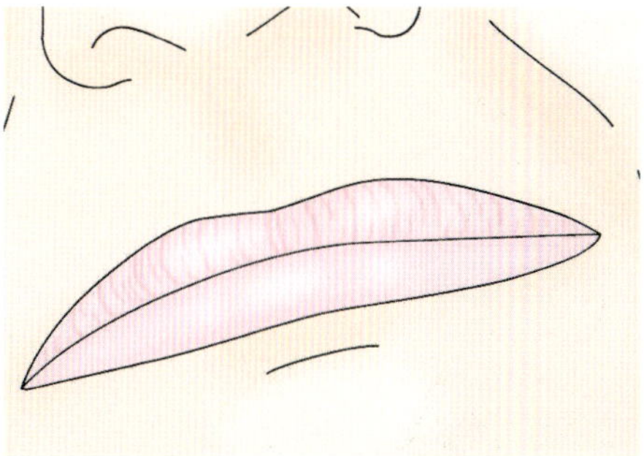

[그림 8-13]

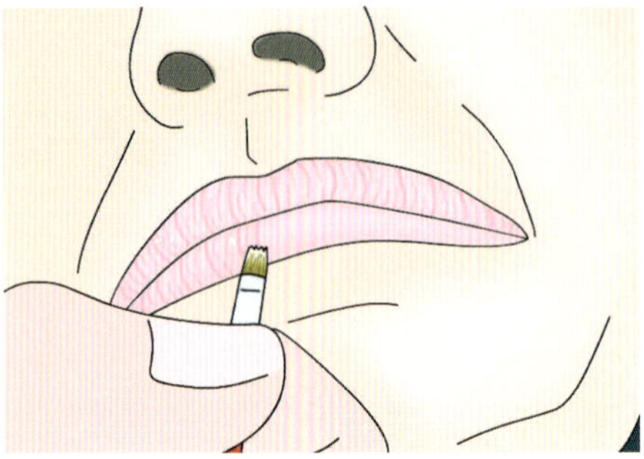

[그림 8-14]

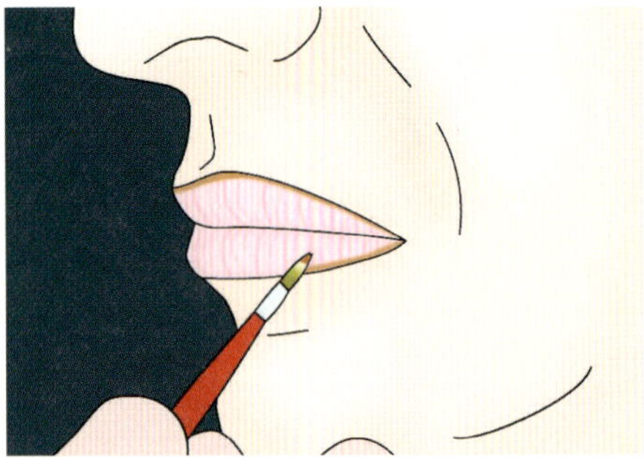

[그림 8-15]

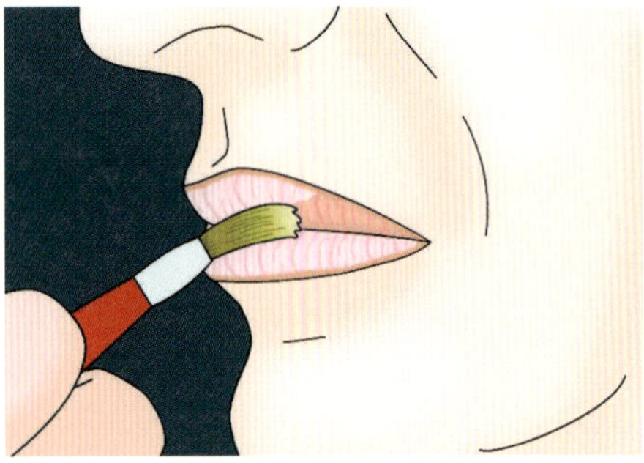

[그림 8-16]

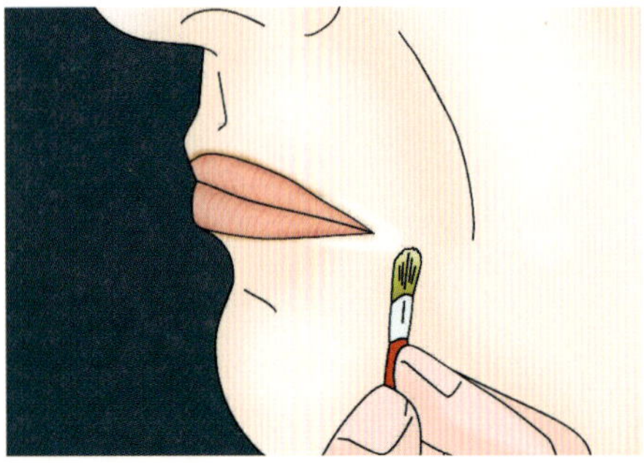

[그림 8-17]

사용해서 처리한다. 선을 너무 많이 긋는 것을 하도록 한다. 많이 하는 것보다 적게 하는 것이 훨씬 낫다. 예리한 수직선은 점막(mucous membranes)에서 젊은이는 덜 두드러져 보이며 노인에서는 더 깊고 더 무거워 보인다.

입의 왼쪽면 위의 왁스 표면에서 아주 똑같은 입술 선을 관찰할 수 있다(그림 8-14). 선의 유사점은 왁스칠된 표면의 자연스러운 외모를 수립할 수 있다.

왁스표면에 주름 결의 완성 위에 매끄럽고 자연스러운 윤곽을 위해 용매제 사용이 필요하다(그림 8-14). 작은 지름의 브러시를 용매제에 적셔 오직 브러시의 무게로만 주름 결 위에 적용하여 선을 매끄럽게 한다. 윤곽은 자연스러운 깊이로 수직선이 된다.

2. 왁스칠한 입술에 크림 화장품 적용

입술 화장적용 전 왁스는 원래의 농도로 단단해져 있어야 한다. 왁스가 마르는 동안 수직적인 선을 긋는다. 그리고 입술 화장품을 적용한다. 왁스가 굳는 시간은 보통 실내온도에서 15분가량 걸린다. 입술 화장 적용 전에, 입술의 가장자리에 있는 위쪽과 아래쪽 바깥 선을 먼저 그린다(그림 8-15). 음영을 표현하기 위해 입술 색조를 혼합한다. 예리한 뾰족한 브러시는 입술 바깥 선을 그리는데 사용한다.

위쪽 그리고 아래쪽 입술의 바깥선 모양을 따라 왁스의 표면 위에 입술화장품을 적용한다.(그림 8-16) 입술의 모양을 고치는데 , 손바닥 위에 주격 끝과 함께 아래쪽 방향으로 크림 화장품을 펴 바른다. 용매제와 함께 크림을 희석한다. 둥근 색조 브러시의 끝을 브러시와 함께 손바닥으로부터 크림의 작은 양을 들어 올리는데 사용한다. 2~3번 반복적으로 크림화장품의 색조가 스며들도록 한다.

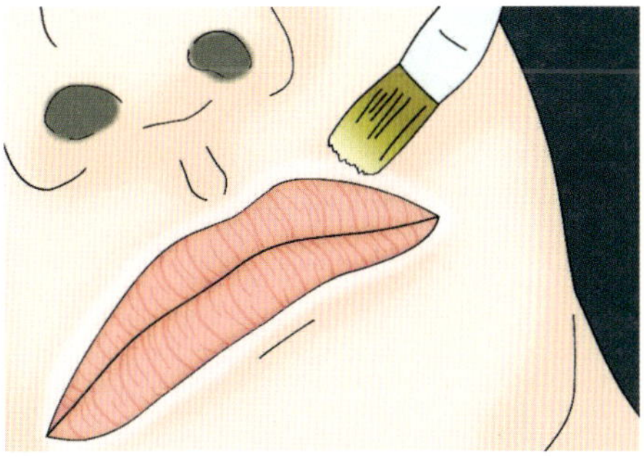

[그림 8-18]

기본(안색) 화장을 입술주위로 적용해 준다. 가장자리를 따라 1/2인치 납작 브러시를 사용해서 윤곽을 따른다. 기본(안색) 화장을 바깥쪽으로 입주의의 표피 표면으로 혼합한다(그림8-17, 그림 8-18).

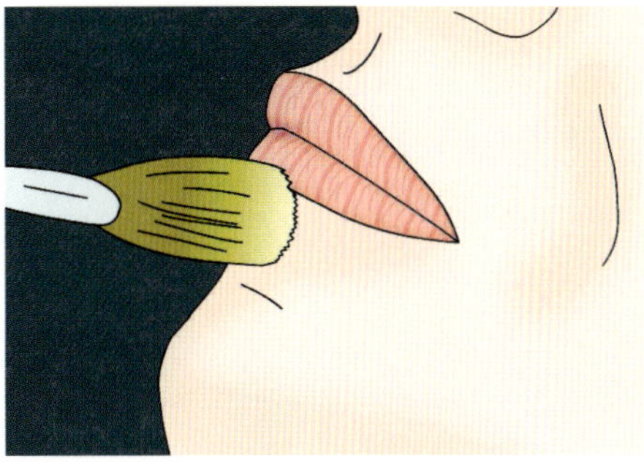

[그림 8-19]

색조 크림의 (밝은 갈색 혹은 어두운 갈색) 위에 기본(안색) 화장을 입술의 가장자리 바깥 면을 따라 적용된 것 위에 점화한다.

점화법으로 갈색 색조가 기본 안색으로 혼합되도록 한다. 경계선을 제거하여 자연스럽게 보이도록 한다. 루주가 적용된 입술선과 안색이 만나는 곳은 입술 외형을 인공적으로 보이게 하는 중요한 요소이다. 안색 위에 조금씩 갈색 색조 크림을 점화함에 의해 '하얀 선'이 입술 주위에 부드럽고 자연스럽게 보이게 된다(그림 8-20). 또렷하고 붉은 입술 색은 오직 여성을 위해 장식적으로 사용되어진다.

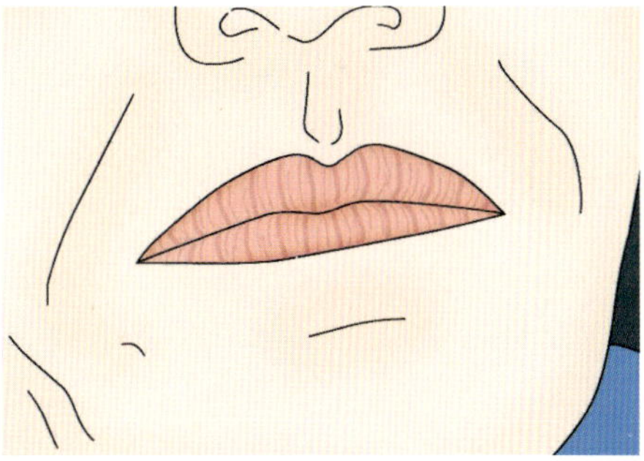

[그림 8-20]

고인이 자연스럽게 보이게 하는 것 중의 하나는 입술의 윤곽과 입술 색을 똑같이 해주는 것이다. 입술의 복원을 위해 입술 표면에 왁스를 적용해야 할 경우 얼굴 생김새 표현의 자연스러움을 달성하기 위서는 왁스 표면에 입술선을 복원해 주어야 한다. [그림 8-20]에서처럼, 입술의 왼쪽 면에서 복원된 입술선의 자연스러운 모습을 관찰할 수 있다. 원래의 입술 위에 왁스가 적용되고 나면 입술선의 복원이 필수적이다.

제 9 장

시신화장의 전반적인 절차

I 정상시신을 화장하는 전반적인 절차

정상시신을 메이크업 하는 과정은 모두 5부분으로 나누어져 있다. 안색 적용, 하이라이트와 섀도, 생김새 교정, 난색적용, 파우더 칠하기, 위의 과정 중 어떤 과정이라도 불필요하다면 생략할 수 있으며, 그에 상응해서 전체 과정은 짧아질 것이다.

1. 안색 적용

일반적으로, 마사지 크림은 액체 화장품을 바르기 전에 제거되어야 한다. 크림이 남아있다면, 용제로 제거하도록 한다. 머리카락 경계선 부위에는 화장품을 발라서는 안된다. 중심부에서부터 바르기 시작해서 머리카락 경계선 부위 쪽으로 갈 때는 손가락이나 브러시로 문질러 비벼주면, 머리카락 쪽으로 갈수록 색상은 점차 옅어지고 머리카락도 손상되지 않을 수 있다.

2. 하이라이트와 섀도

처음에 했던 안면 화장은 조명이라던가, 시신의복, 관 내부의 인테리어에 따라 시신의 정상적인 색감이 떨어질 우려가 있으므로 수정해야 할 필요가 있을 수 있다. 모든 화장제제가 바른 후에 수정할 수 있는 것은 아니다. 어떤 화장품은 단지 맨 얼굴에 엷은 톤 효과만 줄 수도 있다.

시신용 크림 화장품 키트에 포함되어 있는 기초 색소로 이미 발라 놓은 안면의 색조를 변화시킬 수 있다. 이 제품들은 기름 성분으로, 오일 타입의 화장품과 함께 사용할 때 효과적이다. 4가지 기초 색소(흰색, 황색, 적색, 갈색) 중 어떤 것을 발라도 얼굴 톤을 바꿀 수 있다. 만약, 나이 든 시신이라면 누르스름한 빛깔이 강조되어야 할 것이다. 반면, 이미 발라놓은 화장색이 너무 밝거나 또는 지나치게 어둡다면 이것 역시 즉시 바꿀 수 있다. 만약 시신이 정상적이고 혈색이 좋고 불그스름하다면 또는 조명, 의복, 관 내부 색이 붉다면 적색 기초색소를 사용해서 수정할 수 있다. 단일성(unitary) 혹은 조화성(coordinating) 복합색소 중 어떤 것을 사용했던지 간에 수정할 때에는 기름 성분의 색소로 해야 한다.

기초 색소는 굉장히 선명하고 생생한 색상이므로 매우 소량만 사용해도 된다. 10센트 크기 정도의 양이면 얼굴 절반의 색상을 바꾸기에 충분하다. 황색이 너무 많이 들어가면 황달기가 있어 보일 수 있다. 적색이 너무 많이 들어가면 얼굴이 달아오른 것처럼 보이거나 화상을 입은 것 같아 보인다. 갈색이 너무 많이 섞이면 얼굴이 더러워 보인다. 너무 얼굴이 희면 창백해 보이고 빈혈기가 있어 보일 수 있다.

3. 생김새 교정

생김새를 변화시키는 일은 더 크게 보이거나 앞으로 나와 보여야 할 부위를 더 밝게 강조함으로써 혹은 사이즈가 더 작아 보이고 더 들어가 보여야 할 부위를 더 어둡게 만듦으로써 가능하다.

투명 메이크업을 한 시신에서 형태를 변화시킬 때는 차별화를 두어야 한다. 불필요하거나 화장을 통해서 보이는 피부의 자연스러운 컬러가 보일 때는 해서는 안된다. 고치는 화장을 하는 것은 단지 수정의 효과를 요하는 부위에만 국한되어야 한다. 즉, 얼굴을 더 갸름하게 보이게 하거나 더 넓어보이게 한다거나, 움푹한 부분을 더 들어가 보이게 한다거나, 돌출부위를 더 튀어나오게 보인다거나 하는 곳에 말이다. 투명 메이크업에서 가장 흔히 적용하게 되는 그림자부위는 눈꺼풀 부위이다. 즉, 눈꺼풀 가장자리를 불그스름하게 보이도록 만든다거나, 안경을 써서 눈이 튀어나와 보이는 곳에 화장을 해야 한다.

장식적인 화장(ornamental makeup)에서 생김새를 수정할 때는 완벽한 타원형의 두상을 만드는 가공적인 기술을 사용해야 한다. 가쪽 턱을 더 갸름해보이게 한다거나 더 넓어 보이게 한다거나, 얼굴의 수직 길이를 더 짧게 혹은 길게 한다거나, 얼굴의 특징을 더 강조하거나 혹은 덜 강조시키거나 하는 식으로 한다.

4. 난색적용

얼굴의 난색지대는 위치별로 그 선명함이 다르다. 난색지대에는 입술(점막), 뺨, 귀, 턱, 코의 아래부위, 남성의 이마 등이 있다. 선명도를 줄이는 과정은 여성에서 화장의 타입에 따라 다르다. 장식적인 메이크업에서는 선명한 붉은 색을 필요로 하는 반면, 안면색조를 내는데 사용되는 붉은 색은 '자연스러워 보이는' 메이크업을 필요로 한다.

당연히 입술이 모든 지대 중에서 가장 선명하게 보여야 하는 곳이다. 장식적인 메이크업에서 입술은 단일 색으로 칠하고 경계선을 깔끔하게 그린다. 다른 화장에서는 경계선을 불분명하게 그리고, 안면의 붉은 색이 다른 색과 얼룩덜룩하게 섞여서 단일하지 않은 색을 내게 된다.

손에서는 관절마디 부위마다 희미하게 붉은 색으로 칠해져야 한다. 장식적인 적색을 써도 되고 안면 색을 내는 데 쓰이는 적색을 써도 좋다. 첫번째와 두번째 관절과 마디사이의 패인 부위에는 화장을 하지 않는다. 손톱 또한 물들인다. 너무 광택이 나 보이는 것을 피하기 위해 붉은색 용액을 사용할 수도 있다. 또는 투명 혹은 불투명 손톱 락커를 사용해 장식적인 효과를 줄 수도 있다.

5. 파우더 바르기

건조형이나 색조형 파우더는 오일이나 글리세린이 함유된 화장품을 건조시키고 정착시키기 위한 마지막 단계에서 사용된다. 일단 이렇게 완성되고 나면 더 이상의 화장은 불필요하다. 만약 여성 시신에서 흐릿한 마무리를 하고 싶다면 더 이상 해줄 화장은 없다. 하지만 윤기 있는 효과를 내고 싶다면 남은 파우더를 젖은 티슈를 사용해 찍어내어 제거해주면 된다.

[표 9-1] 일반적인 시신화장의 적용부위와 목적

화장	적용부위	적용 목적
마사지크림	얼굴 전체, 손	화장하기 전 피부결을 정돈하고 화장하기 좋은 상태로 만듦
파운데이션	얼굴 전체	피부를 강조하고 작은 결함을 감춘다.
Blush	난색 범위	자연스럽고 건강한 안색을 표현한다.
입술 색	입술	자연스러운 입술 색 재 창조 또는 고인이 사용하던 것과 같은 입술 색의 표현
눈썹 색	눈썹	눈썹 채우기 또는 늘이기
아이라인	속눈썹선, 눈꺼풀	눈을 크게 만들고 속눈썹을 풍성하게 표현
아이섀도	위쪽 눈꺼풀	눈을 극적이게 보이게 해줌
파우더	모든 범위	화장 후 수분 유분 제거 및 건조
인조속눈썹	눈꺼풀	속눈썹을 풍성하게 하고 속눈썹을 복원시킨다.
손톱 매니큐어	손톱	변색을 커버하거나 손톱에 색을 표현

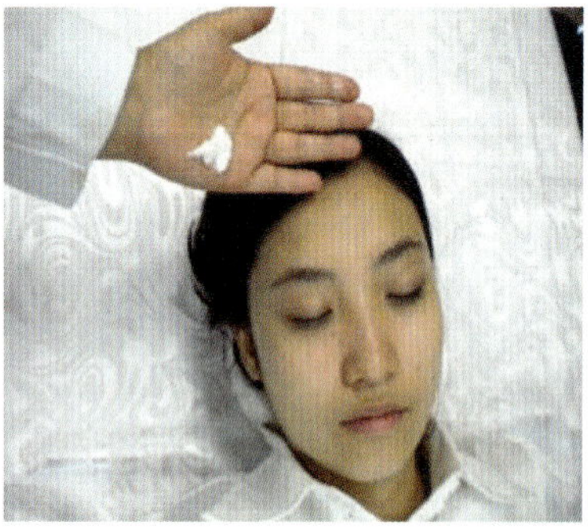

1) 마사지크림 준비

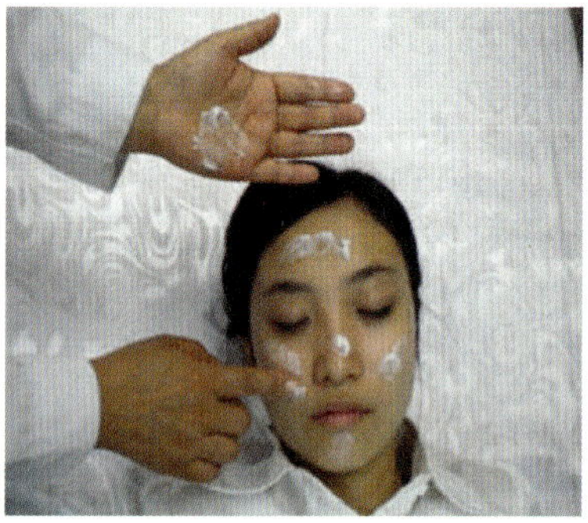

2) 마사지크림 적용

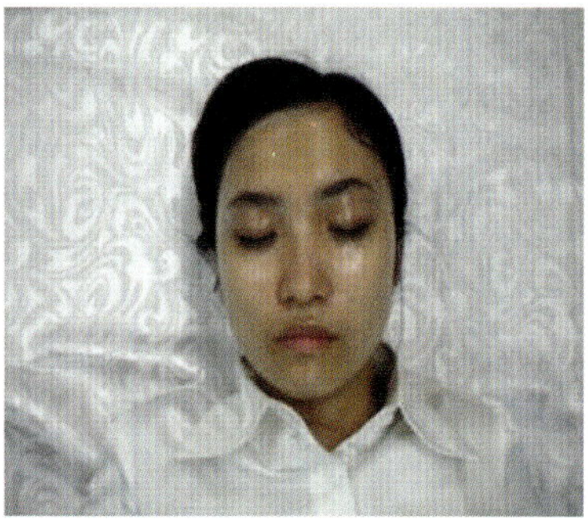

3) 마사지크림 적용모습

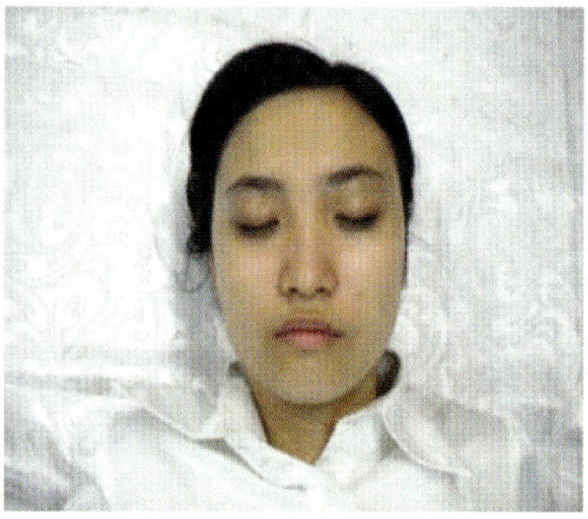

4) 면 패드로 마사지 크림 제거모습

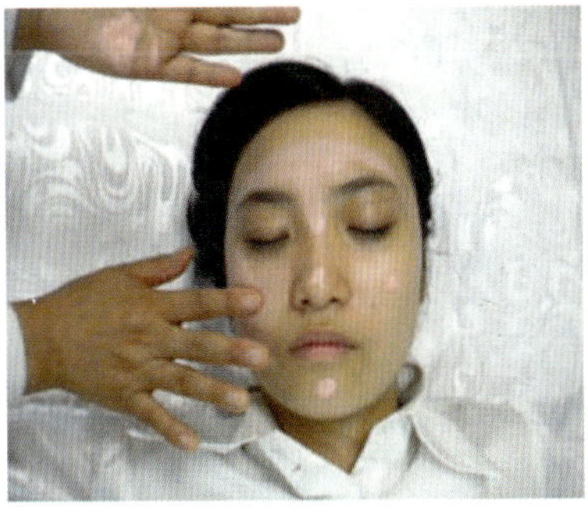
5) 기초 안면 색조 중 핑크색 적용

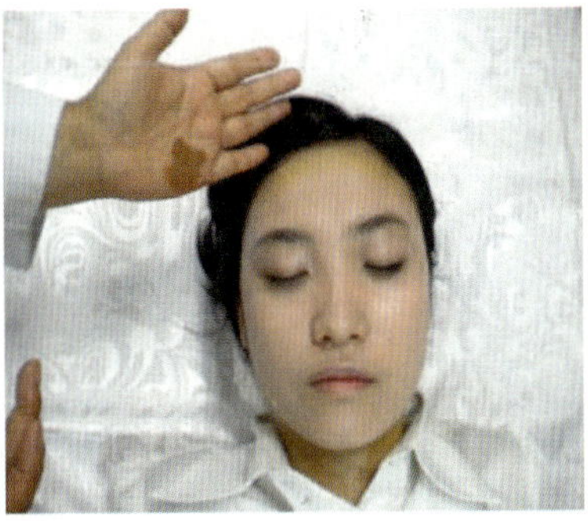
6) 기초 안면 색조 중 갈색 준비

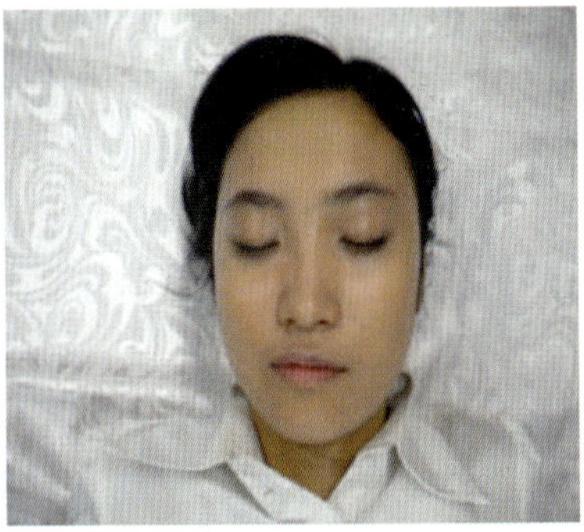
7) 기초 안면 색조 중 갈색 적용

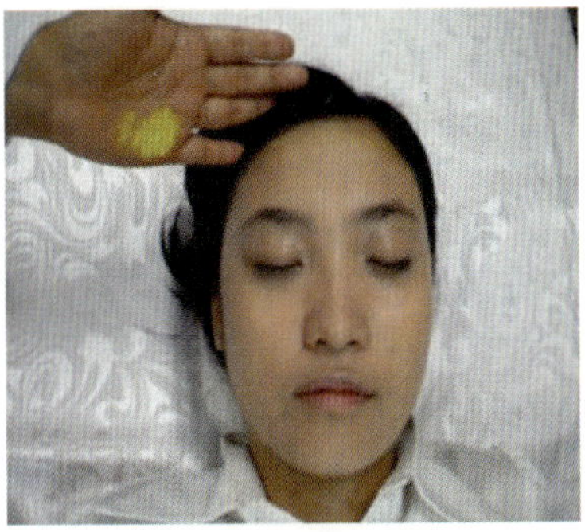
8) 기초 안면 색조 중 노란색 준비

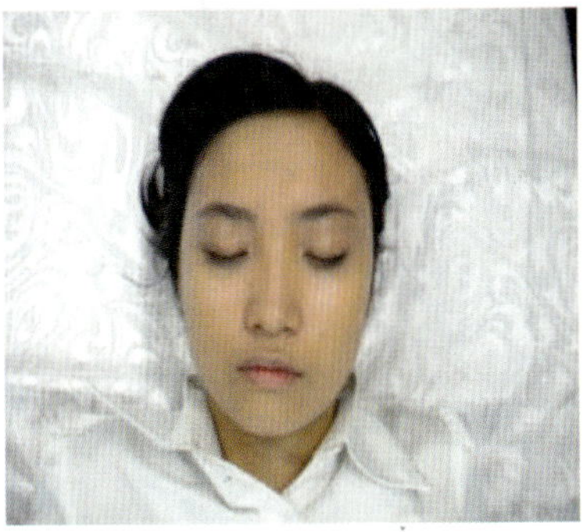
9) 기초 안면 색조 중 노란색 적용

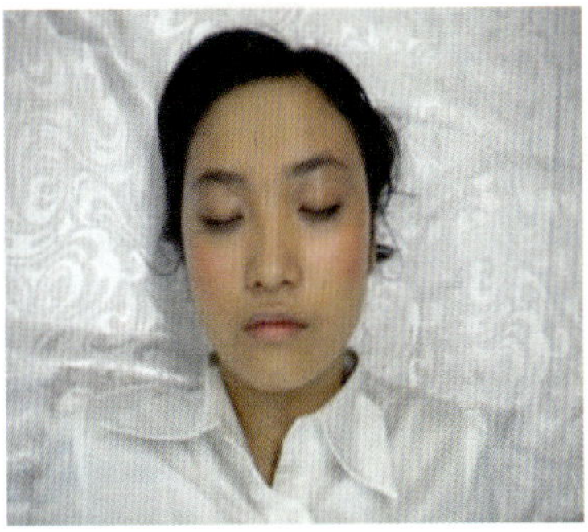
10) 뺨에 난색 적용

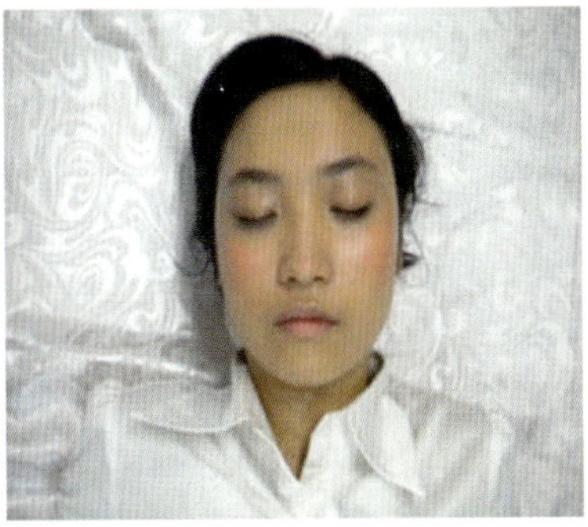
11) 코에 난색 적용

12) 턱에 난색 적용

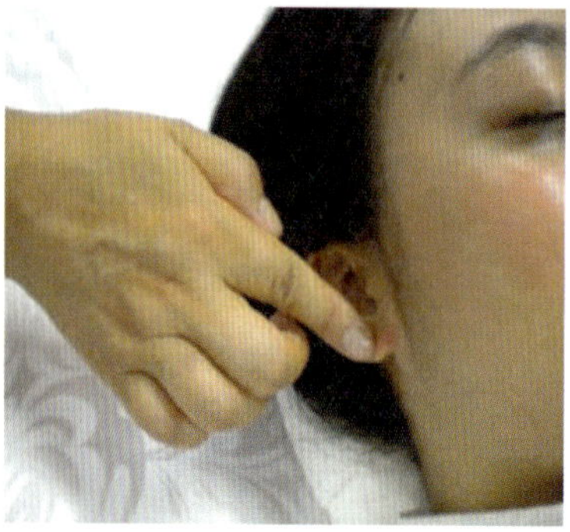

13) 귀에 난색 적용

14) 립칼라 적용

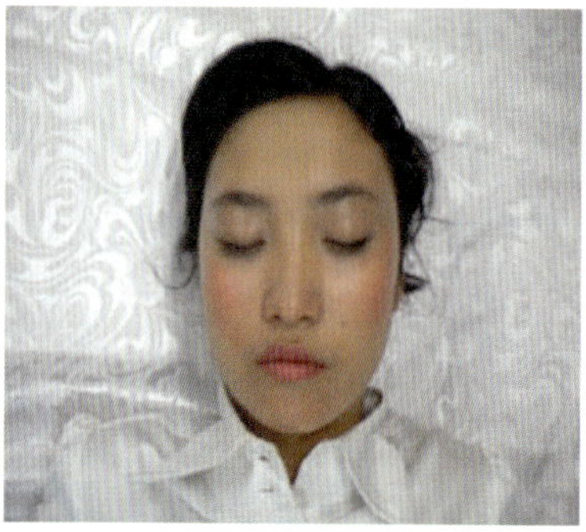

15) 립칼라 적용

16) 짙은 색으로 턱선 적용

17) 짙은 색은 목에 적용

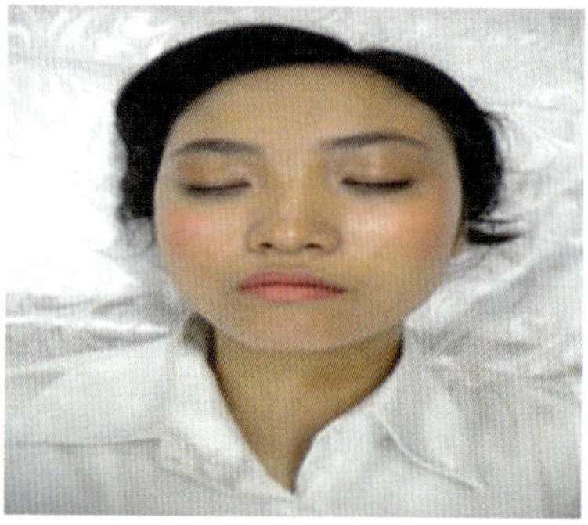

18) 짙은 색은 목에 적용

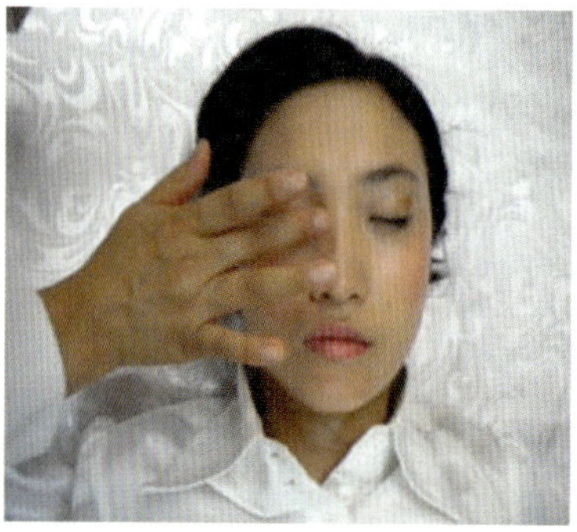

19) 눈의 자연스러운 음영 적용

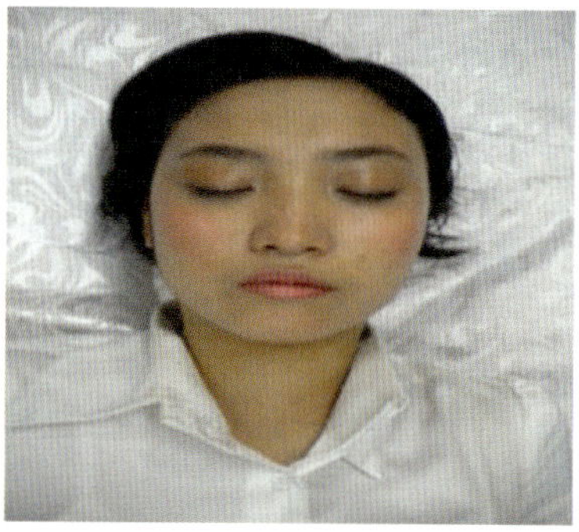

20) 생김새 교정후에 모습

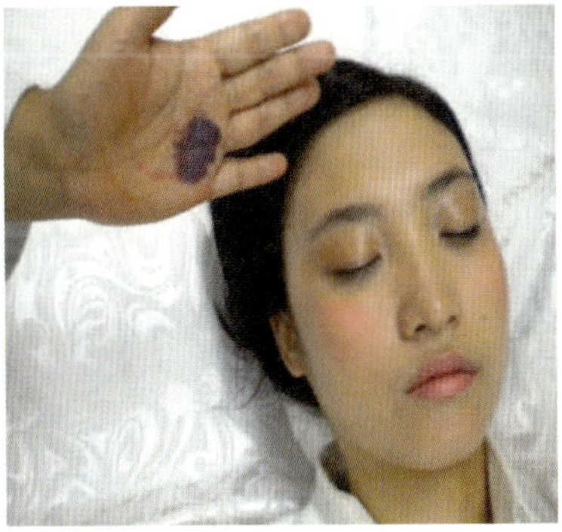
21) 아이섀도 준비

22) 아이섀도 적용

23) 눈썹 크림 칼라 준비

24) 눈썹 칼라 적용

25) 파우더 적용 준비

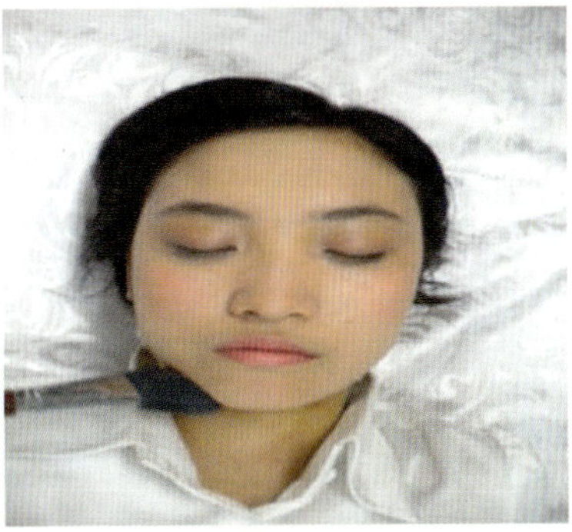
26) 파우더 적용

27) 과다한 파우더 제거

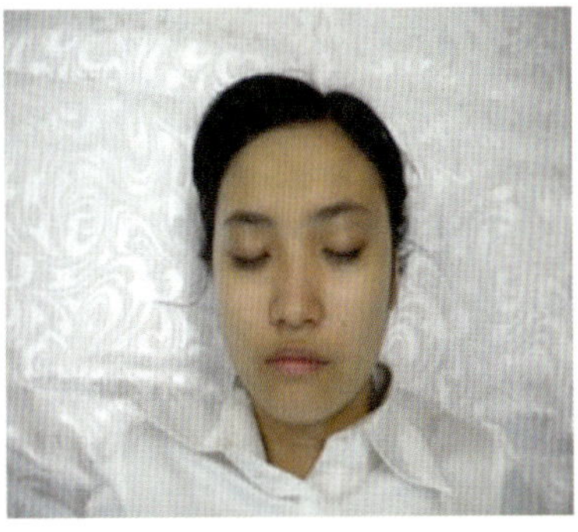
28) 화장전 모습

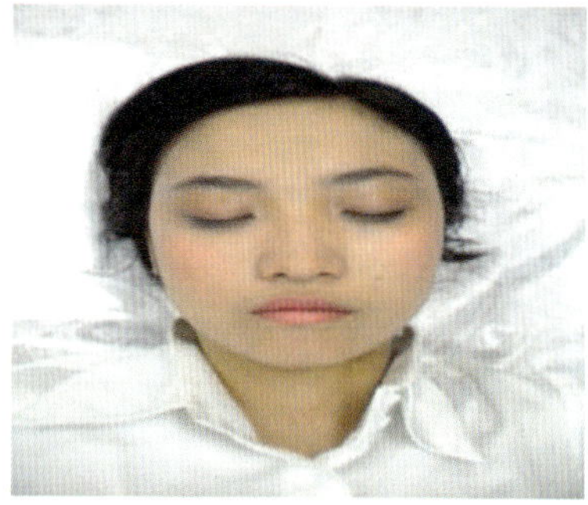

29) 화장후 모습

[그림 9-1] 정상시신을 화장하는 일반적 절차

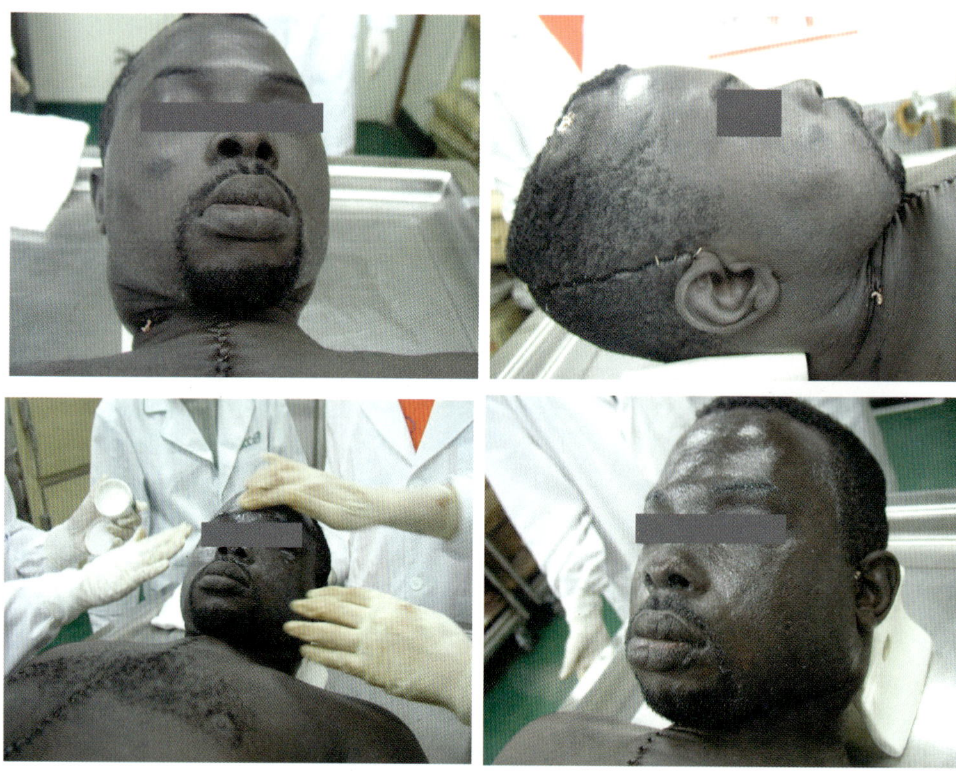

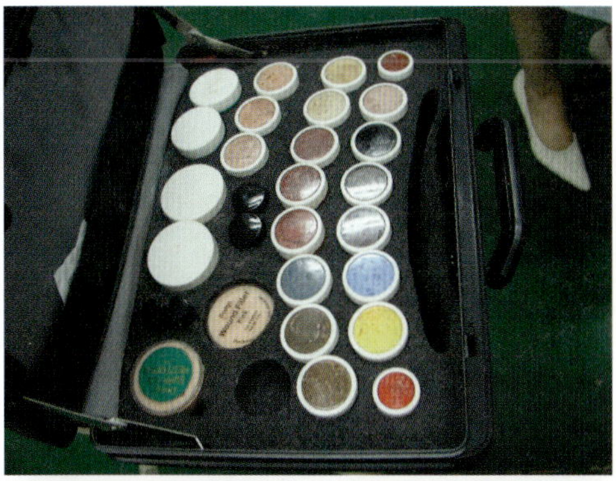

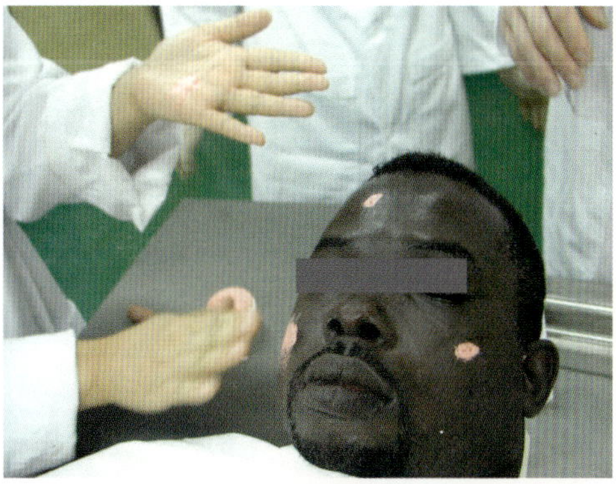

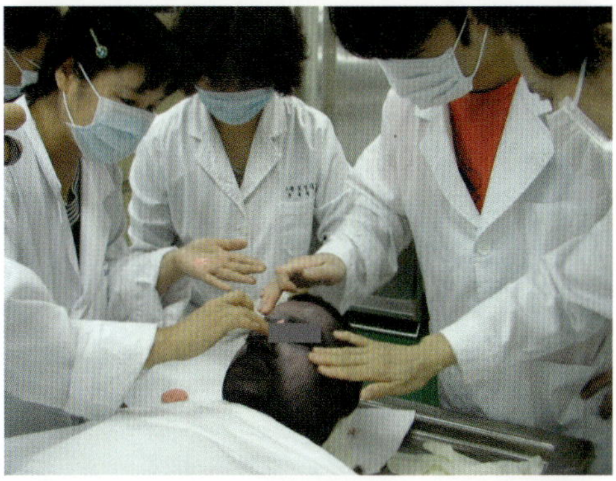

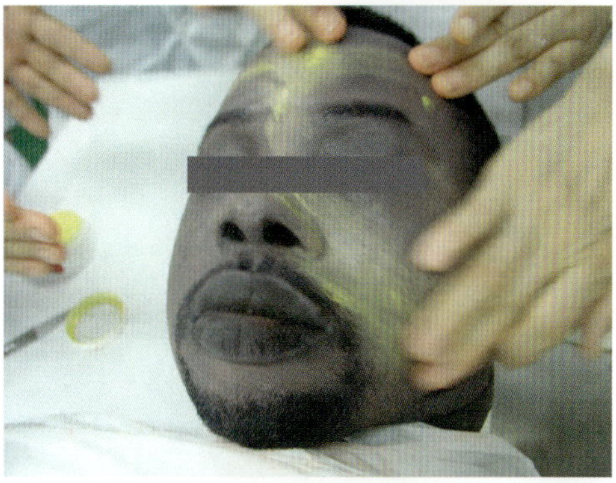

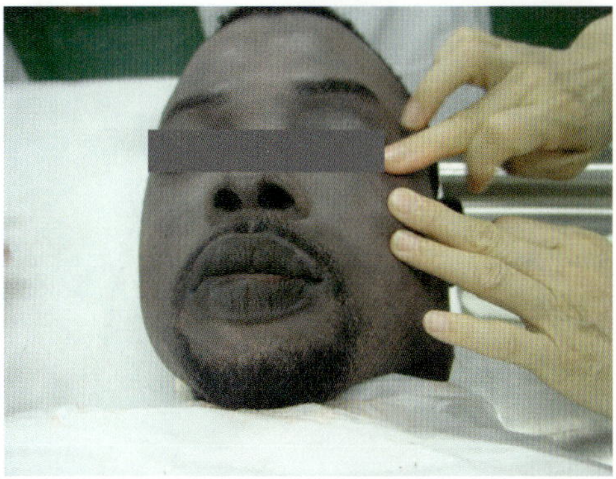

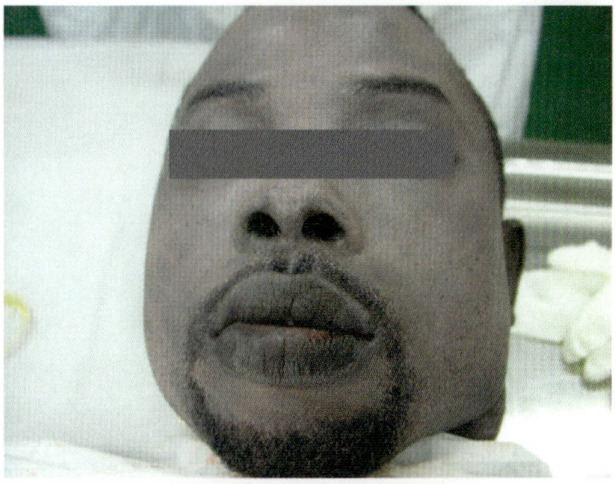

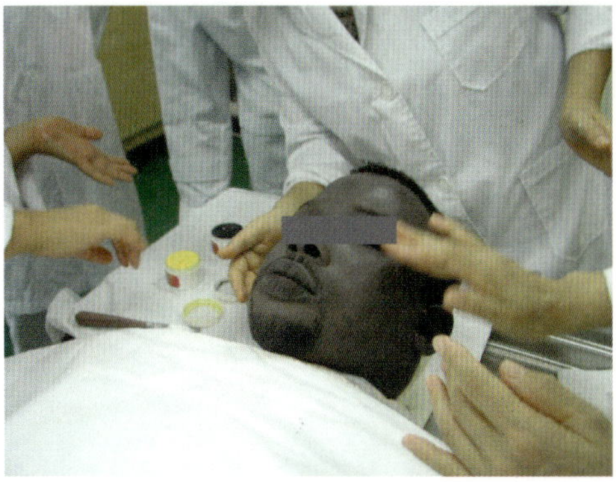

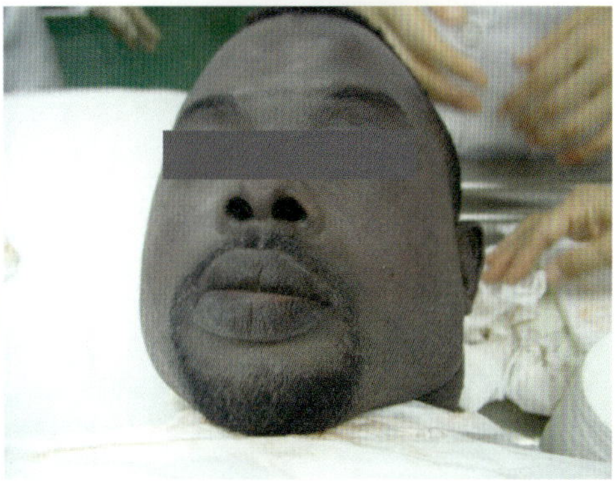

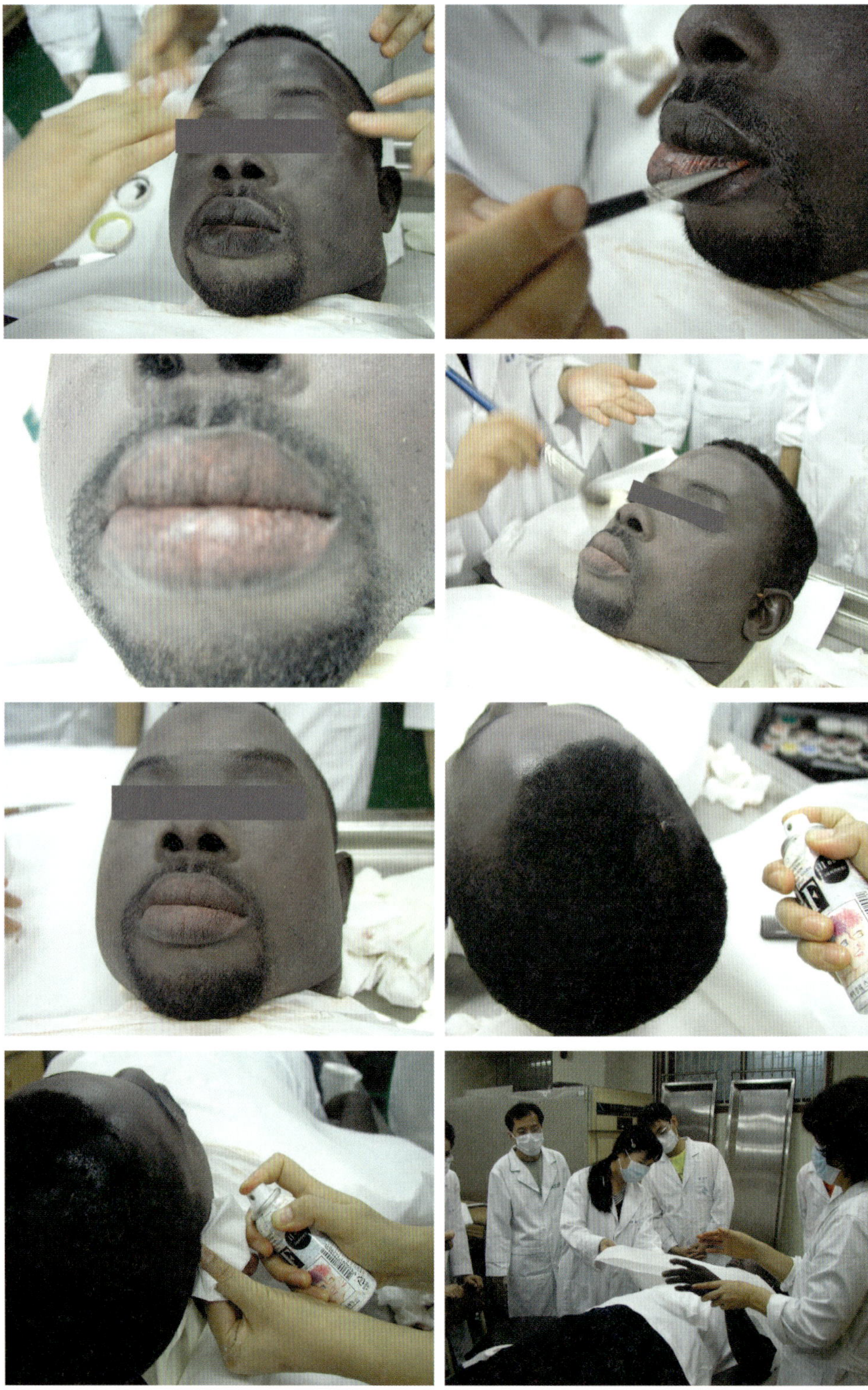

[그림 9-2] 흑인시신 화장하는 일반적 절차

II 변색을 커버하는 일반적인 절차

얼굴의 크고 작은 변색을 다룰 수 있어야 유능한 분장사라고 할 수 있다. 만족스러운 색 표현과 왁스 복원 등으로 표면모양을 복원할 수 있어야 한다. 변색된 얼굴색의 유형을 보면 청동, 진한 노랑, 초록, 회색, 자주, 노출된 조직의 어두운 갈색 등이 있다. 변색과 변형된 영역은 밑칠적용과 왁스 적용으로 감춰질 수 있다. 필요한 변색 부위보다 크게 범위를 확장하고 옆의 표면으로 자연스럽게 융화되도록 표현한다. 색조는 피부보다 더 밝은 것을 사용한다.

변색을 처치할 때 사용되는 화장품은 변색과 복구된 피부 표면을 처치할 때, 불투명 리퀴드와 불투명 크림을 함께 사용하며 자연스런 피부색을 표현하는데 있어 매우 효과적이다. 이 화장품들은 사실상 어떠한 유형의 변색 혹은 복구된 표면을 감추어 줄 것이다. 리퀴드 불투명 화장품은 난해한 사후 변색들을 감추기 위해 제작되어졌다. 이들 화장품은 액상과 에어로졸 형태로 이용될 수 있다. 리퀴드 불투명 화장품은 빠르게 건조되며 자연스러운 모습을 표현해 준다. 이들은 피부 표면에 안정성을 주어 굳어지지 않는 반투명 컬러링을 주며, 모든 화장품의 밑칠 처리 사용된다. 불투명 크림 색소는 피부 변색들을 가려주는 기능을 포함한 여러 화장 절차에 널리 사용된다. 이는 표면 복구제 위의 작은 흠을 감추고 자연스런 칼라(기본 안색)를 준다. 크림 화장품은 매우 다방면에 쓰인다. 특히 변색을 감추고 피부 표면을 복구시키기 위해 색조와 컬러를 조정할 경우 잘 쓰인다.

1. 변색들을 처치함에 있어 기술적인 절차

다음의 기술적인 절차들은 변색된 그리고 복구된 피부 표면들을 처치할 경우를 위해 디자인된 것으로 이 기술들은 황달, 점상출혈, 반상출혈 및 타박상과 같은 손상되지 않은 피부 상태를 감추기 위해 사용된다. 다음의 단계들은 피부 표면과 복구한 곳을 가리기 위한 사용 순서를 열거해 놓은 것이다.

1) 밑칠적용

변색위에 직접 리퀴드 불투명 화장품을 솔질하듯 발라준다. 화장품의 색은 자연스런 피부색과 같아야 한다. 조심스럽게 피부 표면 위로 고르게 리퀴드 불투명 화장품을 발라준다. 피부처럼 보이게 하기 위해 점각 처리를 해주고 완전히 건조시켜준다.

2) 기본 칼라 적용

정상 피부 표면 위로 기본 안색 착색제를 1단계에서 이미 적용한 밑칠 위에 아주 가볍게 발라준다. 밑칠 위에 기본 착색제를 부드럽게 점각하고 섞어준다. 반투명한 효과를 얻기 위해 처리된 표면 위로 아주 가볍게 불투명 색소를 점각하면서 기본 안색 화장품을 매끄럽게 펴 다듬어준다.

3) 색조 적용

고인의 자연스런 얼굴색에 가능한 가깝게 가기 위해 올바른 색조 크림을 선택해야 한다. 낙타털로 된 점각 브러시를 사용해서 기본 안색 착색제 위로 아주 가볍게 색조 크림을 발라준다. 이 처치는 모든 얼굴색에 자연스럽게 존재하는 멜라닌 색소를 대체해 준다. 각각의 얼굴에 맞는 색조 크림을 사용한다. 갈색에서 감은색 범주에 속하는 짙은 얼굴색에 대해서는 짙은 갈색 색조를 사용하고 검은색 색조 크림은 검정색 범위에 있는 어두운 안색에 사용된다. 색조 크림은 매우 엷게 사용하여 거의 보이지 않게 해야 한다. 이 가벼운 적용은 불투명 화장품을 자연스런 반투명 피부색을 만들어 준다.

4) 건조와 마무리 파우더 적용

화장되어진 피부 표면위로 흰색의 건조 및 마무리용 파우더를 뿌려준다. 파우더가 최소한 5분 동안 화장한 표면에 남아 있게 하여 화장품을 적절하게 건조시키고 안정되게 만들어지도록 한다. 파우더 브러시로 여분의 파우더를 제거한다.

5) 자연스런 얼굴선과 특징 만들기

모든 여분의 파우더를 제거한 후에 얼굴선, 주름, 그리고 자연스런 반점들의 특징적인 얼굴색을 만들기 위해 엷은 갈색이나 짙은 갈색 색조 크림을 사용한다. 깨끗하고 마른 브러시를 가지고 피부위에 가볍게 점각해주면서 화장품을 자연스런 색이 되도록 부드럽게 섞어준다.

6) 난색 부위의 변색

변색이 얼굴과 손의 난색 영역까지 침범했다면, 빨간색 착색제를 리퀴드 불투명 밑칠에 첨가시켜야 한다. 리퀴드 불투명 화장품을 브러시로 발라주고 완전히 건조하게 해준다. 빨간색의 바탕 색조를 남겨 놓으면서 기본 안색 칼라를 섞어준다. 잘 섞어주어 어떠한 화장품의 색선도 보이지 않게 해주어야 한다. 색조 크림을 사용하여 선을 자연스럽게 하고 보이는 특징들은 강조해주어야 한다.

2. 작은 변색을 커버하는 일반적인 절차

정상 피부에는 정상적인 투명화장을 하는 반면에 별다른 결점 없는 피부에 작고 국한되어 있는 변색은 불투명 화장품으로 커버를 해야 한다. 이런 곳에 쓰이는 매우 고농도의 화장품은 마스크 씌우는 것 같은 효과도 내고, 인공적으로 보이기도 하여, '파우더의 결점(powder fault)'이라고도 한다. 목표는 불투명 화장품을 바른 부위를 최대한 눈에 덜 띄도록 하여 정상적인 투명화장을 한 것처럼 보이도록 하는 것이다. 국소지역에만 화장하면 될 것을 전체 얼굴에 화장을 해버리는 것은 전혀 효과가 없다.

변색을 가리는데 필요한 불투명 화장품의 양을 최소화하기 위해서는 그 지역이 일단, 표백되어야 한다. 대개 마사지 크림을 바른 흔적은 용제로 지워야 한다.

1) 빨리 건조되어버리는 화장용 페인트(quick-drying cosmetic paint)로 작은 변색 지역 지우기

얼굴(또는 손)이 기름 재질의 불투명 조화성 크림 화장품으로 투명하게 화장될 것이라는 기대에서 변색 지역은 번들거림 없이 빨리 건조되는 화장용 페인트로 커버할 수 있다. 색상은 정상적인 결점없는 피부의 색보다는 약간 더 밝게 나타난다. 이런 화장은 다음에 화장하기 전에 시행하게 되는 속화장으로 간주된다.

화장용 페인트는 변색지역보다 1/2인치정도 더 넓게 발라야 하고 바르고 난 후에는 손가락이나 브러시로 경계가 사라질 때까지 문질러 준다. 화장용 페인트가 완전히 마르고 난 다음에 얼굴에 전체적으로 기름 재질의 조화성 크림 화장품을 발라준다.

2) 불투명 크림 화장품으로 작은 변색지역 가리기

불투명 크림 화장품을 결점 없는 깨끗한 맨얼굴에 바를 수는 없다. 하지만 소량의 메이크업이 된 피부에는 가능하다. 그러므로 투명 크림으로 안면화장을 하고 난색지대(혹은 그림자지대)를 처리하고 나서야 변색 지역을 처리할 수 있다.

(1) 일반적인 피부색으로 처치하기

중성 불투명 크림 화장품(brunette)과 중간정도의 갈색(medium-brown) 혼합물, 이미 바른 투명 안면화장크림 소량을 섞어놓은 혼합물(premixture)이 우리가 바라던 색깔에 가장 근접하다 할 수 있다. 일단 경계부위 주위를 끊임없이 주위와 문질러 준다. 그러고 나서 불투명 화장품을 표면에 발라주는데 이때 모자라는 색(중성, 중간정도 갈색 또는 안면 색상)을 가볍게 넣어 준다.

(2) 일반적인 피부색 사용이 불가능할 때의 처치

만약 일반적인 불투명 피부색을 사용하는 것이 불가능하다면 다른 방법도 가능하다. 단일성 불투명 안면 화장품(일반적인 얼굴색보다는 더 짙은)을 얼굴 또는 손에 투명하게 바를 수 있다. 용제(벤진, 나프타, 건조성 헤어클리너)를 사용하거나 마사지크림이 발라져 있는 부위에 바르면 된다. 그러고 나서 맨 얼굴색보다는 살짝 더 밝은 불투명 화장품을 두껍게 발라 변색지역을 가릴 수 있다. 일단 한번 바르고 나서 투명하게 발라진 어두운 색의 화장품을 소량 표면에 손가락으로 두드려 바름으로써 수정을 가할 수도 있다.

3. 완전히 변색된 얼굴과 손을 감추는 방법

황달, 일산화탄소 중독, 점상 출혈과 같은 상태에서는 전체 피부 표면을 완전히 가리는 것이 필요하다. 리퀴드 불투명 색소는 밑칠 혹은 분무기 스프레이 밑칠을 적용할 경우 사용한다. 리퀴드 불투명 화장품은 얼굴과 손이 전체적으로 변색 시 변색된 부위를 가리기 위해 사용된다. 밑칠 위에 크림을 혼합시키면서 가능한 엷고 균일하게 바르도록 한다. 불투명 크림은 밑칠과 섞여 살아 있는 조직의 반투명 얼굴색을 만들어낼 것이다. 불투명 크림의 부드러운 질감이 빨간 착색제를 감소시키고 흡수할 것이기 때문에 정상보다 더 짙은 난색을 적용해야 한다. 어떠한 경계선도 보이지 않을 때까지 난색을 기본 안색 착색제에 융화시킨다. 불투명 크림의 흡수 성격 때문에 현실적으로 선들과 반점들을 그대로 모방하는 것은 거의 불가능하다. 이러한 처치들이 완료되기 전에 피부 표면들이 완전히 건조되고 안정되어 있어야 한다. 세부 처치들을 완수한 후에 흰색 건조 파우더가 사용된다.

얼굴과 손 전체 또는 절반이상이 변색되었다면 액체형 또는 크림형 불투명 화장품으로 전체를 발라주는 것이 좋다. 변색 부위를 표백시키는 것이 일반적인 절차이다. 하지만, 표백은 항상 성공적으로 되지만은 않고 빨리 건조되는 액체형 화장품을 미리 발라두는 것이 크림형 불투명 화장품을 위한 기초로 효과적일 것이다.

얼굴과 손의 솜털은 빽빽한 불투명 화장품을 발랐을 때 걸리고, 엉키기 쉬우므로 그 전에 반드시 제거해야 한다. 최소량의 불투명 화장품으로 최대한의 커버효과를 내기 위해서 마사지 크림 자국은 모두 제거해야 한다.

색의 변화가 있는 얼굴이 단일색의 얼굴보다는 더 생동감 있어 보인다. 이러한 색조의 변화성은 다음의 두 가지 방법으로 이루어진다. 얼굴을 6~8구역으로 나누고, 이 구역을 각각 따로 화장한다. 각각의 구역을 밝은 색의 안면색조화장품, 붉은색의 안면색조화장품, 중간정도의 갈색화장 품등을 표면에 섞어 색을 내게 한다. 그러다가 난색지대나 그림자 지대를 처리할 때는, 다른 화장품과 연속적으로 처리해준다. 전체 과정 중에 단일 색소를 손이나 용기에 섞지 않도록 하는 것이 추천된다. 한번에 하나씩 작은 지역을 처리하기 때문에 구역 구역마다 다양성을 획득하게끔 만드는 실수가 하나씩 생겨나게 되는데 이것이 인생의 자연스러운 얼굴색의 특징이라 할 수 있겠다.

불투명 안면색조 화장품을 전체 표면에 바를 수 있다. 돌출부위에 더 밝은 색을 바르고, 들어간 부위에 어두운 색을 바르고 난색지대를 교정하면 효과를 증대 시킬 수 있다. 이러한 각각의 효과를 증강시키는 색소(augmenting colorant)는 화장한 표면위에(손가락이나 브러시로) ⓐ 찍듯이 바르도록 한다. 하지만 이때 변색 부위가 노출되도록 해서는 안된다. 더 좋은 방법은 ⓑ 바르기 전에 안면색조 화장품에 각각의 증강시키는 색소(augmenting colorant)를 미리 섞어두는 것이다.

불투명 화장품을 바를 때는 머리카락을 더럽히지 않도록 작은 브러시를 사용해 머리경계선 부위를 향해 바르도록 한다. 불투명 화장품을 사용했다면, 반드시 파우더로 마무리를 해야 한다. 파우더를 바르고 나서는 키스에 의해 화장이 벗겨지지 않도록(번들거림 없이 마르는)장식적 화장에 쓰이는 헤어스프레이를 발라주도록 한다.

Ⅲ 변색부위에 왁스적용

얼굴이 변색되고 왁스를 반드시 사용해야 할 때에는 너무 어두운 색깔만 아니라면 어떤 색의 왁스도 사용가능하다. 불투명 화장품은 피부뿐만 아니라 왁스의 표면도 효과적으로 가려준다. 크림형 불투명 화상품을 왁스 표면에 손가락으로 두드리면서 바를 수도 있고 아니면 용제를 묻혀 브러시로 바를 수도 있다. 작은 구멍(땀구멍 같은)은 불투명 화장품을 다 바르고 나서 또는 파우더를 다 바르고 나서 만든다. 선택적으로 액체 표면풀(liquid sealer)을 왁스 표면에 발라 쉽게 부러지는 것을 막을 수 있다. 숨구멍을 만들 것이라면 봉인제를 뿌리기 전에 만들도록 한다. 봉인제를 뿌려 너무 번들거린다면 불투명 화장품으로 가려주도록 한다.

변색이 없다면 파우더를 바르는 것까지는 정상시신과 똑같이 화장한다. 만약 마사지 크림이 투명 안면화장품을 바르기 위한 베이스로 필요하다면 마사지 크림은 왁스를 바를 부위에는 발라서는 안된다. 하지만, 이미 발랐다면, 바른 화장품과 같은 재질의 화장품을 왁스 표면에 얇게 발라야 한다. 왁스표면에 화장을 할 때는 조심스러워야 한다. 필요하다면, 브러시로 화장할 수 있도록 소량의 마사지 크림을 크림형 화장품과 미리 섞어둔다. 이미 바른 색을 수정하고 싶다면 필요한 색상을 소량 손가락(또는 브러시)에 덜어놓고 필요할 때 스티플(stipple) 또는 텍스쳐라이징 브러시(texturizing brush)로 얼굴에 바른 색소에 섞어 준다. (그리고 동시에 구멍도 만들어 준다) 기름 제제의 조화형 혼합물(coordinating compound)은 안면색조를 매칭시키는데 있어 가장 간단한 방법이다. 반면, 일반적인 피부색을 내는데 쓰이는 불투명 크림은 표면의 색을 낼 때 안면색조 화장품을 소량 미리 섞어두어야 한다.

원한다면, 기름 제제의 크림 화장품을 색깔 없는 왁스에 섞을 수 있다. 얼굴에 바른 것과 같은 단일성 안면 색조 크림 화장품을 왁스에 미리 섞어줄 수도 있다. 기름제제의 조화형 혼합물은 여기서도 또한 얼굴이나 왁스의 색을 매칭시키는 데 가장 간편한 수단이다.(투명 액체 화장품 중에서는 오일이나 글리세린 타입만 왁스표면에 바를 수 있다)

피부가 벗겨진 부위에는 왁스를 한층 바르기 전에 그 어두운 색의 표면에 불투명 화장품을 미리 발라둔다.(빨리 건조되는 액체 페인트가 가장 좋다.) 이러한 처치를 할 때는 밀짚 빛깔의 왁스가 가장 좋다. 여기에서도 왁스표면의 색을 맞추는데 있어 기름제제의 조화성 혼합물이 가장 간편한 수단이다.

IV 마지막 손질(Final grooming)

모든 화장을 다 마치고 나서 시신의 머리카락과 얼굴의 털을 찬찬히 살펴본다. 화장 때문에 더럽혀졌거나 파우더 등이 눈썹과 속눈썹에 묻어 있다면 깨끗이 제거해 준다. 어떤 화장사들은 더럽혀진 부위가 없어도 속눈썹과 눈썹의 털을 너무 짙어 보이지 않도록 곧게 정돈해 주기도 한다.

아무리 많은 주의를 기울여도 사고는 일어날 수 있다. 때로는 화장을 지우다가 머리카락에 희미한 흔적을 남기기도 한다. 이런 경우에는 컬러링을 새로 해서 수정해주어야 한다. 어떤 화장품의 경우에는 수정해 주기가 쉽지만 어떤 재질의 화장품의 경우는 용제(solvent)가 필요한 경우도 있다.

1. 화장에 의해 더럽혀진 부위를 액체 없이 지우기

마사지 크림으로 바르고 난 위에 파우더를 바른 화장에 의해 더럽혀진 머리카락은 천이나 브러시, 눈썹 펜슬로 쉽게 교정할 수 있다. 작은 나무막대기에 흡수성 있는 면을 씌워서 작은 면봉을 만들 수도 있고 집에서 일반적으로 사용하는 제품을 사용할 수도 있다. 머리카락, 눈썹, 턱수염 등의 화장을 지울 때 면봉은 털의 방향을 따라가야 한다. 끝의 면이 더러워지면 교체하도록 한다. 천천히 마르는 투명 스프레이 화장을 제거해야 할 때는 엄지와 검지 사이에 면 조각을 2개 끼워 넣고 그 사이로 머리카락을 들어 올려 닦아낸다.

마스카라용 브러시처럼 올이 짧은 뻣뻣한 브러시로 머리카락과 속눈썹의 화장을 제거하도록 한다. 브러시로 화장품을 일정량 제거하고 나서 브러시를 클렌징 티슈로 닦아 깨끗하게 만들고 다시 제거한다. 여기에서도 마찬가지로, 브러시를 머리카락이 자라는 방향으로 움직여준다. 눈썹 펜슬을 사용해 털이 나는 방향으로 그려줌으로써 눈썹과 속눈썹, 머리카락의 화장을 지울 수 있다. 펜슬을 손가락 사이에 넣어 데우거나 뜨거운 물에 넣어 데워주지 않으면 제대로 그려지지가 않는다. 펜슬이 더러워지면 즉시 클렌징 티슈로 닦아준다. 속눈썹을 정리할 때 설압자를 그 아래대어 지지해주도록 한다.

2. 화장에 의해 더럽혀진 부위를 용제로 지우기

색깔있는 액체형 화장품으로 물들여진 흰 머리칼이나 반불투명 또는 불투명 화장품으로 심하게 더럽혀진 머리칼은 제거하기가 상당히 까다롭다. 면봉이나 브러시에 용제를 묻혀서 닦아낼 수 있다. 용제가 도구에서 떨어져서 이미 화장한 부위에 닿을 수 있으므로 바를 때 조심하도록 한다. 속눈썹에 묻은 화장을 지울 때에는 브러시를 사용하는 것이 추천된다. 비즈니스 카드를 속눈썹과 같은 곡선형으로 잘라 용제를 바를 때 속눈썹 아래 대어놓으면 용제와 화장품을 흡수시킬 수 있다. 시신용 키트에 들어있는 용제를 쓰기가 불가능한 상황이라면, 시신용 드라이클리닝 화학품, 나프타, 가정용 얼룩 제거제 등을 쓸 수 있다.

3. 화장품으로 더럽혀진 털에 다시 색깔 입히기

화장으로 더럽혀진 부위를 지우려고 노력했음에도 불구하고 화장이 계속 지워지지 않고 남아있다면 다시 색을 입히면 된다. 이런 경우 사용되는 제품으로는 눈썹 펜슬, 마스카라형 헤어 화이트너, 헤어 크레용, 색깔 있는 장식적 화장용 스프레이 등이 있다. 눈썹펜슬을 털의 색을 검게 하는데 사용하려면 두 손가락 사이에 넣고 데우거나, 따뜻한 물에 담가 촉촉하게 만들어야 한다. 펜슬을 깨끗하게 유지하고, 끊임없이 수분을 재공급해주어 촉촉하게 유지시켜준다. 옅은 색의 머리를 제외하고는 짙은 갈색이 가장 일반적으로 사용된다. 머리색이 많이 짙어도 검정색 펜슬은 사용하지 않는다. 속눈썹의 경우에는 수직방향으로, 눈썹의 경우에는 비스듬하게 위쪽, 바깥쪽으로, 턱수염의 경우에는 비스듬하게 아래쪽으로, 머리카락의 경우에는 머리카락이 난 방향으로(또는 빗질해 놓은 방향으로) 짧게 그어준다.

가장 어려운 경우가 구레나룻이나 관자놀이 근처에 난 남성의 머리카락을 처리할 때이다. 머리가 난 방향으로 매우 짧게 선을 그어 표시를 해 놓으면 좋다.(구레나룻을 처리할 때는 수직방향으로 하고, 관자놀이 부위를 처리할 때는 비스듬하게 한다) 마스카라는 속눈썹과 눈썹을 짙은 색으로 만드는데 쓰이는 장식적 화장도구이다. 하지만 어떤 부위의 털에도 이용할 수 있다.

액체형 수용성타입 마스카라는 색소와 매우 끈적끈적한 고무질을 섞어놓은 것이다. 물에 녹지않는 타입은 약간의 접착성이 있는(벤조인 같은) 알코올 용액에 색소를 섞어놓은 것이다. 두 가지 타입 모두 금속 막대기나 브러시가 내장된 튜브 내에 들었다.

고형 마스카라는 색소와 끈적끈적한 고무질과 비누성분이 혼합된 압축형 화장품이다. 이것을 머리카락에 바르면 작은 파편이 남을 수가 있다. 마스카라가 마르고 나서, 빗으로 빗어 머리도 정돈하고 파편도 제거하도록 한다. 수용성 타입으로 작은 직사각형의 용기에 들어있고, 그 안에 짧고 뻣뻣한 강모 한 줄로 된 브러시가 들어 있다. 브러시를 사용 전에 물에 담가 촉촉하게 만들고 마스카라 케이크에 여러 번 문질러 화장품을 묻힌다.

크림형 마스카라는 투명한 플라스틱 용기 내에 들었고 브러시도 들어있다. 마스카라의 색에는 여러 가지가 있는데 수정작업에 가장 적절한 색은 흰색과 짙은 갈색이다. 검정은 장식적인 속눈썹 화장 시에 사용한다. 흰색의 마스카라는 머리색이 희거나 회색이 섞인 사람에서 유용하다. 고형 케이크로 주로 판매하지만, 액체형 '헤어화이트너'도 있다. 액체형이 많은 양의 머리카락을 처리해야 할 때 훨씬 유용하다. 이런 경우에는 칫솔로 발라준다. 어떤 화장사들은 신발용 표백제를 사용하기도 한다.

짙은 갈색은 옅은 색 머리의 사람들을 제외하고는 거의 모든 경우에서 쓸 수 있다. 머리색이 옅은 사람에게는 옅은 갈색이나 밤색을 사용한다. 사용가능한 다른 색깔들로는 붉은 갈색, 보라색, 녹색, 푸른색, 금색, 불꽃색 등이 있다. 이런 색들은 유행적인 색들이고 장식적 눈 화장에서의 아이섀도 등과 조화를 이루어야 한다. 눈썹 펜슬을 사용할 때처럼 같은 방향으로만 사용해야 한다. 액체형 마스카라를 사용할 때는 비즈니스 카드를 이용한다.

헤어 크레용은 회색 머릿결을 더 짙게 해주는 데 사용하지만 더럽혀진 머리색을 바꾸는 데에도 이용한다. 꽤 단단하고 파라핀과 바셀린(petrolatum) 등으로 구성되어 있으며 립스틱처럼 작은 튜브 내에 들어있거나 빗에 붙어있는 긴 작대기처럼 생겼다. 눈썹 펜슬을 사용할 때처럼 색을 내려면 먼저 데워야 한다.

색을 수정할 때는 옅은 갈색이나 짙은 갈색이 가장 많이 쓰인다. 그 외에도 여성용 시신의 머리색을 위한 7가지 색상이 더 있다.

색깔 있는 장식적 화장용 스프레이는 에어로졸 형태로 빨리 마르고 색상도 매우 다양하다. 이미 전에 염색했던 머리에서 새로이 자란 머리 부분의 색을 입혀주는 데에 주로 쓰이며 화장으로 더럽혀진 머리색을 바꾸는데 쓰기도 한다. 스프레이를 사용할 때 이마가 더럽혀지지 않도록 보호한다.

4. 옷을 입히고, 관에 안치하고, 화장을 할 때 선택적인 사항들

시신에게 화장하고, 옷을 입히고, 관에 넣는 순서에 있어서도 장례지도사들마다 개인적인 차이가 있다. 비정상적인 상태이거나 문제가 생기게 되면 일반적인 절차의 순서가 바뀔 수 있다.

이상적인 절차는 시신에게 화장을 하기 전에 먼저 옷을 입히고, 관에 넣고, 사람들에게 보이는 장소에 옮겨 놓는 것이다. 안면 색조와 관 내부, 의복의 색깔간의 상호작용이 가장 잘 포착될 수 있다. 화장을 할 때 주위의 색과 조명의 타입에 따라 가장 효과적인 조화를 이룰 수 있게 조정할 수 있다. 하지만 불행하게도 항상 이상적인 절차가 실용적이지는 않다. 주의할 점은(아직 파우더를 바르지 않은 상황이라면) 관에 넣고 세팅을 하고 나서 화장이 바뀔 수도 있다는 사실을 잊어서는 안된다는 것이다.

마무리의 시각적인 평가는 특히 왁스와 불투명 화장품을 사용하는 복구 작업에서 중요하다. 특히, 왁스로 복구를 하거나 화장품으로 변색을 가리는 일을 하는 어떤 장소에서나 굉장히 중요한데, 마지막 손질은 반드시 장례식 세팅을 한 장소에서만 이루어져야 한다. 장례식장에서 이동 가능한 조명을 작업을 수행하는 곳으로 옮겨서 복구 작업동안 보는 것도 도움이 된다. 하지만 그보다 더 좋은 것은 작업 수행하는 방에 장례식장의 조명과 똑같은 조명을 영구적으로 설치하는 것이다. 하지만, 이런 노력을 해도 마지막 평가는 시신에게 의복을 입히고, 시신을 관에 안치하고, 장례식장의 세팅 내에서 보기 전에는 정확하게 이루어질 수 없다.

작업장에서의 직접적인 형광등 아래에서 한 화장은 장례식장의 조명아래에서는 다르게 보인다. 수많은 경험을 한 다음에서야, 정상 시신을 작업장에서 메이크업을 했을 때 그것이 아무리 작업장 내에서는 불만족스러워도 장례식장에서는 만족스럽게 보일 수 있다는 사실을 알게 된다. 하지만, 정상시신이 아닌 문제가 있는 시신의 경우에는 그렇지 않을 수도 있다.

“두 가지 색깔이 서로에게 영향을 주면서 나란히 옆에 배열되어 있는 상태”를 병렬(juxtaposition)이라 하는데 이것이 메이크업에 많은 영향을 준다. 만약 시신이 작업대나, 쿨링 보드, 드레싱 테이블에 얹혀 있다면 그 배경색이 화장색에 많은 영향을 줄 것이다. 만약, 시신이 반사적인 표면의 하얀색 작업대 위에 놓여있다면(또는 흰색의 클렌징 티슈나 타월을 시신의 의복 가장자리에 접어 놓아두었다면) 화장을 생각보다 더 밝은 색으로 하게 될 것이다. (만약, 그 시신에게 흰색 의복을 입히거나 내부색이 흰 관에 넣지 않는다면 말이다) 작업대의 색이 녹색이라면 화장은 실제보다 더욱 선명하고 붉게 보이게 되고, 배경이 바뀌게 되면 붉은 빛이 모자란 듯 보일 것이다.

짙은 색의 쿨링 보드는 화장을 너무 짙게 만들 우려가 있다. 푸른색, 녹색, 아이보리색, 크림색 등에 싸인 스테인리스 재질의 드레싱 테이블이나, 푸른색, 핑크색, 검정색, 진주색 등의 플라스틱 재질의 드레싱 테이블도 메이크업에 부가적인 색상을 가하게 됨으로써 메이크업의 색에 영향을 줄 수 있다.

병렬의 효과를 상쇄시키려면, 회색 천 같은 것을 테이블의 꼭대기에 가져다 놓도록 한다. 흰색의 클렌징 티슈나 타월을 옷 가장자리에 놓아두는 일은 화장이 끝나고 시신이 관내에 안치되기 전까지는 하지 않도록 한다. 마지막으로, 관 내부(와 의복)가 너무 깊다거나, 강렬한 색상이라면 다시한번 고려를 해보아야 한다. 이런 경우에는 그 아래 표면을 가릴만한 천조각을 주위에 대어 놓는 것도 고려해 볼만 하다.

1) 화장 전에 의복 입히기

(1) 완전히 의복 입히기

대부분의 장례식에서 시신에게 화장을 하기 전에 의복을 입힌다. 이것은 의복을 입힐 때 머리를 건드리게 되고 화장한 시신의 목이나 얼굴, 손에 의해 의복을 더럽히게 되는 것을 최소화하기 위한 방책이다.

소매는 보일 부분보다 몇 인치 더 위로 걷어 놓도록 한다. 클렌징 티슈나 타월, 플라스틱 시트 등을 양손 아래 위치시켜 놓는다. 남성 시신의 윗도리는 열어서 어깨 너머로 젖혀놓도록 한다. 타이는 묶은 채로 아래로 늘어뜨려 놓고, 셔츠의 단추 윗부분은 열어서 제쳐 놓도록 한다. 여성시신의 경우에는 드레스를 끌러서 목 부위에서 멀리 떨어지도록 어깨 너머로 제쳐 놓는다. 소매가 짧고, 반바지를 입힌 아이 시신일 경우에서 이와 유사하게 처리하도록 한다.

화장을 다하고 나서는 의복을 제대로 입히고 클렌징티슈나 타월, 플라스틱 시트 등을 의복 가장자리에 접어놓도록 한다. 클렌징 티슈 등은 시신이 관에 안치되고 난 후에 제거할 수도 있고, 사람들에게 보이기 직전에 치울 수도 있다.

(2) 부분적으로만 의복 입히기

어떤 장례식에서는 화장 전에 부분적으로만 의복을 입혀 놓기도 한다. 여기에서는 남성시신의 경우 속옷과 바지만 입혀놓고, 여성시신의 경우에는 속옷과 스타킹만 입혀 놓는다. 이런 방식은 시신에게 원피스나, 실내복, 파자마 등을 입힐 때 유용하다. 그리고 가까운 친족들에게 장례식 예배당으로 옮기기 전에 미리 임시공간에서 보여줄 수도 있다. 후에, 매장때 입힐 의복으로 갈아입힌다. 의복의 가장자리에 클렌징 티슈 등을 놓아두어 더럽혀지는 것을 방지한다. 얼굴 위와 양손 주위에 플라스틱 시트를 예쁘게 덮어둔다. 드레스를 입힐 때는 발쪽에서부터 잡아당기면 된다. 셔츠와 재킷을 입힐 때는 소매 안에 팔을 집어놓고 시신을 양옆으로 돌리고, 옷을 잡아당기면 된다.

2) 의복 입히기 전 화장하기

복원작업으로 인해 시신에의 접근성이 필수불가결할 경우에는, 복원작업이 끝날 때까지 옷을 입히지 않는다.(어떤 경우에는 부분적으로만 의복을 입히는 것은 가능하다.). 그래서 발에서부터 위로 잡아당겨서 입힐 수 없는 옷의 경우에는 세로로 찢어놓기도 한다. 시신에게 의복을 입히거나 관에 안치할 때 의복을 더럽히지 않기 위해서 뿐만이 아니라 왁스로 복구한 부위의 가장자리가 부서지는 것을 막기 위해서라도 굉장히 조심해야 한다. 불투명 크림 화장품을 바른 상태에도 각별한 주의가 요구된다.

3) 화장 전에 관에 안치하기

의복을 입히고, 관에 안치한 시신에게 화장을 할 때 각별히 조심해야 하는 것은 당연하다. 의복과 베개, 관내부 등이 더럽혀지지 않게 조심해야 한다. 얼굴, 목, 손 등에서 의복을 가능한 멀리 떨어지게 해놓고, 소매 부위는 접어 올려 클렌징 티슈 등으로 덮어주도록 한다. 이미 해놓은 화장이 클렌징 티슈나 플라스틱 시트에 묻지 않도록 주의한다.

관내부에서 화장하면 안 되는 화장품의 종류가 몇 가지 있다. 만약, 파우더를 칠해야 하는 상황이라면 퍼프의 사용도 피할 수 없다.

5. 화장학에서 반드시 체크해야 할 사항

화장학에서 반드시 체크해야 할 것들은 다음과 같다.

조직이 깨끗이 처리되었는가?
피부의 절개부위가 잘 봉합되었는가?
얼굴의 털이 잘 처리되었는가?
피하 조직을 채워 넣는 일(티슈빌딩)이 잘 처리되었는가?
화장이 적절히 되었는가?
머리카락은 잘 씌워졌는가?
눈과 입술이 잘 봉합되었는가?
옷은 잘 입혀졌는가?
시신이 관속에 잘 들어갔는가?

다음의 정보들은 화장의 체크리스트의 각 항목들을 좀더 자세히 다룬 것으로서 독자들에게 몇몇이 유용한 정보가 되어 시신처리 시 적합하게 쓰이기를 바란다. 여기에 다뤄지지 않은 몇몇 사항은 주요 복구 작업, 몇몇 사소한 복구 문제와 머리카락 복원작업이다.

케이스에 대해 철저히 분석하고 시신의 눈에 띄는 부위를 작업하는데 필요한 준비물들을 꼼꼼히 준비함으로써, 이상적으로 보이게끔 완벽히 작업을 수행할 수 있다. 앞에서 언급된 필요한 준비물들 중 하나가 될 수 있으면 가족들에게서 사진을 제공받는 것이다. 종종 이 사항은 가족들을 귀찮게 할까봐 잘 사용하지 않는다. 가족들은 이러한 도움을 주는 것이 만약 그들이 시신위생처리사가 전에 한 번도 보지 못했던 시신의 모습을 추측으로 처리하기 보다는 정말로 사랑했던 이의 생전과 비슷한 모습을 보기위해서 필요하다는 사실을 알아야 한다. 사람들은 사진을 사용하는 데는 어떠한 한계가 있다는 사실을 알아야 하고 이 사실을 반드시 숙지해야 한다.

체크리스트 각각의 사항들 앞에 있는 빈칸은 당신이 체크하면서 사용할 수 있도록 만들어 둔 것이다. 그것은 또한 각각의 단계를 수행한 사람의 이름을 이니셜로 적어놓을 수 있고 그럼으로써 만약 나중에 문제가 생긴다면 그 케이스에서 어떤 단계를 수행했는지를 정확하게 통계낼 수 있다. 또한 모든 장례행사 계획에 쓰일 케이스 리포트를 만들 수 있어서 시신위생처리 후에 시신에 어떤 작업이 가해졌는지를 알아 완전하고 전체적인 기록으로 다음에 유용하게 쓸 수 있다.

1) 조직이 깨끗이 처리되었는가?

얼굴, 목, 손, 팔 등 시신의 보이는 부분을 clare massage cream, massa-o-lenem, 실리콘이 함유된 texture cream 같은 마사지 크림의 사용을 고려함으로써 큰 효과를 노릴 수 있다. 이것은 조직의 먼지나 얼룩이 잘 지워지도록 해주고, 윤활제의 역할도 해주고, 건조되는 것을 막아주며, 무엇보다도 화장하기전의 베이스로 작용할 수 있다. 가습기와 액체 화장품을 사용 시, 조금의 오일 필름을 남겨둔 채로 크림을 닦아낸다. 이런 유형의 화장은 습기 있는 화장품이 건조시키는 것처럼 조직을 건조시키고, 남아있는 오일 필름이 조직이 과도하게 건조해 보이는 것을 막아준다. 오일 베이스 크림 화장품은 이러한 문제를 발생시키지 않고, 그래서 후에 오일필름을 남겨둘 필요성을 감소시킨다. 마사지 크림을 제거할 때, 미세한 피부조직을 손상시키지 않게 하기 위해서 너무 세게 닦아내지 말고, 부드러운 천이나 티슈를 사용한다.

2) 피부의 절개부위가 잘 봉합되었는가?

눈에 띄는 부위에 상처가 나거나 찢어진 부분이 있다면, 이것은 다음의 다른 과정이 행해지기 전에 먼저 적절히 처리 되어야 한다. 물론 이와 같은 경우에는 적절히 꿰매주는 것이 편리하다. 요즘은 많은 장례지도사들이 ARON ALPHA라는 강력접착제를 사용한다. 또 다른 제품으로는 Seal-N-Form이란 것이 있는데, 이것은 내부에서 새는 것을 막아주고 잘 붙여서 봉합해준다. 이런 접착제나 봉합제를 사용할 때는 반드시 조직이 건조되어 있어야 하고 견고한 상태여야만 이런 제제들이 제대로 작용할 수 있다. 그리고 찢어지거나 상처난 부위의 가장자리가 고정시키고자 하는 자리에 있다면 장례지도사가 봉합작업을 수행하는 것이 더 수월할 것이다. 일시적이거나 중단된 봉합선은 이 조직의 적절한 과정을 도움으로써 잘 수행될 수 있다. 접착제를 사용 시 다른 작업을 하기 전에 충분한 건조시간을 가지도록 하는 것이 좋다.

3) 얼굴의 털이 잘 처리되었는가?

얼굴에서 털이 재빨리 처리되어야만 하는 몇몇 구역이 있다. 남자 시신에서는 요즘 인기있는 콧수염과 턱수염이 적절한 처리를 요하는 가장 중요한 구역이다. 물론, 쉽고 신속하게 존속할 수 있는 콧수염이나 턱수염이 남아있는지 결정하기 위해 시신을 처음으로 관찰할 때가 중요하다. 가족들의 의견을 고려하는 것도 중요한데, 왜냐하면 우연히 턱수염이나 콧수염을 제거해버리게 되면 심각한 충돌이나 당황하게 되는 일이 간혹 생길수도 있기 때문이다. 가장 좋은 방법은 시신처리를 준비할 때 무언가가 걸리는 부분이 있으면 즉시 유족들과 연락해서 그들의 의견을 수렴하는 것이다. 턱수염이나 콧수염을 손질할 때 당신에게 해줄 수 있는 가장 최상의 충고는 이런 경우에는 '단정함'을 살리는 것이 가장 중요하고 가장 나아 보인다는 것이다. 그리고 한 번 더 강조하지만, 보고할 수 있는 시신의 사진이 있다면 훨씬 편리할 것이다.

남자와 여자의 케이스에서 모두 찾을 수 있는 2개의 다른 구역은 귀와 눈의 털이다. 코의 털은 N-Cide 같은 제품을 묻힌 Q-tip이나 핀셋의 끝에 천 조각을 가지고 잘 처리될 수 있다. 그렇게 하면, 콧구멍에서 삐져나온 털은 모두 다듬어지고 핀셋으로 제거된다. 귀에서 과도하게 자란 털도 코의 경우처럼 핀셋을 사용하여 제거하거나 다듬음으로써 더 깔끔해 보일 수 있다.

많은 여성의 얼굴에서 발견될 수 있는 솜털은 반드시 처리되어야 된다. 만약 그런 솜털이 잘 면도된다면 화장품이 훨씬 잘 묻을 것이다. 만약 이런 털들을 남겨두기로 결정한다면 액체타입의 화장품을 쓰는 것이 크림을 쓰는 것보다 나을 것이다. 왜냐하면 크림은 솜털에 들러붙어서 얼굴을 헝클어지게 보이게 할 수 있기 때문이다.

4) 피하조직을 채워 넣는 일(티슈빌딩)이 잘 처리되었는가?

얼굴이나 손의 어떤 부위를 채워 넣어줌으로써 시신의 외관을 훨씬 더 나아보이게 할 수 있는데, 이런 부분은 매우 흔히 간과된다. 이러한 유형의 작업이 너무 지나친 것처럼 보이지 않으려면, 화장사/장례지도사가 실용적이고 일반적인 상식을 가지고 부위를 잘 결정해야 한다. 언제든 작업이 필요할 때 쉽게 사용할 수 있도록 liquid tissue with liquid tissue Solvent 같은 양질의 티슈 빌더, 적절한 길이의 바늘, 주사기 등을 손쉽게 닿을 수 있는 곳에 구비해 놓아야 한다.

다음의 목록은 그 정도야 어찌됐든 간에 적절한 외관으로 보이기 위해 가능한 한 티슈 빌딩을 요하는 얼굴과 손의 부위이다.

눈: 안구 뒤쪽, 안구 내, 안구 위쪽
관자놀이
뺨
입: 입의 점막, 위아래 입술
코의 바깥쪽
턱 아래 부위
목
손: 손가락의 바닥, 손가락 옆면, 손 뒷면

얼굴과 손의 티슈빌딩을 시행 시 항상 피하 주사자국을 감추는 방법을 사용해야 한다는 점을 늘 기억해야 한다. 왜냐하면 주사자국은 피부의 변색을 초래할 수 있기 때문이다. 얼마큼의 티슈빌더를 주입해야 하는가라는 점에 있어 판단을 내리는데 실수를 한다면, 주사량을 적게 하는 것이 많게 하는 것보다 더 수정이 쉽다는 사실을 기억해야 할 것이다.

5) 화장이 적절히 되었는가?

누군가가 화장을 하려고 할 때 자연스러운 면과 장식적인 면 모두를 염두에 두면서 적절한 화장을 위한 모든 다양한 면을 고려하려 한다면, 이 분야가 얼마나 광범위한지를 쉽게 깨달을 수 있을 것이다. 다행스럽게도 다음에 쓰인 포인트들이 당신에게 이 분야가 얼마나 중요한지에 대한 생각을 심어줄 것이다.

마사지 크림이 조직에 미치는 효과에 대해서는 이미 앞에서 다뤘기 때문에, 우리는 이제 개인의 복합적인 색깔에 영향을 미치는 다양한 요인들에 대해 생각해 봐야 할 것이다. ⓐ 멜라닌의 작용, ⓑ 카로틴, ⓒ 헤모글로빈/산화-헤모글로빈, 시신의 외관에 영향을 줄 수 있는 또 다른 몇몇 인자들로는 ⓐ 인종, ⓑ 성, ⓒ 나이, ⓓ 사망 당시의 건강상태, ⓔ 직업, ⓕ 사망 당시 약제, 담즙 색소, 독성 물질의 존재여부. 이 모든 인자들은 사망 당시에 시신이 어떻게 보이는지와 장례식장에서 그들이 어떻게 보일지에 상당한 영향을 미칠 것이다.

안면 색조를 만들어 내려고 할 때, 가장 좋은 색감을 내기 위해 꼭 기억해야 할 몇몇 사항이 있다. 화장술이 발전할수록 더욱더 많은 화장사들이 더욱 자연스러운 모습을 연출해내기 위해 손이나 손가락에 화장품을 묻혀서 바르기를 더 선호한다. 이런 작업은 피부가 부드러운 시신에게는 꽤 잘 맞는 방법이다. 화장 시 사용하는 일회용 스펀지도 부드럽고 보송보송한 질감을 연출하는데 꽤 효과적이다. 거칠거나 얽은 자국이 심하거나 주름진 피부를 다룰 때는 브러시로 여러 번 처리해 줌으로써 고르게 화장품을 펴 바를 수 있다. 스프레이 타입의 화장품도 거친 피부에 효과적이다.

손으로 화장을 하든, 브러시로 화장을 하든 간에 첫 화장 시는 헤어라인에서 1/2인치 정도는 떨어져서 화장되어야 한다. 화장의 강도는 헤어라인에 접근할수록 약하게 해야 한다. 이렇게 하면 화장 시 헤어라인을 침범하지 않고 화장할 수 있고 화장에 묻어서 머리카락이 뻣뻣해지는 것을 피할 수 있다. 헤어라인 안쪽으로 변색이 되었거나 그 이후로 문제가 있는 피부는 화장 물질을 헤어라인 안으로 들어가게 발라야 해서 머리카락이 뻣뻣해질 수 있다. 이런 경우(다음에 훨씬 더 자세하게 논의될 테지만) 화장을 하는 마지막 단계에서 머리카락을 깨끗이 처리를 해주어야 한다.

화장을 할 때, 언제나 주의해야 할 점이 처음 화장 시에 너무 많이 바르면 그 후에도 계속 많이 바르게 되어 나중에 큰 실수를 만들 수 있다는 점이다. 부분적으로 너무 과도하게 화장된 부위를 지우는 일은 화장지로 그 부위를 닦아줌으로써 수행될 수도 있다. 완전히 화장을 지우려면 마사지 크림으로 지워야 한다. 이미 한 화장을 지우는 것보다는 화장을 조금 덜 한 상태에서 그 위에 덧칠하는 것이 훨씬 쉽다는 사실을 항상 마음속에 새기고 있어야 한다.

화장한 것을 바꾸려면, 시신의 피부색 변이에 따라 노란색이나 갈색(밝은 것에서부터 어두운 것까지)으로 그 부위를 살짝 덧칠해주면 된다. 복합색조 화장을 하고 나서 얼굴에서 강조해야 할 부분과 어둡게 표현해야 할 부분에 대해 고려하는 것이 중요하다.

화장의 마지막 단계는 파우더를 바르는 것이다. 화장학의 표준관점에서 볼 때 파우더에는 두 가지 기본적인 기능이 있다. 파우더는 과도한 기름기와 화장기를 흡수하고 건조시키며, 앞서 발랐던 여러 모든 화장품들이 잘 섞이고 조화를 이루도록 해준다. 많은 사람들이 알고 있는 것처럼 시신용 파우더에는 3가지 기본 타입이 있다. '건조용(drying)', '엷은 색을 내는 형(tinting)', '진한 색을 내는 형(pigmenting)'이 그 세 가지 있다.

대개 흰빛이나 회색을 띠는 흰빛을 내는 건조용 파우더는 조금만 썼을 때는 거의 화장의 효과가 없다. 그리고 고정시켜주는 화장(firming agent) 시 복구용 왁스와 함께 섞어서 쓸 수 있다. 그리고 또한 이 파우더는 영아 시신의 경우에서 굉장히 엷고 희미한 효과를 낼 수 있다. 약간의 분홍빛을 내는 '엷은 색을 내는 형'의 파우더는 좀더 붉어보이는 화장품을 사용하는 장식적(ornamental) 화장법에 제일 잘 맞다. 여러 색의 화장품과 섞어서 사용할 수 있는 '진한 색을 내는 형'의 파우더는 화장을 하지 않지만, 좀더 보기 좋은 얼굴을 위해 자연스러운 색을 약간만 가미할 필요가 있는 남자나 여자 시신에 제일 좋다.

시신화장에 있어서 가장 큰 잘못이라고 할 수 있는 너무 많은 용량의 파우더를 시신 전체에 사용하는 일에 관해 언급해야 할 필요가 있을 것 같다. 파우더는 너무나도 대다수의 사람들이 생각하는 것처럼 화장 시에 항상 발라야만 하는 것은 아니다. 증발기기를 갖추고 있고, 피부 표면에 가해진 후 금방 건조되는 액체 화장품의 사용 시는 만약 전에 가했던 마사지 크림의 기름기가 남아있지 않다면 굳이 파우더를 바를 필요가 없다. 즉, 시신이 충분히 건조된 것처럼 보인다면, 파우더를 바를 필요가 없다는 말이다.

이제 대부분의 경우에서 파우더를 사용해야 하는 기름, 유성물질이나 글리세린이 함유된 크림을 사용했을 때의 상황에 대해 알아보도록 하자. 기억해야만 하는 가장 중요한 사실은 너무 많은 파우더를, 특히 파우더를 바르기 시작하는 초기에 바르지 말라는 것이다. 왜냐하면, 초기에 너무 많은 파우더를 바르는 것은 너무 희게 보일수도 있고, 얇은 막을 한꺼풀 덮어 씌워놓은 것처럼 보일 수도 있기 때문이다. 실수로 너무 많은 파우더를 발랐을 때 이러한 문제를 일으키지 않으려면, 이것은 반드시 제거되어야만 한다. 그렇지 않으면, 입 주위, 눈의 안쪽 코너, 코 주변, 그리고 특히 콧잔등 부위에 선 같은 모양들이 생기면서 화장품이 뭉쳐지게 보일 수 있다. 직물로 짜인 브러시, 점각을 위한 브러시, 3인치 이상의 강모와 섞인 유아의 머리카락으로 만든 상업용 브러시가 이런 문제해결에 쓰일 수 있다.

파우더를 칠할 때 파우더용 브러시가 아마도 가장 널리 쓰이는 방법이며, 이방법의 장점은 적은 양을 사용하게끔 해준다는 데에 있다. 점점이 찍어가며 화장을 하는 것(stippling method)이 가장 쉽게 행해지는 방법이다. 많은 사람들이 파우더를 바를 때 퍼프를 사용하는 것이 어떤 다른 도구를 사용하는 것보다 더 좋은 결과를 가져다 줄 것이라고 생각한다. 적절히 사용되기만 한다면, 파우더용 퍼프로 가장 소량의 파우더를 사용하여 화장할 수 있다. 파우더는 엷게 칠해야 하는데, 이렇게 함으로써 파우더를 얼굴에 고르게 바를 수 있다. 파우더는 가볍게 얼굴에 퍼프를 가볍게 두들기면서 화장해주는데, 이때 퍼프를 얼굴에 대고 문지르면 안된다.

최소량의 파우더를 사용하고 싶다면 파우더 분무기가 효과적이다. 이것은 특히 왁스가 한 꺼풀 칠해진 시신에서 화장사가 그 왁스가 칠해진 시신표면에 직접 화장하기를 꺼릴 때 사용하면 효과적이다.

이제 화장의 마지막 단계로서 광택을 내거나 또는 없애는 일에 관해 알아보자. 대개 장식적 화장법(ornamental)에서는 흔히 파우더를 사용함으로써 광택이 없는 채로 마무리를 할 것이고, 자연스러운 화장법(natural)에서는 피부에 남겨진 약간의 기름기로 광택이 있어 보이는 채로 마무리 지어질 것이다.

자연스러운 메이크업을 위해서는 마지막 남은 파우더는 다음 두 가지 방법 중의 하나로 제거되어야 한다. 한 가지는 물을 사용하는 것이고 다른 하나는 헤어스프레이를 사용하는 것이다. 화장품의 기름기나 유성물질이 파우더로 건조되고 난 후에, 습기있는 휴지나, 치즈-천 같은 것으로 얼굴을 두드림으로써 얼굴은 촉촉해진다. 하지만 이후 얼굴은 얼룩지거나 미묘하게 기름져 보일 수 있다. 얼굴위에 얇게 분사할 수 있는 헤어스프레이는 얼굴에 한 화장을 고정시키는 효과가 있을 수 있고, 방어막을 형성해 줄 수 있으며 그러면서도 약간의 광택은 남아있게 해준다. 매우 빽빽한 불투명 화장이 가해지지 않는 한 시신에게 키스하거나 얼굴을 만져도 화장이 망가지거나 벗겨지지 않는다.

이 시점에서 속눈썹(혹은 눈썹) 손질과 머리카락 경계선에 대해서 구체적으로 논의하도록 하자. 앞서 말한 부위에서 달라붙고 느슨한 파우더는 반드시 제거되어야 한다. 용해제에 담근 면봉이나 끝부분이 천으로 씌워진 핀셋으로 파우더의 잔해를 제거하기 위해 위의 털이 있는 부위들을 닦아주도록 한다. Solvent thinner나 dry hair cleaner가 이런 목적에 가장 잘 맞다.

손에 대한 화장에 대해 말하자면 시신을 처리할 때, 이 부위가 눈에 보이는 한 손도 얼굴처럼 신경 써서 강조해야 한다. 종종 손은 시신이 의복을 입고 난 후 또는 관에 넣어지고 나서야 화장되는데 이 때 옷이나 관 내부를 더럽히지 않기 위해 주의해야만 한다. 손톱이나 손이 접히는 관절부위 같이 혈색을 내야 하는 부위는 반드시 기억했다가 정말 혈색이 도는 것처럼 표현해 주어야 한다.

손톱에 관한한 남성, 여성 모두에게 관계된 규칙을 알아야만 한다. 남성과 여성시신 모두의 손톱을 깨끗이 씻기고 매니큐어로 칠해져야 한다는 것은 의심할 여지가 없는 사실이다. 많은 남성시신에게 있어 이 과정이 손톱손질의 모든 과정일 수 있다. 손톱이 깨끗하고 단정해 보이는 시신을 발견해서 이런 시신의 손톱에 위와 같은 작업을 가해주는 것이 좋다. 여성시신의 손톱에 대해서는 과연 어떻게 하는 것이 손톱을 더 예쁘게 보일 수 있을 것인가에 대한 논의가 많다. 어떤 경우에는 가족들이 좋아하는 특정 색상을 지정해서 그 색을 쓰게 된다. 또 다른 경우에는 옷이나 관내부의 색에 맞추어 화장사가 색을 선정해야 한다. 또는 투명한 색상으로 칠해질 수도 있다.

6) 머리카락은 잘 씌워졌는가?

헤어스타일은 여러분이 이미 숙지하고 있는 것처럼 시신의 외관에 가장 큰 영향을 미치고 굳이 이것의 중요성에 대해서는 강조할 필요가 없을 것이다. 머리 손질을 잘 하기위해 모든 정보를 숙지하고 있는 것이 좋을 것이다. 헤어스타일 연출과 복구 작업은 긴 시간을 들여서 읽을 가치가 충분이 있을 것이다.

7) 눈과 입술이 잘 봉합되었는가?

많은 시신위생처리사들이 전신 처리를 다하고 나서, 눈과 입술이 몸뚱이와 따로 놀고 있는 것을 보고 당황하게 되는 일을 방지하기 하기 위해 눈과 입술에 많은 주위를 기울인다. 제대로 건조를 시키지 못했을 때 이러한 문제가 발생할 수 있는데 이 문제는 쉽게 해결될 수 있다. Aron Alpha를 밑눈꺼풀과 붙을 윗눈꺼풀의 자리에 두방울만 떨어뜨려주면 된다. 그것이 마를 동안 잠시 기다렸다가, 눈꺼풀을 붙이면 그것은 감긴 채로 계속 유지된다. 입술을 붙일 때는 윗입술 점막에 세방울 정도를 떨어뜨려 주고, 이렇게 함으로써 입술이 제자리에 고정될 수 있다.

8) 옷은 잘 입혀졌는가?

여기에 관해서는 책의 다른 부분에서 다루어졌기 때문에, 여기서 강조하고 싶은 점은 관습상 시신에게 입혀지는 내의, 겉옷 및 그 외 모든 것을 완벽하게 갖춰 입히는 것이 좋다는 점이다. 가족들로부터 별다른 요구사항이 없는 한 '단정함'이 가장 중요하다.

9) 시신이 관속에 잘 들어갔는가?

시신을 관속에 넣을 때, 일반적으로 가장 중요한 사항이 관 뚜껑을 닫는데 방해가 되지 않는 한계 내에서 시신을 가능한 한 가장 높이 위치하도록 관속에 넣는 것이다. 이렇게 하면 시신을 보기위해 관 가까이 오는 사람들이 쉽게 얼굴의 절반정도를 볼 수 있다. 여기에서도 단정함이 가장 중요하고, 관으로 시신을 넣는 것에 관한 다른 사항은 반드시 자세히 알아야 할 것이다.

10) 마지막 점검

시신을 담당하고 있는 많은 훌륭한 장례지도사들은 마지막 점검이 시신을 남들에게 보여주기 전에 해야 할 마지막 책임이라고 생각한다. 장례지도사/시신화장사는 자신들의 비판력을 최대한 발휘해야 하고, 이것은 시체 처리실에서 반드시 기억되어져야 할 항목이다. 이것은 모든 상황에서 종종 강조되는데, 만약 당신이 한 작업의 개선을 위해 갑자기 어떤 수정을 가해야 되겠다고 생각될 때 망설이지 말고 반드시 그의 판단을 신뢰할 수 있고 존경할 수 있는 누군가에게 당신의 작업을 체크 받고, 충고를 받아들이는 것이 중요하다. 종종 이 마지막 점검 시점에서 가족들에게서 세세한 지적들을 받게 되는데, 그들은 그들이 사랑했던 이가 좀더 나아보이기를, 좀더 그들이 알고 있었던 모습과 비슷하기를 바란다.

참고문헌

단행본

강경화, 『메이크업 총론』, APC, 2000.

김덕록, 『화장과 황장품』, 답게.

박춘심, 양진희 공저 『Make-up』, 광문각, 2001.

박필제, 『조명과 실내장식』, 조형사, 1996.

배순희, 『미용사시험문제』, 크라운출판사, 2004.

심명섭, 한주의 공저 『색채학』, 보성각, 2004.

이상훈, 장병인 공저 『분장의 세계』, 고문사, 2000.

이진광, 『분장의 길』, 자유문학사, 1994.

유관호, 『색채이론과 실제』, 청우, 2002.

하병조, 『화장품학』, 수문사, 1999.

황현규, 『황현규의 분장이야기』, 넥서스, 2000.

번역서

나카지마 다쯔오키 · 치카다 레이코 · 맨데 카오루 저, 박필제 역, 『조명디자인입문』, 도서출판 예경, 1999.

도미니크 파케 저, 지현 역, 『화장술의 역사』, 시공사, 1998.

메이어 로버트 저, 황규성 외 5인 역, 『시신위생처리』, 대학서림, 2003.

외국서

Bill Pierce, W.H. 『From Alpha Omega in the Preparation Room』(Pierce Chemical Co., 1999).

Corson, R. 『Stage make up』(Englewood Cliffs, NJ: Prentice Hall, 1986).

Frederick, L.G. 『The Principle and Practice of Embalming』(Strub and Frederick, 1967).

Jay Ruby, 『Secure the Shadow-Death and Photography in America』(The MIT Press, Cambridge, Massachusetts, 1955).

Kehoe, V. 『The techniques of film and television makeup』(New Yor: Hasting House Publishers., 1995).

Mayer, J. Sheridan 『Color and Cosmetics』(Paula Publishing Co. Inc., Cincinnati, Ohio, 1978).

Mayer, J. Sheridan 『Restorative Art』(Paula Publishing Co. Inc., Cincinnati, Ohio, 1984).

Mayer, Robert G. 『Embalming history, theory, & practe』(McGraw-Hill Companies, Inc., 2006).

Patton, J. 『Color to color』(New Yor: Fireside, 1991)(Thanos Institute, 2003).

Photos of deceased used with permission of C. Richard Sanders and the Dodge Company.

Ralph L. Klicker, Ph.D. 『Restorative Art and Science』.

Stanley B. Burns, M.D. 『Sleeping Beauty memorial photography in america』(Twelvetrees Press, 1990).

색인

ㄱ

가발 156
가법혼색 50
감산혼합 52
고명도 36
기본분할분석 69
긴 얼굴형 121
긴 코 123

ㄴ

난색 부위 125
난색과 한색 23
눈 화장 139
눈썹 그리기 141
눈의 분할 71

ㄷ

단단한 펌 타입 159
단일 안면색 평가 114
단일성 109
동일톤 40
둥근형 121

ㅁ

마름모형 122
마사지 크림 85
매입 등 59
메이크업 65
멜라닌 색소 95
면적대비 39
명도 23
명도 대비 36
명청색 28
무채색 16
미디엄(중간)타입 158
밑칠 색 165
밑칠의 적용 165

ㅂ

박피(표피탈락) 98
반간접조명 58

반투명 76
반투명 크림 화장품 78
밝은 색 26
백열전구 46
벽 부착등 61
보색 28
복구용 왁스 157
부분 가발(pieces) 156
분무기(Atomizer) 83
분산조명 58
분열보색 42
분할 70, 73
불투명 76
불투명 액체 화장품 80
불투명 크림 화장품 79
브러시 적용 82
비보색 대비 43
뺨 함몰 수정 화장법 124

ㅅ

사각형 121
사색배색 43
사후 화장의 목적 67
산화 18
삼각형 122
삼색배색 42
삼원색 21
삼차색 22
색상 대비 37
색상 연속 110
색상(Hue) 19
색상환(hue circle) 20
색소의 결함 18
색의 감지 32
색의 선명도 26
색의 순도 26
색의 정의 13
색채 역사(History) 12
색채심리학 32
색채조화 40
생김새 교정 174
샹들리에 64
섀도 118
섀도칼라 140
소프트타입 158
손의 난색 부위 126
수용성 염료 17
수포(blisters) 98
순색 16, 20
스탠드형 조명 62
스펙트럼(무지개색) 14
스프레이 화장품 81
시각 16
시신 파우더 145
시신화장학 66

ㅇ

아이브로우 펜슬 사용 143
악센트 컬러 141
안료 17
안면 색소 107
안면 화장품 115
알코브 63
암청색 28
액체 파우더 화장품 78
어두운색 26
얼굴 가로 분할 69
에어브러시(Airbrush) 84
역삼각형 121
염료 17
오류 바로잡기 113
온색 15
왁스와 함께 혼합된 화장 167
욕창 99
원색 21
유사톤 41

유용성 염료 17
유채색 16
유채색의 반사율과 회색 단계 25
이중보색 43
이차색 21
인설 피부 97
인조 속눈썹 143
인조 속눈썹 심기 144
인중 105
일차색 21
입술 분할 70
입술 수정 화장법 136
입술왁스 159
입술화장 134

ㅈ

자연스런 빰 루주 적용 128
장식적 화장 68
장식적인 효과를 위한 빰 루주적용 130
저명도 37
전자광 49
전체 가발(wigs) 156
점화법 82
조명색 45
조화성 109
중간 색상 21
중성색 16
직부 등 60
직접조명 58
진출색 34
진피 93
짧은 코 123

ㅊ

채도 26
채도 대비 38

ㅋ

코끝이 긴 형태의 코 123
콧방울이 긴 형태의 코 123

ㅌ

타원형 120
테이퍼링 커팅 법 153
톤 29
투명 액체 화장품 77

ㅍ

파우더 적용 145
퍼진 콧망울 123
펌 타입 158
펜던트 조명 60
표준 색상 21
표피 93
표피박탈 98
플라스틱 입 교정기 104
피부색소 94
피하조직 94

ㅎ

하이라이트 118
하이라이트 컬러 140
한색 15
한쪽으로 치우쳐진 코 123
헤모글로빈 색소 95
헤어 블리치 154
헤어 틴트 154
형광빛 47
화장학에서의 자연주의 67
회색의 무채색 단계 24
후퇴색 35

시신화장학의 이론과 실제

발　　행　2011년 2월 15일 초판발행
저　　자　서분희 · 황규성
발 행 인　윤 진 영
발 행 소　도서출판 대학서림

110-530
주　　소　서울시 종로구 혜화동 78-2
대표전화　(02)763 - 1220, (02)745 - 1220
팩　　스　(02)744 - 1210

등　　록　1965. 1. 20
번　　호　1 - 88
http://www.daihaks.co.kr

ISBN 978-89-8016-846-0 93380

정가 / 28,000원